中国文化和旅游皮书

中国温泉旅游产业发展报告（2024）

中国旅游协会温泉旅游分会　编著

中国旅游出版社

《中国温泉旅游产业发展报告（2024）》

编委会

黄志敏　张　越　王　捷　王　芃　徐　阳　李琼华　胡凌峰　赵　颖
张　虹　王硕朋　成　霏　马文波　陈冠羽　张红星　杨永明　窦　娟
李　鹏　赵永明

编写单位

中国旅游协会温泉旅游分会

智力支持

华南师范大学中国温泉可持续发展综合应用产学研基地

编辑部

主　　编：张　越
执行主编：李　鹏
副 主 编：赵永明
编写/编辑：张　波　封　丹　李卓涵　周阿朵　李　琛　杨　缘　梁咏诗
　　　　　孙羽泽　叶展婷　朱姝蒙　张海波

目 录 CONTENTS

第一章 中国温泉旅游产业发展态势 ··· 1
　一、发展背景 ·· 2
　　（一）全球旅游业复苏 ··· 2
　　（二）全球政治经济格局变化冲击旅游消费市场 ························· 3
　　（三）绿色发展赋能低碳旅游新模式 ·· 4
　　（四）以产业为载体的生产力"新质态" ······································ 5
　二、总体态势 ·· 7
　　（一）文旅融合发展 ·· 7
　　（二）温泉资源节能减排 ··· 8
　　（三）温泉旅游数字化、智慧化转型 ·· 9
　　（四）温泉微度假 ··· 10
　　（五）温泉康养 ·· 10

第二章 中国温泉旅游市场特征 ··· 12
　一、温泉旅游收入 ··· 13
　　（一）全国温泉旅游总收入情况 ·· 13
　　（二）全国各地温泉旅游分项收入情况 ······································ 14
　二、温泉旅游接待 ··· 16
　　（一）全国温泉旅游接待情况 ··· 16
　　（二）各省份温泉旅游接待情况 ·· 16
　三、温泉旅游者市场特征 ··· 19
　　（一）全国温泉旅游者性别特征 ·· 19
　　（二）全国温泉旅游者年龄特征 ·· 19

— 1 —

  （三）全国温泉旅游者学历特征 ·· 20
  （四）全国温泉旅游者职业特征 ·· 20
  （五）全国温泉旅游者收入特征 ·· 21
  （六）全国温泉旅游者家庭结构状况 ·· 21
 四、温泉旅游行为特征 ·· 22
  （一）全国温泉旅游者人均泡浴次数 ·· 22
  （二）全国温泉旅游者旅行时间 ·· 24
  （三）全国温泉旅游淡旺季情况 ·· 26
  （四）全国温泉旅游出行方式 ·· 29
  （五）全国温泉旅游传播渠道 ·· 31
  （六）全国温泉旅游营销渠道 ·· 33
  （七）全国温泉旅游者设施喜好 ·· 36

第三章 全国温泉企业发展总体状况 ·· 40
 一、温泉企业运行状况 ·· 41
  （一）温泉旅游企业概况 ·· 41
  （二）温泉核心资源与设施情况 ·· 44
  （三）营收情况 ·· 49
  （四）运营情况 ·· 51
 二、人力资源结构 ·· 59
  （一）员工基本情况 ·· 59
  （二）人力配置效率 ·· 63
  （三）员工满意度调查 ·· 64

第四章 分区域温泉旅游发展情况 ·· 71
 一、华东地区温泉旅游发展情况 ·· 72
  （一）温泉旅游发展总体情况 ·· 72
  （二）温泉旅游者特征 ·· 75
  （三）温泉企业运营特征 ·· 85
  （四）温泉企业人力资源状况 ·· 86
 二、华北地区温泉旅游发展情况 ·· 91
  （一）温泉旅游发展总体情况 ·· 91
  （二）温泉旅游者特征 ·· 93

（三）温泉企业运营特征 ·· 103
　　（四）温泉企业人力资源状况 ··· 104
三、东北地区温泉旅游发展情况 ··· 108
　　（一）温泉旅游收入情况 ·· 108
　　（二）温泉旅游者特征 ··· 110
　　（三）温泉企业运营特征 ·· 118
　　（四）温泉企业人力资源情况 ··· 119
四、西北地区温泉旅游发展情况 ··· 123
　　（一）温泉旅游发展总体情况 ··· 123
　　（二）温泉旅游者特征 ··· 125
　　（三）温泉企业运营特征 ·· 134
　　（四）温泉企业人力资源状况 ··· 136
五、西南地区温泉旅游发展情况 ··· 140
　　（一）温泉旅游发展总体情况 ··· 140
　　（二）温泉旅游者特征 ··· 142
　　（三）温泉企业运营特征 ·· 152
　　（四）温泉企业人力资源状况 ··· 153
六、中南地区温泉旅游发展情况 ··· 158
　　（一）温泉旅游发展总体情况 ··· 158
　　（二）温泉旅游者特征 ··· 161
　　（三）温泉企业运营特征 ·· 170
　　（四）温泉企业人力资源状况 ··· 172

第五章　中国温泉康养目的地发展质量综合评估 ······························ 176
　一、评估指标体系建设 ··· 177
　二、指标数据来源 ··· 178
　三、评估方法 ··· 178
　四、评估结果 ··· 179

第六章　温泉产业发展典型案例 ·· 183
　案例一：聚焦低龄亲子微度假市场的温泉旅游综合体
　　　　——广东清远熹乐谷亲子微度假温泉典型案例 ··················· 185

案例二：开创"陆地邮轮"城市温泉休闲旅游新业态
  ——北京西山城市温泉乐园典型案例 ………………………… 190

案例三："温泉＋文化"为温泉注入新动能
  ——福建福州温泉非物质文化遗产活化利用典型案例 ………… 195

案例四："智慧温泉水务"保障温泉资源可持续发展
  ——江西明月山温泉水资源可持续管理典型案例 ……………… 200

案例五：天沐的"FOEPC"模式
  ——江西仙女湖存量温泉旅游项目盘活再开发典型案例 ……… 208

附件　2024 年中国旅游协会温泉旅游分会名录 ……………………… 212

第一章
中国温泉旅游产业发展态势

一、发展背景

（一）全球旅游业复苏

新冠病毒感染疫情给旅游业带来了深远的影响，不仅重塑了旅游市场的竞争格局，也迫使各国政府和业界重新审视并调整其发展策略。随着全球范围内疫情的缓解，全球旅游业开始复苏。

首先，国际旅游回暖。国际旅游业收入在 2023 年达到 1.5 万亿美元，预计 2024 年将进一步增长，旅游业对全球 GDP 的贡献达到 10%，提供了全球 10% 的就业机会。根据联合国旅游组织（UN Tourism）发布的《世界旅游业晴雨表》，2024 年第一季度国际游客超过 2.85 亿人次，比上年同期增长约 20%，已达到疫情前水平的 97%，预计国际旅游业在 2024 年将实现全面复苏。国际货币基金组织在 2024 年 4 月发布的《世界经济展望》指出，中东地区国际旅游业表现最为强劲，2023 年的国际游客人数已超过疫情前水平的 22%，而亚太地区也在 2024 年第一季度恢复到疫情前水平的 82%，尽管复苏水平存在地区差异，但总体而言全球旅游业复苏稳定。世界经济论坛发布的《2024 年旅游业发展指数》报告指出，全球旅游业在疫情之后实现增长，其中欧洲和亚太地区高收入经济体继续引领该指数，美国、西班牙和日本位列前三，中国在总排名中位列第 8，中国旅游市场的恢复为全球旅游市场注入动力，预计 2024 年中国出入境旅游市场将快速发展，推动全球旅游市场复苏。

其次，中国作为全球最大的旅游市场之一，虽然受到疫情影响较大，但也极具韧性地呈现出快速复苏的势头。联合国旅游组织（UN Tourism）发布的最新统计报告显示，2023 年中国游客海外消费金额达到 1965 亿美元，超过美国和德国，再度成为最大出境旅游消费国。世界旅游及旅行理事会（WTTC）和牛津经济研究院发布的一份研究报告显示，2024 年中国国内全年旅游收入预计将达到创纪录的 6.79 万亿元（约合 9380 亿美元），较 2019 年高出 11%。中国旅游经济正以超出预期的速度重振并进一步走向繁荣。

旅游经济全面复苏既体现出中国经济的强劲韧性，也与疫情后中国文旅产业顺应时势，正确应对，同时在政策端施加精准配套政策密切相关。自 2023 年年初，文旅行业政产学研力量就开始接续发力，在 2023 年年底不断提振向好的基础上，顺利进入

2024年的快速增长期。从2024年上半年的元旦、春节、清明、"五一"等假期的旅游市场情况来看，无论是出游人数还是旅游收入都可以用"热烈"来形容。根据文化和旅游部官网数据，2024年上半年，国内出游人数达27.25亿人次，同比增长14.3%；国内游客出游总花费2.73万亿元，同比增长19.0%。

综上所述，2024年全球旅游业的复苏态势积极，但仍需应对各种挑战，把握发展机遇，以实现可持续增长。

（二）全球政治经济格局变化冲击旅游消费市场

尽管全球旅游业正在复苏，但仍面临地缘政治冲突和宏观经济下行等多重挑战。

地缘政治冲突使全球贸易和投资增长面临挑战，对依赖国际贸易和投资的旅游目的地构成压力。近两年的地缘政治冲突，特别是俄乌冲突和巴以冲突，引发了国际政治经济格局剧变。这些冲突不仅导致相关国家经济受损，也影响了全球能源供应和价格，进而对旅游成本产生影响。俄乌冲突增加了国际旅游业复苏的不确定性，一些地区本已脆弱的旅游业可能再次被迫按下暂停键。巴以冲突造成国际游客对中东地区的信心下降，导致旅游行程订单大幅减少，旅游收入显著下降。中东地区旅游业预计将出现一定程度的衰退，同时也影响到全球旅游业的复苏和稳定。

此外，全球经济增长放缓也为旅游业的复苏发展带来不确定因素。国际货币基金组织（IMF）数据显示，全球经济增长率预计将从2022年的3.4%下降至2023年的3%，再进一步下降到2024年的2.9%。这种放缓趋势可能会抑制旅游消费市场的增长。2024年的消费者趋势调研显示，消费者在注重产品性能、质量和品牌声誉的同时，也关注价格的合理性，中国许多行业已进入"性价比时代"。由于全球经济正处于下行阶段，全球消费市场正经历着显著的变革，其中"降级"现象受到广泛关注。在全球经济增长放缓和通货膨胀的背景下，消费者的收入和就业预期受到影响，进而对价格更为敏感，更倾向于寻找低价或具有更高性价比的商品和服务。

在全球政治经济格局变化的影响下，旅游业虽在全面复苏但也面临着消费降级的趋势。智联招聘发布的《2023年职场人消费趋势报告》显示，在疫情防控政策调整之后，旅游近乎变成了一种"报复性"消费，有85%的职场人表示，2023年已经旅游或有旅游打算，然而职场人虽然旅行意愿强烈，但限于时间或资金，周边游、露营已成为他们最主要的选项。比如，有42%的职场人计划周边游，他们的预算普遍在2000元以内；想要去公园遛弯、到附近景点游玩的职场人也不在少数，占比分别为30.6%和25.8%。旅游目的地物价上涨、酒店和门票费用增加等因素可能使旅游成本上升，这可能导致一些消费者寻找更经济实惠的替代选择，或者调整旅游计划，选择价格更合适的旅游目的地。旅游出行消费特征正在发生变化，消费者更关注性价比和个性化的旅游产品，出境游减少，境内游尤其是周边游、小众目的地游增多，或许也正是因为周边游、附近景点游的流行，让诸如山东淄博、贵州村 BA 等特色目的地、玩法迅速走红。在互联网日益发展的时代，社交媒体的普及使得游客更容易获取各种旅游信息和评价，旅游信息获取渠道进一步拓宽，这也增加了消费者的选择。

温泉旅游业也面临着消费者偏好的转变。当前，许多游客更倾向于选择性价比高的温泉旅游产品，而非昂贵的奢侈体验。短途和周边游的流行趋势表明，人们更愿意在出行前通过手机应用比较价格，选择经济实惠的住宿，而非提前规划长途旅行。为了吸引价格敏感的消费者，温泉旅游业需要在产品创新上投入更多努力，通过开发新的服务项目或增加附加值，如融入健康和养生元素，以此提升温泉旅游的吸引力。随着健康意识的增强，消费者更愿意为健康相关的产品买单，这为温泉康养旅游提供了增长机会，温泉 SPA、中医养生和瑜伽等项目越来越受欢迎。科技的进步和生活方式的变化也在推动旅游方式的演变，个性化和自由行的旅游方式受到青睐，而在线旅游平台的竞争使得消费者更容易找到性价比高的产品。因此，温泉旅游业正在向智能化和数字化转型，通过技术升级管理和服务，以增强竞争力和吸引力，可以开发自主在线预订平台和应用程序，根据客人的偏好提供实时的产品和服务信息。引入物联网技术，可以对温泉水质、温度等进行实时监控和管理，确保设施的安全和稳定运行。通过收集和分析游客数据，温泉旅游企业可以了解游客的偏好和习惯，从而提供个性化服务，如定制温泉疗程、推荐美食和活动，以此提高客户满意度和回头率。

简而言之，在全球政治经济格局的变化影响下，温泉旅游企业应正确把握时代发展的脉搏，直面消费市场的变化，通过合理的市场定位、产品创新和成本控制，创新开发模式、丰富文化内涵、提供精细化服务，满足更多消费者的需求，不断提高服务质量，提升消费者体验，建立成熟旅游区和拉长产业链，这是在竞争激烈的市场中脱颖而出的关键。

（三）绿色发展赋能低碳旅游新模式

近年来，全球频繁发生极端天气事件，对生态系统造成了不可逆转的破坏，也严重损害了全球经济。面对严峻的气候变化和环境问题，全球一致认为推动绿色发展和可持续发展至关重要。绿色发展不仅涵盖了绿色消费、生产、流通、创新和融资等多个方面，而且正在逐步构建一个日益绿色化的完整经济体系。通过将环境因素纳入企业融资成本，推动技术创新和提高能源利用效率，绿色发展正在推动经济发展模式的转型。

当前，绿色金融已融入企业的价值创造环节，并得到越来越多的机构投资者认可。ESG（环境、社会及公司治理）理念自 2004 年首次被联合国全球契约计划明确提出以来,致力于帮助投资者理解环境、社会和公司治理等因素对投资价值的影响,降低投资风险、提升长期收益,从而实现全社会的可持续发展。如今,ESG投资已逐渐成为全球范围内投资界的主流趋势。

走进新时代,我国经济社会绿色转型取得了历史性成就。以"双碳"目标为引领,我国生态文明建设进入了以"降碳"为核心战略方向的新阶段。能源绿色转型步伐加快,2023年我国煤炭消费比重下降了13.2%,非化石能源消费比重提高了约8.8%。产业优化升级积极推进,资源利用效率持续提升。2012—2023年,我国单位国内生产总值能耗下降了26.8%,二氧化碳排放减少超过35%,主要资源利用效率提高了60%以上,环境质量持续改善。

在绿色转型需求的带动下,我国相关行业创新能力和产业实力显著提升。在能源转型方面,推动化石能源清洁高效利用,有序推动新旧能源的安全可靠替代。在交通运输领域,积极构建现代交通运输体系,推动交通基础设施的绿色改造,并大力研发和推广应用新能源交通工具。在城乡建设方面,完善城乡规划、建设和管理体系,广泛推广绿色建筑。

旅游业作为经济系统转型和产业结构优化的重要载体,也是全球温室气体排放的重要部门之一。面对"双碳"目标的新要求,旅游业不仅面临新的发展机遇,还需要平衡发展与减排的关系,探索更具可持续性、包容性和韧性的发展模式。推动中国旅游业绿色转型,发挥其在实现"双碳"目标中的作用,提升其在国民经济体系中的产业地位,具体包括创新配置全要素投入,实现旅游发展与生态环境保护的双赢。通过发展绿色餐饮、绿色住宿、绿色出行、绿色游览、绿色购物和绿色休闲等多个方面,促进旅游全产业链的绿色化和低碳化;利用科技创新推动资源利用效率的提升和污染物排放的降低,打造资源高效、环境清洁、生态安全的旅游业;丰富绿色旅游产品类型,拓展生态产品产业链和价值链,促进生态优势向产业优势转化。同时,推动旅游业与科技、教育、体育、工业、农业、林业、卫生健康等领域的协同发展,延伸产业链,创造新价值,催生新业态,形成多产业融合发展的新格局。

通过这些转型理念、产品供给、产业要素和支持环境的创新,推动旅游业绿色转型升级,促进旅游业的可持续发展。

(四)以产业为载体的生产力"新质态"

新质生产力是创新起主导作用,摆脱传统经济增长方式、生产力发展路径,具有高科技、高效能、高质量特征,符合新发展理念的先进生产力质态;是在新发展理念的指引下,由技术革命性突破、生产要素创新性配置、产业深度转型升级催生的重大变革,同时涵盖发展方式创新和体制机制创新。

目前我国战略性新兴产业主要包括新一代信息技术、生物技术、新能源、新材料、高端装备、新能源汽车、绿色环保以及航空航天、海洋装备等产业。重大前沿技术、颠覆性技术的持续涌现，催生出元宇宙、人形机器人、脑机接口、量子信息等新产业发展方向，大力培育未来产业已成为引领科技进步、带动产业升级、开辟新赛道、塑造新质生产力的战略选择。例如，中国电信"量子+"产业生态及其成果转化，形成的"量子+通话""量子+网""量子+云""量子+平台"业务体系为精准、快速、全面、安全的信息服务提供了保障；新一代信息技术赋能垂直领域空间综合利用，推进形成智能、安全、绿色的地上地下开发空间。

立足高质量发展的新时代，旅游产业正积极推行高质量数字化、智慧化转型，通过大数据分析和云计算应用进行数字化管理，用元宇宙、区块链、大模型等新技术赋能旅游生产、旅游体验、旅游服务等方面。在旅游生产端，应用元宇宙、云计算等技术提高多元 IP 深度体验质感；在产品供给端，智能分析旅游产品和服务供给，满足消费者个性化需求；在基础设施保障端，使用自动抄表和统计数据实现动态耗能监管和预算节省等。以"新技术、新业态、新模式"赋能业务，带动管理和服务创新，深化"制度+科技+监督"工作，打造引领旅游行业的新质生产力，推动旅游业高质量发展。

温泉资源是温泉旅游产业最重要、最根本的生产要素之一。突出温泉资源的创新性配置，提高温泉资源的品质与可持续供给，挖掘温泉资源的利用潜力，实现温泉资源集约利用和循环利用势在必行。应用新能源科技成果为温泉开采和使用节能减排，不仅能够提升经营效率和服务质量，还能促进新质生产力的发展。通过数字化、智慧化和节能环保措施，温泉产业可以实现经济效益与环境可持续的双赢，推动行业向更高水平发展。

二、总体态势

（一）文旅融合发展

习近平总书记曾对文化和旅游融合发展作出重要指示："文化产业和旅游产业密不可分，要坚持以文塑旅、以旅彰文，推动文化和旅游融合发展，让人们在领略自然之美中感悟文化之美、陶冶心灵之美。"

早在2009年，原文化部与原国家旅游局就发布了《关于促进文化和旅游融合发展的指导意见》，明确提出要高度重视文化与旅游的结合发展。文化是旅游的灵魂，旅游是文化的重要载体。加强文化和旅游的深度结合，有助于推进文化体制改革，加快文化产业发展，促进旅游产业转型升级，满足人民群众的消费需求；有助于推动中华文化遗产的传承保护，扩大中华文化的影响力，提升国家软实力，促进社会和谐发展。各地要从构建社会主义和谐社会的高度，以"树形象、提品质、增效益"为目标，采取积极措施加强文化与旅游结合，切实推动社会主义文化大发展大繁荣。随着党的十九届五中全会将文化强国作为国家战略方针提出，文化对社会经济的影响力日益提升。2021年文化和旅游部发布的《"十四五"文化和旅游发展规划》中提出要推进文化和旅游融合发展，坚持以文塑旅、以旅彰文，推动文化和旅游深度融合、创新发展，提升旅游的文化内涵，以旅游促进文化，传播培育文化和旅游融合发展新业态，不断巩固优势叠加、双生共赢的良好局面。

近年来，人们生活水平不断提高，随之对文化旅游的需求也日益增加。文旅融合可以满足人们对多元化、个性化旅游体验的需求，更好地传承和保护文化遗产，促进文化的传承和发展，促进旅游业的转型升级，提高旅游产业的附加值和竞争力，推动旅游产业向更高水平发展。

对于温泉旅游行业来说，文旅融合发展能够丰富温泉旅游的市场供给，提供更加多样化和个性化的旅游产品，通过结合地方文化特色，温泉旅游不局限于泡温泉这一单一活动，而是可以拓展到文化体验、休闲度假等多个方面。随着消费者对旅游体验要求的提高，温泉旅游通过融合文化元素，可以提供更加深入和有内涵的服务，增加游客的满意度和忠诚度。温泉旅游作为文旅融合的重要组成部分，对地方经济的带动作用显著，如可以带动餐饮、住宿、娱乐等相关产业发展，形成产业链。此外，游客可以更深入地了解和体验地方文化，更好地传承和弘扬地方文化以增强民族文化自信，提升文化认同感。同时，文旅融合推动了温泉旅游业态的创新。例如，福州福龙泉澡堂通过举办温泉非遗项目——闽式盘架（搓背）技术交流赛，打响了温泉非遗这张响亮名片；武威温泉度假村通过实施"温泉+"品牌打造计划，将温泉与健康养生、休闲农业、文化养心、有氧运动和民俗风情等元素相结合，形成了多元化的旅游产品。文旅融合还能够促进区域间的协同发展。温泉旅游可以与周边地区的旅游资源进行整合，形成旅游环线或旅游带，实现区域旅游资源的共享和优势互补，推动区域旅游业的共同发展。随着文旅融合的深入，温泉旅游的体验形式越来越注重个性化和多样化，能够满足不同游客的需求，提供定制化的旅游服务。

总之，文旅融合是当前中国文化和旅游发展的重要趋势，对温泉旅游产业的影响是积极的，不仅能够丰富温泉旅游产品，提升服务质量，还能促进经济增长，增强文化自信，推动温泉旅游业态创新和区域协同发展。

（二）温泉资源节能减排

在全球气候变化和环境污染日益严重的背景下，节能减排已成为各国政府和社会公众关注的重点。国务院于2021年发布《"十四五"节能减排综合工作方案》，提出要大力推动节能减排，深入打好污染防治攻坚战，加快建立健全绿色低碳循环发展经济体系，推进经济社会发展全面绿色转型，助力实现碳达峰、碳中和目标。

在众多可再生能源中，地热温泉资源储量丰富、分布广、清洁可再生，有助于节能减排。开发利用地热温泉资源，不仅能够满足人们对清洁能源的需求，还有助于促进节能减排，为可持续发展贡献力量。

但由于温泉资源开发尚晚，相关的法律法规约束不够，容易造成温泉资源的无序开采与资源浪费。首先，温泉井的开采往往需要大量的能源支持，如水泵、热交换器、蒸汽发生器等设备。这些设备的制造、运输和安装都需要消耗大量的资源和能源，造成了环境负担。此外，温泉井的开采过程中也会产生大量的废水、废气和固体废物，如果处理不当就会对周围的生物群落和水、土等环境造成污染。其次，温泉井的利用也存在资源浪费和环境破坏的问题。一些旅游景区为吸引游客和增加收入，为追求高标准和豪华体验，经常盲目地进行温泉开发和建设，造成了对周边生态环境的破坏。此外，一些温泉水源的采集和处理也存在资源浪费的现象，如不良的循环利用和泄漏等问题。

温泉资源的节能减排是温泉旅游行业发展的一个重点，也是带动温泉旅游行业创新发展的一个关键点。通过合理的设计和管理优化温泉水的利用，可提高温泉水的利用率，减少水资源的浪费，因此，有必要采用节能设备和技术提高能源利用效率，建立能源管理体系，对温泉设施的能源消耗进行监测和分析，以降低能耗。此外，利用太阳能、风能等可再生能源，也能为温泉设施提供部分或全部能源。温泉旅游企业也可以加强与相关机构的合作，与当地政府、环保组织、科研机构等合作，共同推动温泉资源的节能减排。

目前，节能减排在中国温泉旅游企业中已得到了初步的实现。中国的许多温泉度假村使用混合动力系统，结合太阳能电池板以及地源热泵等技术，通过收集太阳能和利用地下热能来降低热水供应的能源消耗。这样的节能系统可以减少对常规能源的依赖，并有助于降低温室气体排放。此外，许多企业采用水回收系统，将使用过的水进行处理和再利用，这些水可以用于灌溉、景观用水等非饮用用途，从而减少对新鲜水资源的需求，并降低废水处理成本。

通过采用环保技术和可持续发展策略，温泉旅游产业不仅能够节约能源，还可以减少对环境的影响，实现可持续发展。

（三）温泉旅游数字化、智慧化转型

2020年5月，国家发展改革委官网发布"数字化转型伙伴行动"倡议。倡议提出，政府和社会各界联合起来，共同构建"政府引导—平台赋能—龙头引领—机构支撑—多元服务"的联合推进机制，以带动中小微企业数字化转型为重点，在更大范围、更深程度推行普惠性"上云用数赋智"服务，提升转型服务供给能力，加快打造数字化企业，构建数字化产业链，培育数字化生态，形成"数字引领、抗击疫情、携手创新、普惠共赢"的数字化生态共同体，支撑经济高质量发展。

在当今这个数字化飞速发展的时代，温泉旅游企业正面临着前所未有的挑战与机遇，温泉旅游行业比较传统，但是因为疫情的深刻影响，被倒逼着在供给侧启动数字化转型。数字化转型与智慧升级已成为温泉旅游行业发展的必然趋势。数字化转型不仅意味着技术和系统的更新，更是一种全新的业务模式和思维方式的转变。对于温泉旅游企业而言，这涉及从研发、生产到销售的整个价值链的深刻变革，通过集成先进的信息技术，如大数据、云计算、人工智能等，温泉旅游企业能够优化资源配置，提升运营效率，从而更好地满足市场需求，提升客户满意度。

智慧升级则是在数字化转型的基础上，进一步利用智能化技术推动企业的创新发展。通过智能化手段，温泉旅游企业可以实现对市场变化的快速响应，精准把握客户需求，开发出更加符合市场需求的产品和服务。同时，智慧升级还有助于提升企业的风险管理能力，确保产品质量和安全，增强企业的核心竞争力。

中国温泉旅游企业已经在进行数字化、智慧化转型尝试。珠海御温泉通过智能化系统，实现了预订、支付、导览等功能，同时利用大数据分析了解游客的需求，提供

更加个性化的服务。北京凤山温泉度假村引入了智能健康管理系统，为游客提供健康检测、运动建议等服务，提高了游客的体验和满意度。

总的来说，温泉数字化、智慧化转型的实践运用可以为温泉旅游企业带来诸多好处，但也需要企业在技术、管理、营销等方面进行全面升级和创新。

（四）温泉微度假

微度假是指以一线、二线城市及其周边市场为主，车程在 2~3 小时，为期 2~3 天的一种频次较高、满足感较强的新兴旅游模式。作为大众休闲旅游的热点，微度假正逐步成为旅游业未来重要的发展模式以及明显消费趋势，微度假时代来临，人们的出行旅游呈现短途增多、频次上升、意向模糊化等特点。由于消费人群的年轻化，随着年轻人社交需求的增加，他们更倾向于在城市及周边发现新潮玩法进行深度体验，这使得"微度假"成为旅游消费市场的新增长点。

途牛发布的《2023温泉游消费趋势报告》显示，本地游、周边游是温泉游用户更青睐的选择，尤其在南方地区。同时，亲子家庭是温泉周边游的重要消费群体，其中"80后""90后"父母逐渐成为亲子周边游消费的主力军，他们更偏好短期、近郊、有主题亲子营等目的地，倾向于选择灵活机动的自驾游作为主要交通方式。随着国家二胎、三胎政策的实施，这一趋势在2024年更加明显，特别是二孩家庭出游的比例逐年增加。亲子周边游增长的同时对温泉旅游行业提出了更高的要求，需要关注并解决资源保护、服务质量、价格透明度、安全保障、文化内涵和产品多样化等问题。

总体来看，温泉微度假与亲子周边游的发展趋势显示出市场对亲子游和短途、高频、个性化旅游体验的强烈需求，温泉旅游企业和目的地需要不断创新和提升服务质量以满足这些需求。

（五）温泉康养

为了满足旅游市场日益深化和个性化的需求，各种新兴的旅游形式迅速崛起，尤其是沉浸式休闲游、科技游和疗愈游成为强劲的新兴力量。根据全球健康研究院（GWI）发布《2023全球健康经济监控报告》，后疫情时代的康养市场持续增长，自2020年以来增长了27%，达到5.6万亿美元。

目前，我国大健康产业正在向"防—治—养"的健康新理念转变，强调养生和保健在国民健康中的基础作用。根据《小红书平台2024年健康生活趋势研究报告》，营养成为关键词中的首要内容。与营养相关的热门搜索词汇如"矿物质""增强免疫力""生活习惯""环境"等频次超过2000万次。康养旅游作为旅游业和大健康产业的结合体，通过养颜健体、修心养性和营养膳食等手段，有助于减轻压力、缓解焦虑、降低血压并改善心肺功能，已成为健康经济中的重要板块。

2021年文化和旅游部发布的《"十四五"文化和旅游发展规划》明确提出要大力推进康养旅游示范基地的建设。近三年来，中国康养旅游行业发展政策支持大力推动休闲度假旅游业态升级，创新旅游产品体系，注重旅游消费体验以推动旅游与现代生产生活有机结合。

作为康养旅游产业的典型品牌，温泉康养具备候鸟式、疗养式和乡村式的特点。全国首批五个康养旅游示范基地中，有两个基地专注于温泉康养。当前我国有约70%的人处于亚健康状态，有21%的60周岁以上老年人口和15%的疾病患者群体，以及超过4亿追求品质生活的中产阶层，温泉康养旅游市场具有巨大的潜力。

温泉文化IP重构品牌活力。多家温泉企业已经将温泉疗养与禅文化、中医文化等结合，通过心灵疗愈、养生餐、养生SPA和研学探索等方式，将健康、养生和旅游三大元素融为一体，营造出身心和谐的旅游体验。此外，结合温泉生活和地方民俗节庆，以及"微度假"概念下的文化演艺活动，也丰富了游客的深度体验。

新媒体运营赋能温泉康养和温泉疗愈传播。通过优化多媒体平台，深耕文旅、教育和健康领域的合作，温泉旅游媒体也成为宣传地方传统文化和人文特色的新平台。地方文旅机构、企业官方以及个人博主通过微信公众号、视频客户端等渠道，积极推广温泉康养旅游和中医养生旅游，促进温泉康养产业发展，获得了广泛的影响力和吸引力。

第二章
中国温泉旅游市场特征

一、温泉旅游收入

（一）全国温泉旅游总收入情况

根据2024年中国温泉旅游重点企业调查问卷统计结果，2023年我国温泉旅游总收入约为1806.88亿元[①]，是2020年全国温泉旅游总收入的170.54%，是2018年全国温泉旅游总收入的73.33%。2023年全国各省区市温泉旅游年收入情况见图2-1，广东省温泉旅游年收入仍位居全国榜首，约为535.09亿元；四川省温泉旅游年收入约为262.68亿元，位居第二；云南省位居第三，温泉旅游年收入为223.87亿元；浙江省位居第四，温泉旅游年收入为153.66亿元。

省份	收入（亿元）
广东	535.09
四川	262.68
云南	223.87
浙江	153.66
江苏	90.68
河南	81.30
福建	56.72
辽宁	54.47
山东	45.01
贵州	37.66
湖北	34.82
湖南	28.43
海南	26.17
吉林	25.14
江西	23.78
重庆	22.22
安徽	20.56
广西	18.22
陕西	13.66
黑龙江	13.16
上海	9.97
西藏	8.70
北京	6.16
新疆	3.55
甘肃	2.99
河北	2.90
山西	1.58
青海	1.14
内蒙古	0.92
宁夏	0.88
天津	0.77

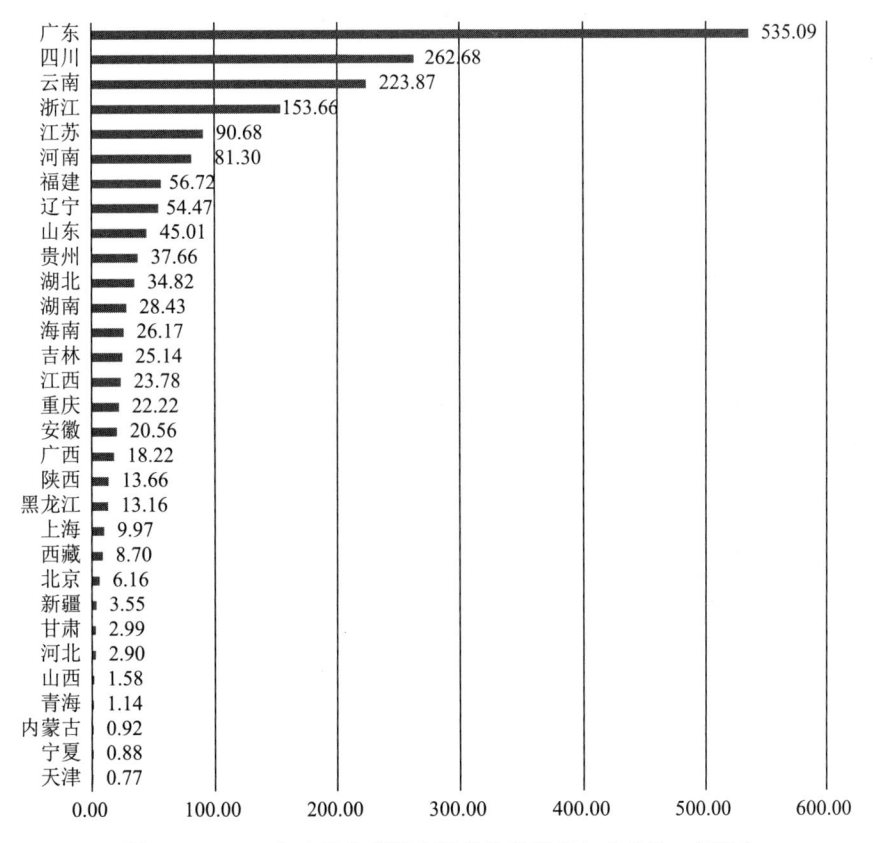

图2-1　2023年全国各省区市温泉旅游总收入（单位：亿元）

[①] 数据结果进行了四舍五入，下同。

（二）全国各地温泉旅游分项收入情况

根据2024年中国温泉旅游重点企业调查问卷统计结果，2023年我国温泉旅游总收入中各分项收入如下：温泉年收入约为448.11亿元，约占总收入的24.8%；客房年收入约为758.89亿元，约占总收入的42.0%；餐饮年收入约为363.18亿元，约占总收入的20.1%；会议年收入约为21.68亿元，约占总收入的1.2%；其他项目收入约为215.02亿元。各省份分项收入如表2-1所示。

表2-1 2023年全国各省份温泉旅游分项收入（单位：亿元）

省份	年总收入	温泉收入	客房收入	餐饮收入	会议收入	其他（康养、乐园及其他）
北京	6.16	1.53	2.59	1.24	0.74	0.73
天津	0.77	0.19	0.32	0.15	0.02	0.09
河北	2.90	0.72	1.22	0.58	0.03	0.35
山西	1.58	0.39	0.66	0.32	0.02	0.19
内蒙古	0.92	0.23	0.39	0.19	0.01	0.11
辽宁	54.47	13.51	22.88	10.95	0.65	6.48
吉林	25.14	6.24	10.56	5.05	0.30	2.99
黑龙江	13.16	3.26	5.53	2.65	0.16	1.57
上海	9.97	2.47	4.19	2.00	0.12	1.19
江苏	90.68	22.49	38.09	18.23	1.09	10.79
浙江	153.66	38.11	64.54	30.89	1.84	18.29
安徽	20.56	5.10	8.64	4.13	0.25	2.45
福建	56.72	14.07	23.82	11.40	0.68	6.75
江西	23.78	5.90	9.99	4.78	0.29	2.83
山东	45.01	11.16	18.90	9.05	0.54	5.36
河南	81.30	20.16	34.15	16.34	0.98	9.67
湖北	34.82	8.63	14.62	7.00	0.42	4.14
湖南	28.43	7.05	11.94	5.72	0.34	3.38
广东	535.09	132.70	224.74	107.55	6.42	63.68
广西	18.22	4.52	7.65	3.66	0.22	2.17
海南	26.17	6.49	10.99	5.26	0.31	3.11
重庆	22.22	5.51	9.33	4.47	0.27	2.64

续表

省份	年总收入	温泉收入	客房收入	餐饮收入	会议收入	其他（康养、乐园及其他）
四川	262.68	65.14	110.33	52.80	3.15	31.26
贵州	37.66	9.34	15.82	7.57	0.45	4.48
云南	223.87	55.52	94.03	45.00	2.69	26.64
西藏	8.70	2.16	3.66	1.75	0.10	1.04
陕西	13.66	3.39	5.74	2.75	0.16	1.63
甘肃	2.99	0.74	1.26	0.60	0.04	0.36
青海	1.14	0.28	0.48	0.23	0.01	0.14
宁夏	0.88	0.22	0.37	0.18	0.01	0.10
新疆	3.55	0.88	1.49	0.71	0.04	0.42
全国	1806.88	448.11	758.89	363.18	21.68	215.02

二、温泉旅游接待

（一）全国温泉旅游接待情况

根据 2024 年中国温泉旅游重点企业调查问卷统计结果，2023 年我国全年温泉旅游接待总人数达到 5.82 亿人次，约为 2020 年全年温泉旅游接待总人数的 149.9%，约为 2018 年的 75%。2023 年各季度中，6~8 月为接待人数的高峰，共约 1.99 亿人次；其次是 12 月~次年 2 月，接待人数达到 1.62 亿人次；9~11 月接待人数达 1.14 亿人次；3~5 月为全年接待淡季，接待人数约 1.06 亿人次（见图 2-2）。

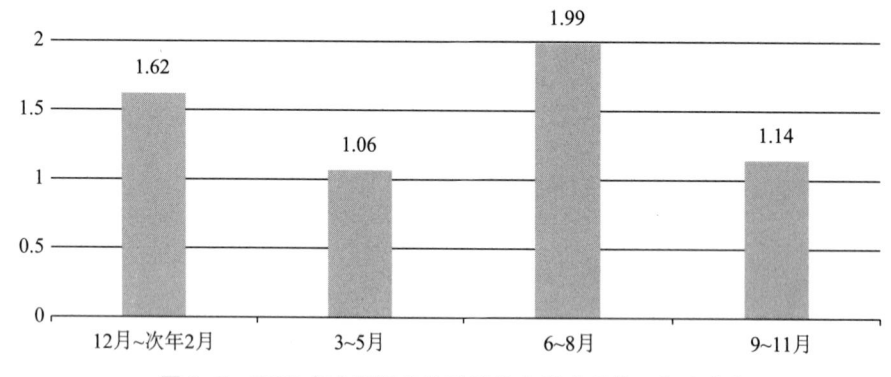

图 2-2　2023 年全国温泉旅游接待人数（单位：亿人次）

（二）各省份温泉旅游接待情况

根据 2024 年中国温泉旅游重点企业调查问卷结果统计，2023 年不同省份的年接待人数差异较大。其中，广东省年接待人数规模远超过其他省份，达到约 19441.46 万人次；其他年接待人数规模超过 3000 万人次的省份还包括：浙江省（约 6341.83 万人次），辽宁省（约 4532.76 万人次），江苏省（约 3675.52 万人次）。各省份 2023 年接待人数规模见图 2-3。

第二章　中国温泉旅游市场特征

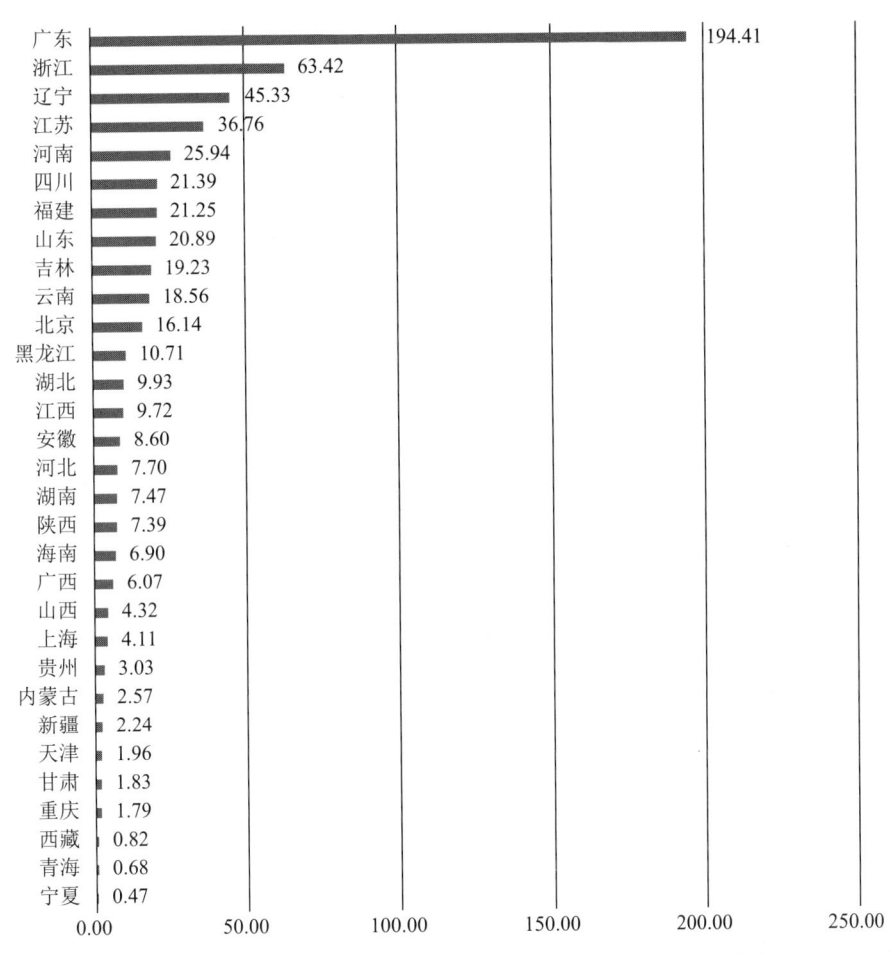

广东		194.41
浙江		63.42
辽宁		45.33
江苏		36.76
河南		25.94
四川		21.39
福建		21.25
山东		20.89
吉林		19.23
云南		18.56
北京		16.14
黑龙江		10.71
湖北		9.93
江西		9.72
安徽		8.60
河北		7.70
湖南		7.47
陕西		7.39
海南		6.90
广西		6.07
山西		4.32
上海		4.11
贵州		3.03
内蒙古		2.57
新疆		2.24
天津		1.96
甘肃		1.83
重庆		1.79
西藏		0.82
青海		0.68
宁夏		0.47

图 2-3　2023 年各省份温泉旅游接待人数（单位：百万人次）

根据 2024 年中国温泉旅游重点企业调查问卷统计结果，2023 年不同省份不同季度的接待人数也有所不同，大部分省份的接待旺季为秋冬两季，接待淡季为春季，各省份各季度具体接待量见表 2-2。

表 2-2　2023 年各省份分季度温泉旅游接待人数（单位：万人次）

地区	12月~次年2月	3~5月	6~8月	9~11月	接待总人数
北京	328.08	362.68	761.91	161.23	1613.90
天津	39.81	44.01	92.45	19.56	195.83
河北	156.49	173.00	363.42	76.90	769.81
山西	87.85	97.12	204.03	43.17	432.17
内蒙古	52.16	57.67	121.14	25.63	256.60
辽宁	1297.03	1009.12	1238.44	988.17	4532.76

— 17 —

续表

地区	12月~次年2月	3~5月	6~8月	9~11月	接待总人数
吉林	550.26	428.11	525.40	419.22	1922.99
黑龙江	306.57	238.52	292.72	233.57	1071.38
上海	126.92	87.28	118.10	78.86	411.16
江苏	1134.60	780.20	1055.76	704.96	3675.52
浙江	1957.66	1346.18	1821.63	1216.36	6341.83
安徽	265.38	182.49	246.94	164.89	859.70
福建	667.99	429.12	535.22	492.35	2124.67
江西	300.00	206.29	279.15	186.40	971.83
山东	634.59	462.30	664.58	327.97	2089.45
河南	922.11	401.87	747.75	522.09	2593.83
湖北	353.15	153.91	286.37	199.95	993.38
湖南	369.23	139.56	80.41	157.85	747.05
广东	4624.05	2486.56	8582.78	3748.07	19441.46
广西	215.81	94.05	175.01	122.19	607.07
海南	245.24	106.88	198.87	138.86	689.85
重庆	51.26	41.80	38.91	46.60	178.57
四川	614.02	500.69	466.04	558.24	2138.98
贵州	86.92	70.88	65.97	79.02	302.80
云南	532.67	434.36	404.29	484.28	1855.60
西藏	23.40	19.08	17.76	21.28	81.52
陕西	149.55	172.34	297.57	119.59	739.05
甘肃	37.04	42.69	73.71	29.62	183.07
青海	13.72	15.81	27.30	10.97	67.80
宁夏	9.60	11.07	19.11	7.68	47.46
新疆	45.28	52.18	90.09	36.21	223.75

三、温泉旅游者市场特征

（一）全国温泉旅游者性别特征

根据 2024 年中国温泉消费者抽样调查问卷结果，2024 年中国温泉旅游市场女性游客略多于男性游客。女性游客占比为 55%，男性游客占比为 45%（见图 2-4）。

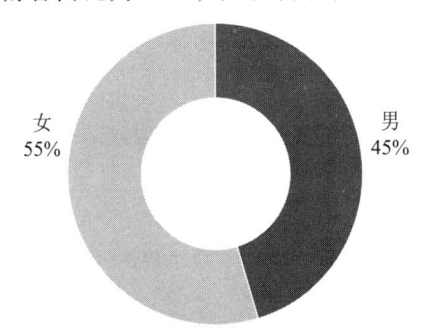

图 2-4　2024 年温泉旅游者性别占比

（二）全国温泉旅游者年龄特征

根据 2024 年中国温泉消费者抽样调查问卷结果：2024 年中国温泉旅游市场游客的年龄主要集中在 19~48 岁，其中年龄在 29~38 岁的游客占比最大，达 32.35%；其次为年龄在 19~28 岁的游客，占比为 29.51%；年龄在 39~48 岁的游客占比排第三，比例为 22.51%。而年龄在 18 岁及以下与 59 岁及以上的温泉游客占比较小，均不超过 4%，具体见图 2-5。

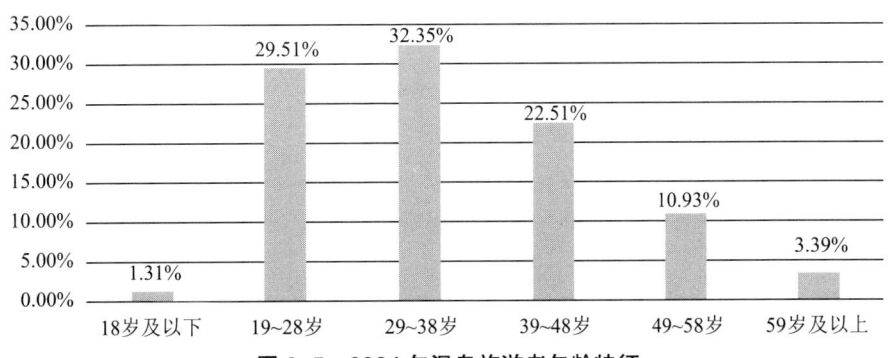

图 2-5　2024 年温泉旅游者年龄特征

（三）全国温泉旅游者学历特征

根据 2024 年中国温泉消费者抽样调查问卷结果：2024 年中国温泉旅游者的学历主要集中在高中至本科学历，其中大专/本科群体占比达 61.94%；高中/中专及以下群体所占比例为 28.27%；而硕士及以上的游客群体所占比例最小，仅有 9.80%（见图 2-6）。

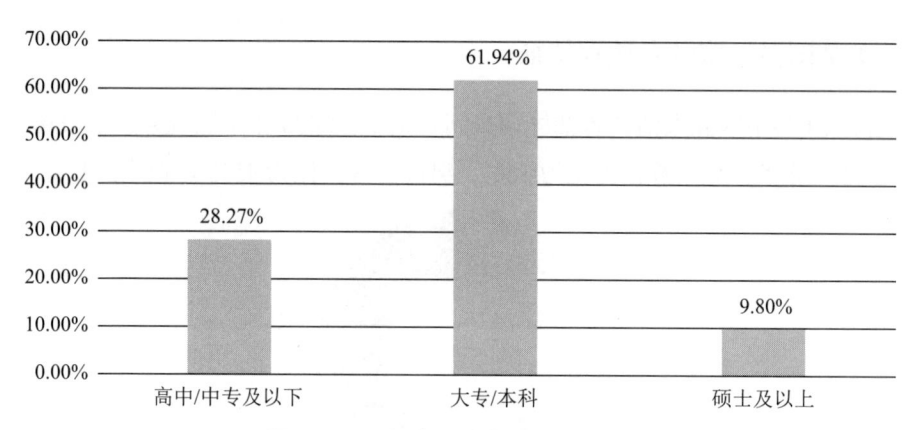

图 2-6　2024 年温泉旅游者学历特征

（四）全国温泉旅游者职业特征

根据 2024 年中国温泉消费者抽样调查问卷结果：2024 年中国温泉旅游者中，职业为公司职员的群体占比最大，比例为 32.02%；其次为自由职业或个体经营者，占比 29.15%；其他职业群体占比远低于前述两个群体，公务员/事业单位人员游客占比为 8.51%；企业中高层管理者/私企老板占比为 8.19%；学生占比为 3.94%；职业为军人的比例最小，仅有 0.64%（见图 2-7）。

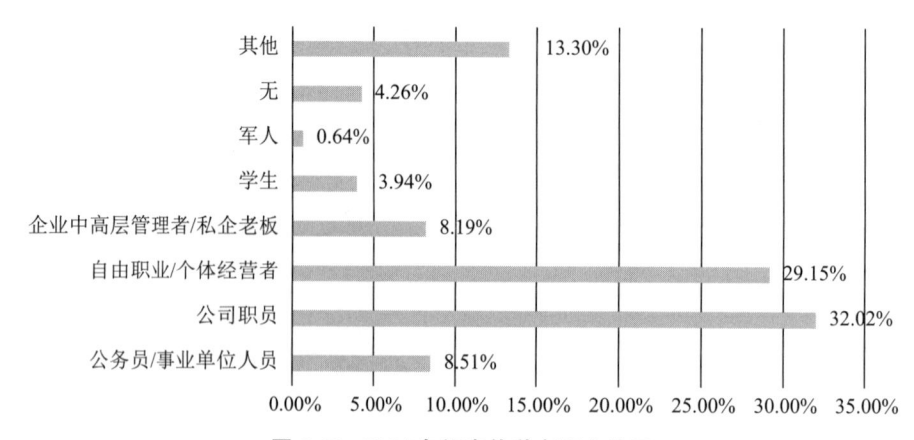

图 2-7　2024 年温泉旅游者职业特征

（五）全国温泉旅游者收入特征

根据2024年中国温泉消费者抽样调查问卷结果：2024年中国温泉旅游者的月收入主要集中在4001~8000元，其中月收入在6001~8000元的游客占比最大，达28.62%；月收入在4001~6000元的游客次之，占比为27.76%；月收入在4000元及以下的游客群体所占比例为18.84%；月收入在8000元以上的游客占比较小（见图2-8）。

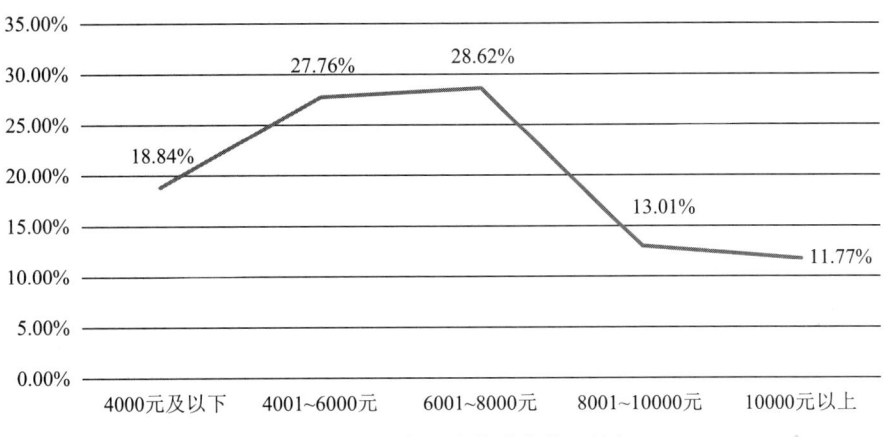

图2-8　2024年温泉旅游者收入特征

（六）全国温泉旅游者家庭结构状况

根据中国2024年温泉旅游行业游客调查问卷结果，2023年中国温泉旅游者的家庭结构状况为：已婚且有小孩的消费者群体所占比例最大，达52.00%；未婚的消费者群体所占比例为26.63%；已婚无小孩的消费者群体所占比例为18.38%（见图2-9）。

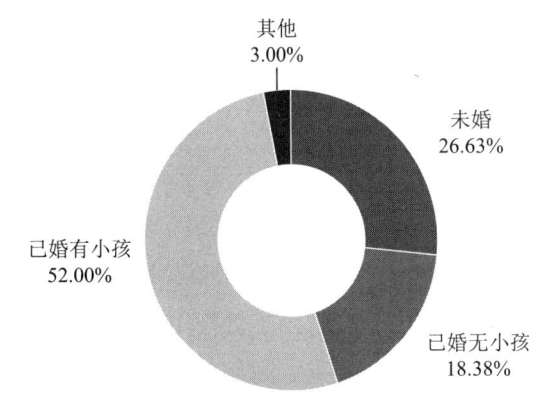

图2-9　2024年温泉旅游者家庭结构状况

四、温泉旅游行为特征

（一）全国温泉旅游者人均泡浴次数

1. 总体人均泡浴温泉次数

根据 2024 年中国温泉旅游消费者抽样调查问卷结果，全国温泉旅游市场的游客泡浴温泉年频次情况如下：18.67% 的游客表示一年泡浴温泉的次数并不确定；在确定泡浴温泉年频次的游客中，各分类频次的游客占比相差不大，其中每年 1~3 次的游客所占比例较大，达 24.81%；每年 4~6 次的游客占比 21.25%；每年 7~9 次的游客占比 18.23%；每年 10 次及以上的游客群体所占比例较小，为 17.04%（见图 2-10）。

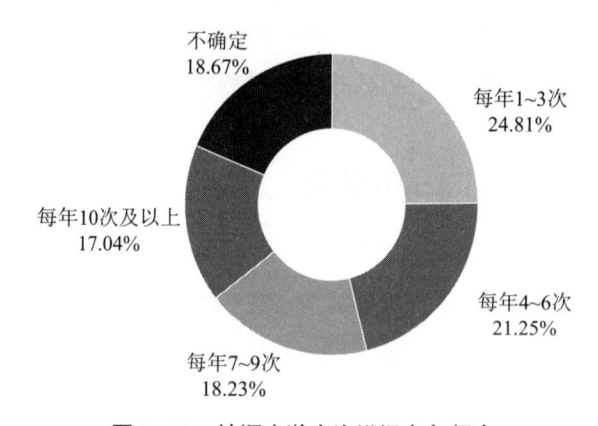

图 2-10　被调查游客泡浴温泉年频次

2. 不同性别客群人均泡浴次数

根据 2024 年中国温泉旅游消费者抽样调查问卷结果，中国温泉游客中不同性别客群泡浴温泉的年频次分布特征是：在确定泡浴温泉年频次的游客中，各分类频次的游客占比相当，每年泡浴 1~3 次的游客所占比例最高。但是，在男性游客群体中，每年 7~9 次的游客占比最低，而在女性游客中则是每年 10 次及以上占比最低。并且，不同频次的类别中，男女群体的比例也有差异。每年 1~3 次频次在女性游客中的占比最高，为 30.05%，而该频次在男性游客中的占比则只有 22.16%。而每年 7~9 次在男性游客中的占比为 17.73%，在女性游客中的占比则为 19.04%。每年 10 次及以上的频次在男性游客中占比为 20.50%，而在女性游客中占比则仅有 13.99%。

表 2-3 性别分组的泡浴温泉年频次

年频次	男	女
每年 1~3 次	22.16%	30.05%
每年 4~6 次	20.22%	21.33%
每年 7~9 次	17.73%	19.04%
每年 10 次及以上	20.50%	13.99%
不确定	19.39%	15.60%

3. 不同年龄段的人均泡浴次数

根据 2024 年中国温泉旅游消费者抽样调查问卷结果，中国温泉游客中不同年龄段的人均泡浴次数情况有所差异。年龄在 18 岁及以下的游客群体中，各频次类别占比情况差异较大，其中年泡浴 4~6 次的游客占比最高，达 41.67%。年龄在 19~28 岁的群体中，年泡浴 1~3 次的游客占比最高，达 28.25%；年泡浴 4~6 次的游客次之，占比 21.93%；其余各频次类别所占比例在 15%~18%。年龄在 29~38 岁的游客中，除不确定年泡浴频次的游客占比达 20.76% 外，其余频次中年 4~6 次占比最高，高达 24.22%。年龄在 39~48 岁的游客中，泡浴频次在每年 1~3 次的游客占比最高，达 30.69%。年龄在 59 岁及以上的游客群体中，每年泡浴 7~9 次的游客占比远高于其他年龄段群体，达 26.67%。各年龄段各频次游客占比详情见表 2-4。

根据 2024 年中国温泉旅游行业游客调查数据，整体而言，19~48 岁年龄段的游客每年 1~3 次泡浴占比较大。随着年龄的增长，每年泡浴 10 次及以上的游客群体占比增加。年龄越大的群体在年泡浴频次高的群体中占比越大。

表 2-4 年龄分组的泡浴温泉年频次比例

年频次	18 岁及以下	19~28 岁	29~38 岁	39~48 岁	49~58 岁	59 岁及以上
每年 1~3 次	16.67%	28.25%	21.45%	30.69%	17.00%	20.00%
每年 4~6 次	41.67%	21.93%	24.22%	16.34%	17.00%	23.33%
每年 7~9 次	16.67%	18.59%	19.03%	12.38%	23.00%	26.67%
每年 10 次及以上	16.67%	15.61%	14.53%	21.78%	18.00%	23.33%
不确定	8.33%	15.61%	20.76%	18.81%	25.00%	6.67%

4. 不同婚姻状况的人均泡浴次数

根据 2024 年中国温泉旅游消费者抽样调查问卷结果，中国温泉游客中不同婚姻状况的人均泡浴次数的总体情况为：不同婚姻状况的游客群体中，年泡浴频次 1~3 次的游客所占比例都是最高的，而其他年泡浴频次略有差异。在未婚群体中，除不确定频次的游客外，每年泡浴 1~3 次的游客占有比例为 28.23%；每年泡浴 4~6 次的游客占有比例为 24.88%，泡浴次数在 10 次及以上的比例最低，为 14.35%。在已婚无小孩的群体中，每年泡浴 1~3 次的游客占比最高，为 27.89%；每年泡浴频次不确定的游客占比最低，为 15.65%。在已婚有小孩的群体中，除不确定频次的游客外，每年泡浴 10 次及以上的游客占比最低，为 15.20%；每年泡浴 1~3 次的游客占比最高，为 23.04%。在其他婚姻状况群体中，除不确定频次的游客外，每年泡浴 10 次及以上的游客和每年泡浴 1~3 次的游客占比相当，为 25.00%。不同婚姻状况各频次游客占比详情见表 2-5。

表 2-5 婚姻状况分组的泡浴温泉年频次比例

年频次	未婚	已婚无小孩	已婚有小孩	其他
每年 1~3 次	28.23%	27.89%	23.04%	25.00%
每年 4~6 次	24.88%	19.05%	22.79%	12.50%
每年 7~9 次	16.75%	19.73%	19.61%	12.50%
每年 10 次及以上	14.35%	17.69%	15.20%	25.00%
不确定	15.79%	15.65%	19.36%	25.00%

（二）全国温泉旅游者旅行时间

1. 总体旅行时间

根据 2024 年中国温泉旅游消费者抽样调查问卷结果，全国温泉旅游者的平均旅行时间约为 2 天。42.08% 的温泉旅游者的旅行时间为 1 天；旅行时间为 2 天的温泉旅游者占比也较高，达 33.71%；旅行时间超过 3 天的温泉旅游者占有比例较低，不足 10%。可见，随着旅行时间的增加，温泉旅游者占有比例越来越低，绝大多数的温泉旅游者旅行时间在 3 天以内。各旅行时间旅游者占比详情见图 2-11。

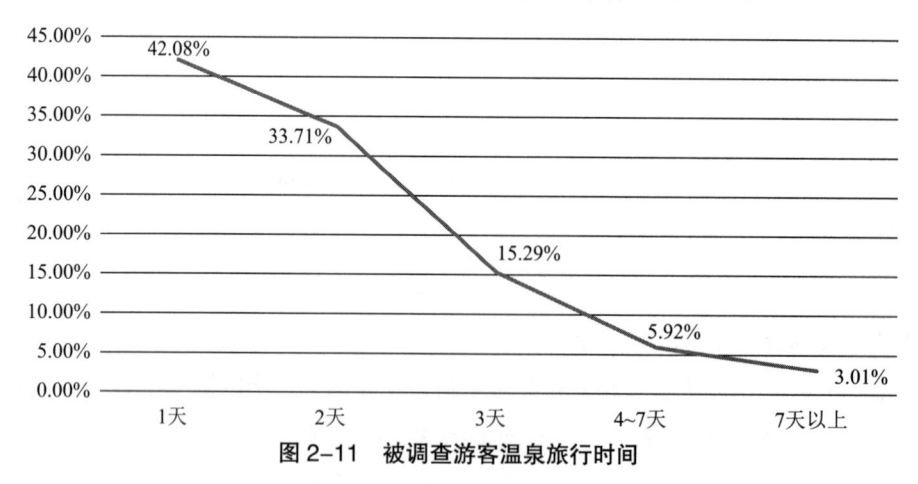

图 2-11 被调查游客温泉旅行时间

2. 性别分组的温泉旅行时间

根据2024年中国温泉旅游消费者抽样调查问卷结果，不同性别的温泉游客的旅行时间情况与总体相似。无论是男性游客还是女性游客，旅行时间越长，占比越低；无论是男性游客还是女性游客，多数温泉游客的旅行时间为1天或2天。不同性别各旅行时间占比详情见表2-6。

表2-6 性别分组的温泉旅行时间

停留天数	男	女
1天	39.27%	46.92%
2天	38.98%	28.44%
3天	12.43%	16.82%
4~7天	6.78%	4.27%
7天以上	2.54%	3.55%

3. 年龄分组的温泉旅行时间

根据2024年中国温泉旅游消费者抽样调查问卷结果，不同年龄阶段的温泉游客的旅行时间情况与总体相似，各年龄阶段温泉游客的平均停留天数都约为2天，不同年龄阶段的大多数温泉游客的旅行时间为1~2天。

在18岁及以下的年龄群体中，旅行时间为1天的游客达58.33%，旅行时间为2天的游客占33.33%，旅行时间在7天以上的占8.33%。在19~28岁的年龄群体中，旅行时间为1天的游客高达43.58%，旅行时间为2天的游客占31.91%，旅行时间为4~7天的为2.33%，旅行时间在7天以上的占5.06%。在29~38岁的年龄群体中，旅行时间为1天的游客达38.85%，旅行时间为2天的游客占41.37%，旅行时间为4天以上的则占比较低。在39~48岁的年龄群体中，旅行时间为1~2天的游客达71.43%，旅行时间为3天的游客占19.90%，旅行时间为4~7天的为6.12%，旅行时间在7天以上的占2.55%。在49~58岁的年龄群体中，旅行时间为1天的游客达45.92%，旅行时间为2天的游客占24.49%。在59岁及以上的年龄群体中，旅行时间为1天的游客达51.61%，旅行时间为2天的占22.58%，旅行时间在4~7天的占6.45%（见表2-7）。

表2-7 年龄分组的温泉旅行时间

停留天数	18岁及以下	19~28岁	29~38岁	39~48岁	49~58岁	59岁及以上
1天	58.33%	43.58%	38.85%	40.82%	45.92%	51.61%
2天	33.33%	31.91%	41.37%	30.61%	24.49%	22.58%
3天	0.00%	17.12%	11.51%	19.90%	14.29%	19.35%

续表

停留天数	18岁及以下	19~28岁	29~38岁	39~48岁	49~58岁	59岁及以上
4~7天	0.00%	2.33%	6.83%	6.12%	12.24%	6.45%
7天以上	8.33%	5.06%	1.44%	2.55%	3.06%	0.00%

4. 不同婚姻状况的温泉旅行时间

根据2024年中国温泉旅游消费者抽样调查问卷结果，不同婚姻状况的温泉游客的旅行时间情况与总体相似，不同婚姻状况温泉游客的平均停留天数都约为2天，不同婚姻状况的大多数温泉游客的旅行时间为1~2天。

在未婚群体中，旅行时间为1~2天的游客达76.56%，旅行时间为3天的游客占16.75%，旅行时间为4~7天的为3.35%，旅行时间在7天以上的占3.35%。在已婚无小孩群体中，旅行时间为1~2天的游客达77.31%，旅行时间为3天的游客占9.93%，旅行时间为4~7天的为8.51%，旅行时间在7天以上的占4.26%。在已婚有小孩群体中，旅行时间为1~2天的游客达73.63%，旅行时间为3天的游客占16.92%，旅行时间为4~7天的为6.72%，旅行时间在7天以上的占2.74%。在其他婚姻状况的群体中，旅行时间为1~2天的游客达65.21%，旅行时间为3天的游客占26.09%，旅行时间为4~7天的为8.70%（见表2-8）。

表2-8 婚姻状况分组的温泉旅行时间

停留天数	未婚	已婚无小孩	已婚有小孩	其他
1天	40.67%	46.10%	35.57%	52.17%
2天	35.89%	31.21%	38.06%	13.04%
3天	16.75%	9.93%	16.92%	26.09%
4~7天	3.35%	8.51%	6.72%	8.70%
7天以上	3.35%	4.26%	2.74%	0.00%

（三）全国温泉旅游淡旺季情况

1. 温泉旅行季节选择

根据2024年中国温泉旅游消费者抽样调查问卷结果，2024年中国温泉游客总体的旅行季节选择情况为：除选择不确定时段的占比为24.66%外，选择12月~次年2月时段出行的游客占比最高，为26.21%；选择3~5月出行的游客数量占比为19.29%；选择9~11月的游客比例为15.20%；选择6~8月出行的游客占有比例最低，为14.65%。总体而言，冬季和春季为温泉旅游旺季，夏秋两季为温泉旅游淡季（见图2-12）。

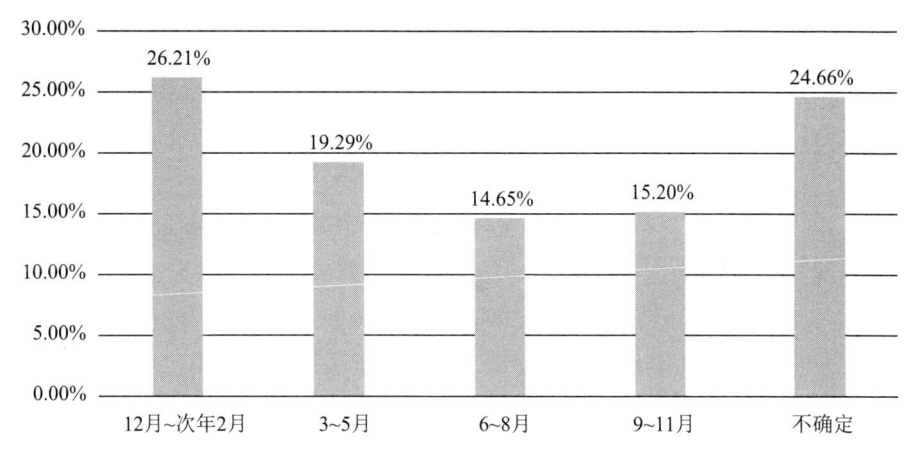

图 2-12 被调查游客泡浴温泉的季节选择

2. 性别分组的温泉旅行季节选择

根据 2024 年中国温泉旅游消费者抽样调查问卷结果，2024 年不同性别温泉游客的旅行季节选择情况与总体情况相似：冬季和春季为温泉旅游旺季，夏秋两季为温泉旅游淡季。

在被调查的男性群体中，除不确定旅行时间的群体外，选择在 12 月至次年 2 月出行的群体占比最高，为 25.06%；其次为选择在 3~5 月出行的群体，占 19.22%；选择 9~11 月出行的群体占 14.84%；选择 6~8 月出行的群体占 13.63%。在被调查的女性群体中，除了不确定旅行时间的群体外，选择在 12 月至次年 2 月出行的群体占比最高，为 26.74%；其次为选择在 3~5 月出行的群体，占 19.96%；选择 6~8 月出行的群体占 16.48%；选择 9~11 月出行的群体占 17.03%（见表 2-9）。

表 2-9 性别分组的温泉旅行季节选择

季节选择	男	女
12 月~次年 2 月	25.06%	26.74%
3~5 月	19.22%	19.96%
6~8 月	13.63%	16.48%
9~11 月	14.84%	17.03%
不确定	27.25%	19.78%

3. 年龄分组的温泉旅行季节选择

根据 2024 年中国温泉旅游消费者抽样调查问卷结果，2024 年中青年温泉游客的旅行季节选择情况与总体情况相似，少年、老年温泉游客的旅行季节选择情况与总体情况略有差异。

在 18 岁及以下的年龄群体中，温泉旅游淡旺季更为明显，选择在 3~5 月出行的游客占比最高，达 61.54%；其次为选择 12 月~次年 2 月的群体，占 23.08%；选择 9~11 月出行的游客占 7.69%。在 19~28 岁的年龄群体中，选择 12 月~次年 2 月的群体占比最高，为 30.97%，其次为选择不确定和 3~5 月的群体，占比均为 20.00%。29~38 岁的年龄群体、39~48 岁的年龄群体和 49~58 岁的年龄群体中，温泉游客旅行时间的选择情况和总体情况接近，不确定出行时间的游客占有比例最高，其次为选择冬季或春季出行的游客，而选择夏秋两季出行的游客占有比例都较低。在 59 岁及以上的年龄群体中，除了夏季，在其他各旅行季节出行的游客占有比例较为均衡，其中在 9~11 月和 3~5 月出行的游客占比最高，达 18.18%（见表 2-10）。

表 2-10 年龄分组的温泉旅游季节选择

季节选择	18 岁及以下	19~28 岁	29~38 岁	39~48 岁	49~58 岁	59 岁及以上
12 月~次年 2 月	23.08%	30.97%	25.51%	21.37%	26.23%	15.15%
3~5 月	61.54%	20.00%	14.37%	24.19%	16.39%	18.18%
6~8 月	0.00%	16.13%	14.37%	15.32%	13.11%	9.09%
9~11 月	7.69%	12.90%	17.89%	14.11%	15.57%	18.18%
不确定	7.69%	20.00%	27.86%	25.00%	28.69%	39.39%

4. 婚姻状况分组的温泉旅行季节选择

根据 2024 年中国温泉旅游消费者抽样调查问卷结果，不同婚姻状况的温泉游客的旅行季节选择情况略有差异。在未婚群体中，选择在 12 月~次年 2 月的游客占比最高，为 28.85%；在 3~5 月出行的游客次之，为 22.92%；其次为选择不确定时间出行的游客，占 18.18%；而选择在 6~8 月和在 9~11 月这两个时间段出行的游客占比相当。在已婚无小孩群体中，选择在 12 月~次年 2 月出行的游客占比最高，为 26.99%；选择 3~5 月的游客占比次之，为 21.47%；不确定出行时间的游客为 20.25%；而选择在 6~8 月和在 9~11 月这两个时间段出行的游客占比最低。在已婚有小孩群体中，选择在 12 月~次年 2 月出行的游客占比最高，为 25.60%；选择不确定出行时间的游客次之，为 24.21%；在 3~5 月出行的游客占 19.84%；选择在 9~11 月出行的游客占 16.67%；选择在 6~8 月出行的游客占 13.69%。在其他婚姻状况群体中，不确定出行季节的游客占比最高，为 52.00%；选择在 12 月~年 2 月和 3~5 月出行的游客次之，为 16%；选择在 6~8 月出行的游客占比最低，为 4.00%（见表 2-11）。

表 2-11 婚姻状况分组的温泉旅行季节选择

季节选择	未婚	已婚无小孩	已婚有小孩	其他
12月~次年2月	28.85%	26.99%	25.60%	16.00%
3~5月	22.92%	21.47%	19.84%	16.00%
6~8月	15.81%	17.18%	13.69%	4.00%
9~11月	14.23%	14.11%	16.67%	12.00%
不确定	18.18%	20.25%	24.21%	52.00%

（四）全国温泉旅游出行方式

1. 总体出行方式

根据2024年中国温泉旅游消费者抽样调查问卷结果，2024年中国温泉游客的出行方式多样，但大多数游客选择自驾车出行，高达58.71%；选择公交车出行和团队包车/大巴的游客占10.83%，选择飞机出行的游客占9.95%，选择火车/高铁出行的游客占5.55%，选择自行车出行的游客占4.14%（见图2-13）。

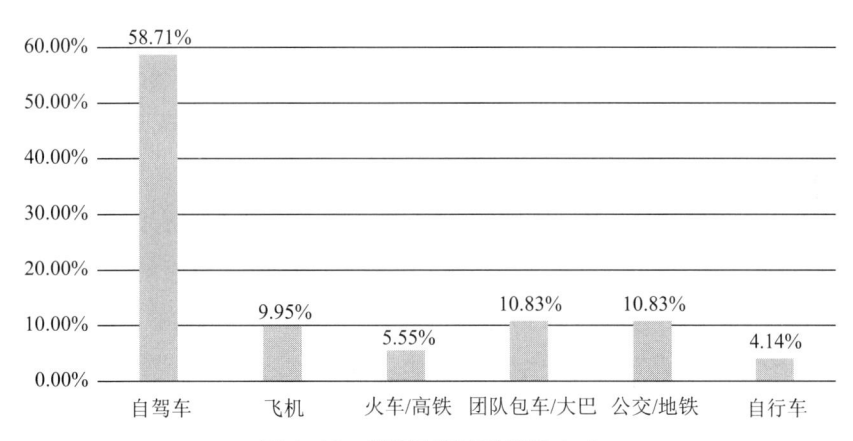

图 2-13 被调查游客的出行方式

从上述数据可知，随着私家车的普及，越来越多的温泉游客选择自驾车的出行方式；而选择飞机、火车等长途交通游客所占比例约15%，这也说明了绝大多数的温泉旅客来自温泉目的地周边城市，省外游客占比较低。

2. 性别分组的出行方式

根据2024年中国温泉旅游消费者抽样调查问卷结果，不同性别的温泉游客的出行方式情况与总体相似，但略有差异。在男性游客群体中，选择自驾车出行的占64.89%；其次为选择飞机出行的游客，占9.93%；选择团队包车/大巴出行的游客占9.44%；选择火车/高铁出行的游客占3.15%；选择自行车出行的游客占4.60%。在女性游客群体中,选择自驾车出行的游客占53.38%;其次为选择飞机出行的游客,占12.10%;选择团队包车/大巴出行的游客占11.39%;选择公交/地铁出行的游客占11.74%;选择自行车出行的游客占4.45%(见表2-12)。

表2-12 性别分组的出行方式

出行方式	男	女
自驾车	64.89%	53.38%
飞机	9.93%	12.10%
火车/高铁	3.15%	6.94%
团队包车/大巴	9.44%	11.39%
公交/地铁	7.99%	11.74%
自行车	4.60%	4.45%

3. 年龄分组的出行方式

根据2024年中国温泉旅游消费者抽样调查问卷结果,不同年龄阶段的温泉游客的出行方式有所差异。在18岁及以下的群体中,选择自驾车出行的游客占61.54%;其次为选择火车/高铁和公交/地铁出行的游客,均占15.38%。在19~28岁群体中,选择自驾车出行的游客,占61.29%;其次为选择公交/地铁出行的游客,占13.23%。在29~38岁群体中,选择自驾车出行的游客,占64.04%;其次为选择飞机出行的游客,占11.70%。在39~48岁群体中,选择自驾车出行的游客,占52.92%;其次为选择公交/地铁出行的游客,占12.77%。在49~58岁群体中,选择自驾车出行的游客,占57.50%;其次为选择团队包车/大巴出行的游客,占13.33%。在59岁以上的群体中,选择团队包车/大巴出行的游客占33.33%;其次为选择公交/地铁出行的游客,占28.57%。

表2-13 年龄分组的出行方式

出行方式	18岁及以下	19~28岁	29~38岁	39~48岁	49~58岁	59岁及以上
自驾车	61.54%	61.29%	64.04%	52.92%	57.50%	19.05%
飞机	7.69%	7.74%	11.70%	11.31%	10.00%	4.76%
火车/高铁	15.38%	6.45%	4.39%	5.47%	4.17%	4.76%
团队包车/大巴	0.00%	8.06%	10.23%	11.31%	13.33%	33.33%
公交/地铁	15.38%	13.23%	6.73%	12.77%	9.17%	28.57%
自行车	0.00%	3.23%	2.92%	6.20%	5.83%	9.52%

4. 婚姻状况分组的出行方式

根据2024年中国温泉旅游消费者抽样调查问卷结果,不同婚姻情况的温泉游客的出行方式有所差异。在未婚群体中,选择自驾车出行的游客,占57.14%,其次为选择公交车出行的游客，占12.30%。在已婚无小孩的群体中，选择自驾车出行的游客，占57.53%；其次为选择飞机出行的游客，占16.13%。在已婚有小孩的群体中，选择自驾车出行的游客，占59.15%；其次为选择团队包车/大巴出行的游客，占12.52%。在其他婚姻状况的群体中，选择自驾车出行的游客，占57.69%；选择团队包车/大巴、公交/地铁和飞机出行的游客占比均为11.54%（见表2-14）。

表2-14　婚姻状况分组的出行方式

出行方式	未婚	已婚无小孩	已婚有小孩	其他
自驾车	57.14%	57.53%	59.15%	57.69%
飞机	9.13%	16.13%	10.40%	11.54%
火车/高铁	8.33%	4.84%	4.82%	3.85%
团队包车/大巴	9.92%	9.14%	12.52%	11.54%
公交/地铁	12.30%	9.68%	7.71%	11.54%
自行车	3.17%	2.69%	5.39%	3.85%

（五）全国温泉旅游传播渠道

1. 温泉旅游传播渠道的总体情况

根据2024年中国温泉旅游消费者抽样调查问卷结果，温泉游客通过多种渠道了解温泉旅游信息。在众多渠道中，通过亲朋好友介绍这一渠道了解到温泉旅游信息的游客占比最高，达22.08%；其次为通过大众点评/美团/携程等平台渠道，占20.99%；通过短视频平台这一渠道了解信息的游客次之，占18.71%；通过公众号推送渠道了解信息的游客占比13.87%；通过旅行社咨询渠道了解的游客占比10.98%；通过小红书等App、户外广告和综艺节目渠道了解信息的游客分别占比6.85%、4.95%和0.87%（见图2-14）。

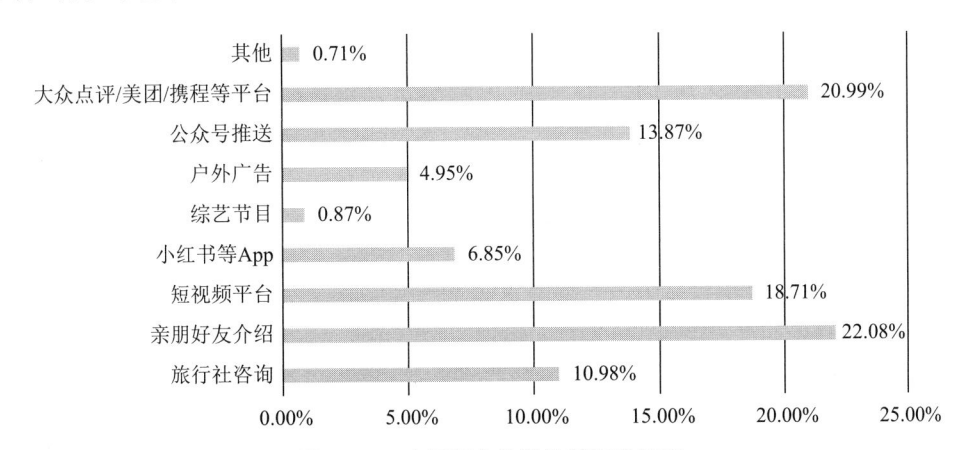

其他	0.71%
大众点评/美团/携程等平台	20.99%
公众号推送	13.87%
户外广告	4.95%
综艺节目	0.87%
小红书等App	6.85%
短视频平台	18.71%
亲朋好友介绍	22.08%
旅行社咨询	10.98%

图2-14　全国温泉旅游传播渠道情况

2. 性别分组的传播渠道

根据2024年中国温泉旅游消费者抽样调查问卷结果，温泉游客中男性和女性在了解温泉旅游信息的渠道上差异不大。无论是男性游客还是女性游客，通过亲朋好友介绍（男性游客21.05%，女性游客22.40%）这一渠道了解信息的人数占比都是最高的，短视频平台（男性游客19.07%，女性游客18.33%）、大众点评/美团/携程等平台（男性游客21.05%，女性游客19.68%）次之（见表2-15）。

表2-15 性别分组的传播渠道

传播渠道	男	女
旅行社咨询	10.45%	11.88%
亲朋好友介绍	21.05%	22.40%
短视频平台	19.07%	18.33%
小红书等App	5.93%	7.01%
综艺节目	1.13%	0.57%
户外广告	4.80%	5.66%
公众号推送	13.56%	12.33%
大众点评/美团/携程等平台	21.05%	19.68%
其他	2.97%	2.15%

3. 年龄分组的传播渠道

根据2024年中国温泉旅游消费者抽样调查问卷结果，不同年龄阶段的游客在了解温泉旅游信息的渠道上略有差异。在18岁及以下的温泉游客群体中，排在前三位的渠道是亲朋好友介绍（25.00%）、公众号推送（20.00%）和旅行社咨询（15.00%）。在19~28岁的温泉游客群体中，排在前三位的渠道是大众点评/美团/携程等平台（21.8%）、短视频平台（20.18%）和亲朋好友介绍（20.00%）。在29~38岁的温泉游客群体中，排在前三位的渠道是大众点评/美团/携程等平台（22.69%）、亲朋好友介绍（20.50%）和短视频平台（18.49%）。在39~48岁的温泉游客群体中，排在前三位的渠道是亲朋好友介绍（35.69%）、短视频平台（25.09%）和旅行社咨询（15.19%）。在49~58岁的温泉游客群体中，排在前三位的渠道是亲朋好友介绍（21.74%）、旅行社咨询（16.30%）和大众点评/美团/携程等平台（16.30%）。在59岁及以上温泉游客中，通过大众点评/美团/携程等平台了解温泉旅游信息的游客占比最高（见表2-16）。

表2-16 年龄组的传播渠道

传播渠道	18岁及以下	19~28岁	29~38岁	39~48岁	49~58岁	59岁及以上
旅行社咨询	15.00%	8.83%	11.26%	15.19%	16.30%	16.98%

续表

传播渠道	18岁及以下	19~28岁	29~38岁	39~48岁	49~58岁	59岁及以上
亲朋好友介绍	25.00%	20.00%	20.50%	35.69%	21.74%	15.09%
短视频平台	15.00%	20.18%	18.49%	25.09%	15.76%	20.75%
小红书等App	5.00%	7.03%	6.89%	7.77%	5.43%	11.32%
综艺节目	0.00%	1.26%	0.34%	1.06%	1.09%	0.00%
户外广告	5.00%	5.41%	4.71%	6.71%	6.52%	0.00%
公众号推送	20.00%	13.15%	12.94%	3.18%	13.59%	11.32%
大众点评/美团/携程等平台	15.00%	21.80%	22.69%	5.30%	16.30%	22.64%
其他	0.00%	2.34%	2.18%	0.00%	3.26%	1.89%

4. 婚姻状况分组的传播渠道

根据2024年中国温泉旅游消费者抽样调查问卷结果，温泉游客中不同婚姻状况的游客在了解温泉旅游信息的渠道上相差不大。在未婚群体、已婚无小孩群体和已婚有小孩群体中，排在前三位的渠道都是亲朋好友介绍、大众点评/美团/携程等平台和短视频平台（见表2-17）。

表2-17 婚姻状况分组的传播渠道

传播渠道	未婚	已婚无小孩	已婚有小孩	其他
旅行社咨询	7.71%	14.43%	12.74%	8.89%
亲朋好友介绍	20.41%	19.34%	23.42%	15.56%
短视频平台	19.50%	19.67%	16.02%	17.78%
小红书等App	8.16%	6.23%	5.83%	13.33%
综艺节目	1.13%	0.66%	0.97%	2.22%
户外广告	4.08%	6.89%	4.98%	4.44%
公众号推送	15.42%	12.79%	13.59%	8.89%
大众点评/美团/携程等平台	21.54%	18.03%	19.90%	20.00%
其他	2.04%	1.97%	2.55%	8.89%

（六）全国温泉旅游营销渠道

1. 温泉旅游营销渠道的总体情况

根据2024年中国温泉旅游消费者抽样调查问卷结果，温泉游客通过多种渠道购买温泉旅游产品。在众多渠道中，通过第三方网络预订系统（携程/艺龙/美团等）这一渠道购买温泉旅游产品的游客占比最高，为 27.51%；其次为官网渠道，占 20.33%；通过亲友关系购买的游客再次之，占 18.52%；通过现场渠道购买产品的游客占 16.57%；旅行社渠道占 12.12%；其他渠道占 4.94%。

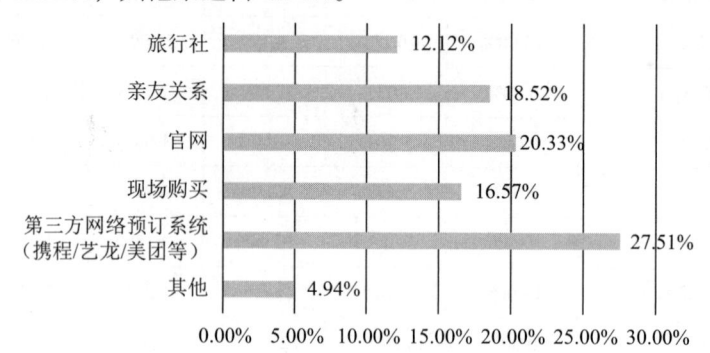

图 2-15　全国温泉旅游的营销渠道情况

2. 性别分组的营销渠道

根据 2024 年中国温泉旅游消费者抽样调查问卷结果，男性和女性温泉游客在购买温泉旅游产品的渠道上差异不大。无论是男性游客还是女性游客，通过第三方网络预订系统（携程/艺龙/美团等）（男性游客 29.80%，女性游客 26.99%）这一渠道购买温泉旅游产品的人数占比都是最高的，官网购买（男性游客 18.28%，女性游客 20.80%）排在第二位、亲友关系购买（男性游客 18.10%，女性游客 19.47%）排在第三位（见表 2-18）。

表 2-18　性别分组的营销渠道

营销渠道	男	女
旅行社	12.07%	11.06%
亲友关系	18.10%	19.47%
官网	18.28%	20.80%
现场购买	14.99%	17.40%
第三方网络预订系统（携程/艺龙/美团等）	29.80%	26.99%
其他	6.76%	4.28%

3. 年龄分组的营销渠道

根据 2024 年中国温泉旅游消费者抽样调查问卷结果，不同年龄阶段的温泉游客在购买温泉旅游产品的渠道上略有差异。在 18 岁及以下的温泉游客中，排在前三位的购买渠道是亲友关系（31.25%）、第三方网络预订系统（25.00%）和官网购买（18.75%）。在 19~28 岁的温泉游客群体中，排在前三位的购买渠道是第三方网络预订系统（31.36%）、官网（24.69%）和亲友关系（14.32%）。在29~38岁的温泉游客中，排在前三位的购买渠道是第三方网络预订系统（30.28%）、官网（18.98%）和亲友关系（16.84%）。在39~48岁的温泉游客群体中，排在前三位的购买渠道是亲友关系（24.76%）、官网（19.31%）和第三方网络预订系统（19.31%）。在49~58岁的温泉游客群体中，排在前三位的购买渠道是亲友关系（20.69%）、官网（19.31%）和第三方网络预订系统（19.31%）。在59岁及以上温泉游客群体中，通过第三方网络预订系统购买温泉旅游产品的游客占比最高，为28.95%；亲友关系（23.68%）、旅行社（18.42%）次之。其他数据见表2-19。

由上述问卷调查数据可知，随着年龄的增长，通过旅行社这一渠道购买温泉旅游产品的游客占比逐步提高，通过官网这一渠道购买温泉旅游产品的占比逐步降低。

表2-19 年龄分组的营销渠道

营销渠道	18岁及以下	19~28岁	29~38岁	39~48岁	49~58岁	59岁及以上
旅行社	6.25%	9.63%	14.07%	9.84%	17.93%	18.42%
亲友关系	31.25%	14.32%	16.84%	24.76%	20.69%	23.68%
官网	18.75%	24.69%	18.98%	16.83%	19.31%	18.42%
现场购买	6.25%	15.31%	15.14%	20.63%	17.24%	7.89%
第三方网络预订系统（携程/艺龙/美团等）	25.00%	31.36%	30.28%	22.54%	19.31%	28.95%
其他	12.50%	4.69%	4.69%	5.40%	5.52%	2.63%

4. 婚姻状况分组的营销渠道

根据2024年中国温泉旅游消费者抽样调查问卷结果，不同婚姻状况的温泉游客在购买温泉旅游产品的渠道上略有差异。在未婚群体中，排在前三位的购买渠道是第三方网络预订系统（32.20%）、现场购买（20.43%）和官网（19.81%）。在已婚无小孩群体中，排在前三位的购买渠道是第三方网络预订系统（26.69%）、官网（17.80%）和亲友关系（17.37%）。在已婚有小孩群体中，排在前三位的购买渠道是第三方网络预订系统（25.35%）、亲友关系（22.72%）和官网（18.24%）。在其他婚姻状况的群体中，排在前三位的购买渠道是第三方网络预订系统（23.53%）、现场购买（20.59%）和亲友关系（14.71%）等。其他数据见表2-20。

表2-20 婚姻状况分组的营销渠道

营销渠道	未婚	已婚无小孩	已婚有小孩	其他
旅行社	8.67%	16.10%	13.76%	11.76%

续表

营销渠道	未婚	已婚无小孩	已婚有小孩	其他
亲友关系	14.24%	17.37%	22.72%	14.71%
官网	19.81%	17.80%	18.24%	14.71%
现场购买	20.43%	16.95%	15.15%	20.59%
第三方网络预订系统（携程/艺龙/美团等）	32.20%	26.69%	25.35%	23.53%
其他	4.64%	5.08%	4.79%	14.71%

（七）全国温泉旅游者设施喜好

1. 温泉产品游客喜好总体情况

根据2024年中国温泉旅游消费者抽样调查问卷结果，游客最喜欢的温泉设施前六个是自然环境中的温泉（14.01%）、特色加料池（中药/花瓣/茶/酒/牛奶）（11.37%）、温泉泳池（8.84%）、水疗池（冲击、泡泡、漩涡等）（8.05%）、温泉石板浴（7.85%）和温泉SPA（7.36%）。其他温泉设施占比情况见图2-16。

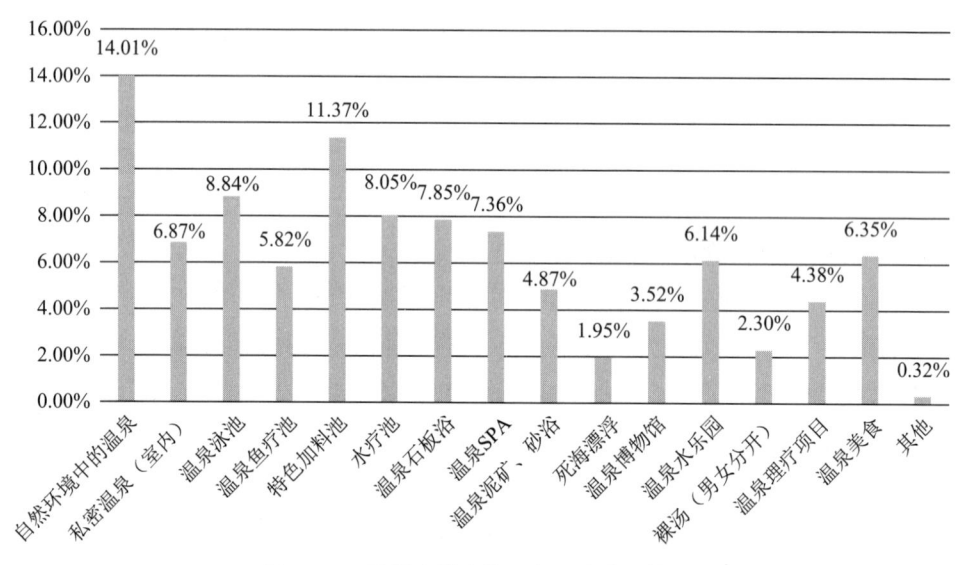

图2-16 被调查游客的温泉设施喜好情况

2. 性别分组的设施喜好

根据2024年中国温泉旅游消费者抽样调查问卷结果，男性和女性游客在温泉设施偏好上差异不大。总体而言，最受喜爱的前六个温泉设施都与总体情况一致，分别为自然环境中的温泉（男性游客14.54%，女性游客14.08%）、特色加料池（男性游客10.53%，女性游客12.04%）、温泉泳池（男性游客9.34%，女性游客8.72%）、水疗池

（男性游客 8.43%，女性游客 7.89%）、温泉石板浴（男性游客 7.19%，女性游客 8.14%）和温泉 SPA（男性游客 7.30%，女性游客 7.21%）。

表 2-21 性别分组的温泉设施喜好

设施喜好	男	女
自然环境中的温泉	14.54%	14.08%
私密温泉（室内）	7.07%	6.77%
温泉泳池	9.34%	8.72%
温泉鱼疗池	6.00%	5.65%
特色加料池（中药/花瓣/茶/酒/牛奶等）	10.53%	12.04%
水疗池（冲击、泡泡、漩涡等）	8.43%	7.89%
温泉石板浴	7.19%	8.14%
温泉 SPA	7.30%	7.21%
温泉泥矿、温泉砂浴	4.92%	4.63%
死海漂浮	1.70%	1.95%
温泉博物馆	3.06%	3.75%
温泉水乐园	6.23%	6.09%
裸汤（男女分开）	2.60%	1.95%
温泉理疗项目	4.24%	4.29%
温泉美食（温泉蛋、温泉粥等）	6.56%	6.48%
其他	0.28%	0.34%

3. 年龄分组的设施喜好

根据 2024 年中国温泉旅游消费者抽样调查问卷结果，不同年龄阶段的游客在温泉设施喜好上略有差异。在 18 岁及以下的温泉游客群体中，排在游客喜爱前三位的温泉设施是特色加料池（12.50%）、裸汤（男女分开）（10.42%）和自然环境中的温泉（10.42%）。在 19~28 岁的温泉游客群体中，排在游客喜爱前三位的温泉设施是自然环境中的温泉（13.88%）、特色加料池（12.19%）和温泉泳池（8.75%）。在 29~38 岁的温泉游客群体中，排在游客喜爱前三位的温泉设施是自然环境中的温泉（14.00%）、特色加料池（10.85%）、温泉泳池（8.75%）。在 39~48 岁的温泉游客群体中，排在游客喜爱前三位的温泉设施是自然环境中的温泉（13.40%）、特色加料池（10.75%）和温泉泳池（8.58%）。在 49~58 岁的温泉游客群体中，排在游客喜爱前三位的温泉设施是自然环境中的温泉（14.94%）、特色加料池（11.95%）和温泉泳池（9.16%）。在

59岁及以上温泉游客群体中，排在游客喜爱前三位的温泉设施是自然环境中的温泉（20.17%）、特色加料池（11.76%）和温泉泳池（10.92%），其他数据见表2-22。

表2-22 年龄分组的温泉设施喜好

温泉产品	18岁及以下	19~28岁	29~38岁	39~48岁	49~58岁	59岁及以上
自然环境中的温泉	10.42%	13.88%	14.00%	13.40%	14.94%	20.17%
私密温泉（室内）	8.33%	7.83%	6.09%	7.55%	5.58%	5.04%
温泉泳池	4.17%	8.79%	8.75%	8.58%	9.16%	10.92%
温泉鱼疗池	6.25%	5.39%	6.51%	5.75%	6.37%	1.68%
特色加料池	12.50%	12.19%	10.85%	10.75%	11.95%	11.76%
水疗池	8.33%	7.83%	8.19%	8.49%	8.37%	5.88%
温泉石板浴	2.08%	8.05%	7.28%	8.40%	8.17%	10.08%
温泉SPA	6.25%	7.53%	7.35%	7.45%	6.97%	6.72%
温泉泥矿、温泉砂浴	6.25%	4.36%	4.06%	5.57%	6.57%	5.04%
死海漂浮	0.00%	2.14%	1.89%	2.17%	1.59%	1.68%
温泉博物馆	6.25%	3.03%	3.85%	3.49%	3.39%	3.36%
温泉水乐园	8.33%	5.98%	7.35%	5.47%	4.98%	4.20%
裸汤（男女分开）	10.42%	1.92%	2.24%	2.17%	2.79%	2.52%
温泉理疗项目	2.08%	4.58%	4.06%	4.72%	3.78%	5.04%
温泉美食	8.33%	6.43%	7.07%	5.57%	5.18%	5.88%
其他	0.00%	0.07%	0.49%	0.47%	0.20%	0.00%

4. 婚姻状况分组的设施喜好

根据2024年中国温泉旅游消费者抽样调查问卷结果，不同婚姻状况的温泉游客在温泉设施喜好上略有差异。在未婚群体中，排在游客喜爱前三位的温泉产品是自然环境中的温泉（14.67%）、特色加料池（12.07%）和温泉泳池（9.27%）。在已婚无小孩群体中，排在游客喜爱前三位的温泉设施是自然环境中的温泉（12.68%）、特色加料池（11.97%）和温泉石板浴（9.83%）。在已婚有小孩群体中，排在游客喜爱前三位的温泉设施是自然环境中的温泉（14.46%）、特色加料池（11.08%）和温泉泳池（8.73%）。在其他婚姻状况的群体中，排在游客喜爱前三位的温泉设施是自然环境中的温泉（14.74%）、特色加料池（12.63%）和水疗池（11.58%）。其他数据见表2-23。

表 2-23 婚姻状况分组的温泉设施喜好

温泉产品	未婚	已婚无小孩	已婚有小孩	其他
自然环境中的温泉	14.67%	12.68%	14.46%	14.74%
私密温泉（室内）	8.69%	7.98%	6.23%	3.16%
温泉泳池	9.27%	6.98%	8.73%	8.42%
温泉鱼疗池	6.08%	5.13%	6.67%	4.21%
特色加料池	12.07%	11.97%	11.08%	12.63%
水疗池	8.40%	5.70%	8.24%	11.58%
温泉石板浴	8.20%	9.83%	7.75%	9.47%
温泉 SPA	8.20%	9.40%	6.96%	6.32%
温泉泥矿、温泉砂浴	5.31%	4.99%	5.05%	4.21%
死海漂浮	2.22%	2.99%	1.27%	0.00%
温泉博物馆	3.86%	4.27%	3.58%	3.16%
温泉水乐园	5.98%	8.55%	6.27%	4.21%
裸汤（男女分开）	1.64%	3.56%	1.81%	6.32%
温泉理疗项目	2.41%	2.71%	4.66%	2.11%
温泉美食	2.90%	2.85%	6.81%	8.42%
其他	0.10%	0.43%	0.44%	1.05%

第三章

全国温泉企业发展总体状况

一、温泉企业运行状况

（一）温泉旅游企业概况

1. 企业经营性质

根据 2024 年中国温泉旅游重点企业调查问卷结果，全国温泉企业的所有制性质呈现多样化，包括国有企业、民营企业、外资（含港澳台）企业和混合所有制企业。在被调查的企业中：民营企业所占比例最高，接近一半（43.75%）；其次是国有企业，占 25.00%；外资（含港澳台）企业和混合所有制企业的比例相对较低，分别为 18.75% 和 12.50%（见图 3-1）。

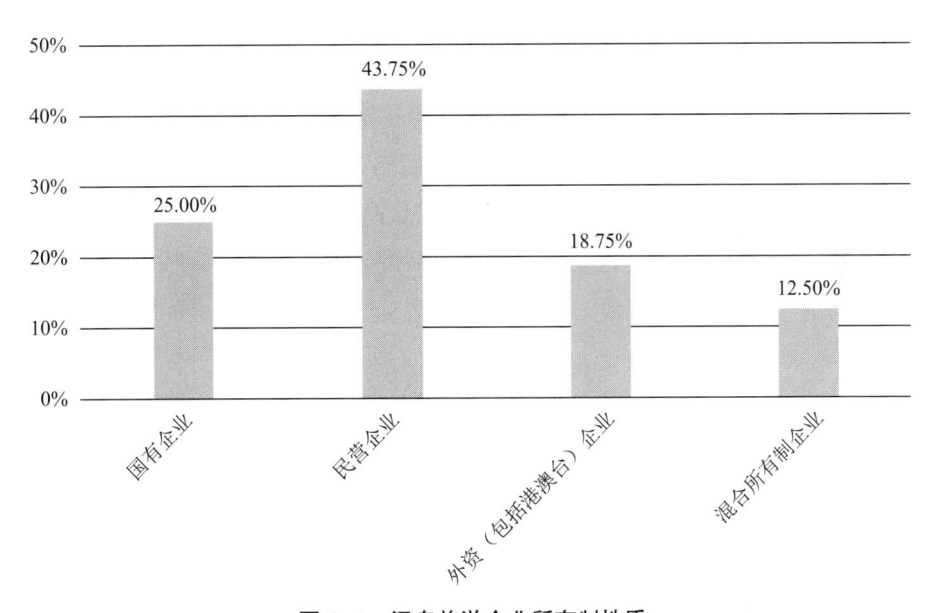

图 3-1　温泉旅游企业所有制性质

2. 投资规模

根据 2024 年中国温泉旅游重点企业调查问卷结果，全国重点温泉企业的投资规模总体较大。被调查企业的平均投资额约为 6.3 亿元，其中大多数企业的投资额在 1 亿～3 亿元，投资额在 1000 万元以下的企业占比较低。具体来看，50.00% 的被调查企业投资金额在 1 亿～3 亿元；31.25% 的企业投资额在 3 亿～5 亿元；12.50% 的企业投资额低于 1 亿元；而投资额在 5 亿元以上的企业占 6.25%（见图 3-2）。与往年相比，投资规模在 5 亿元以上的企业占比有所降低（2021 年被调查企业投资额在 5 亿元以上的企业占 24.53%）。

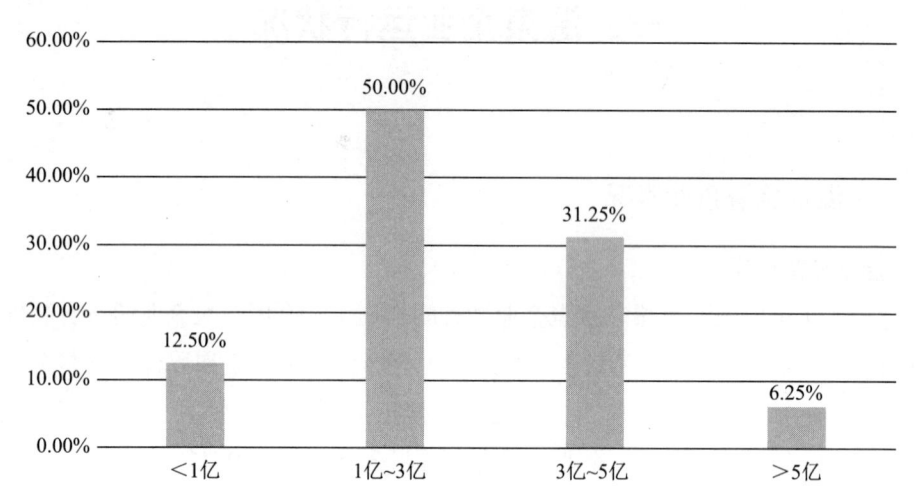

图 3-2　温泉旅游企业投资规模（单位：元）

3. 住宿类型与酒店等级

根据 2024 年中国温泉旅游重点企业调查问卷结果，温泉旅游的住宿方式呈现出多样化、时尚化的趋势。温泉住宿类型主要有酒店、民宿、别墅、度假村、公寓、旅馆、客栈、农家乐、露营地等，其中酒店占比最高，为 45.04%；其次是民宿，占比 24.44%；别墅、度假村分别占比 9.32% 和 4.06%；公寓、旅馆、客栈分别占比 3.25%、1.91%、1.90%；农家乐、露营地、木屋分别占比 1.53%、0.68%、0.04%。（见图 3-3）。

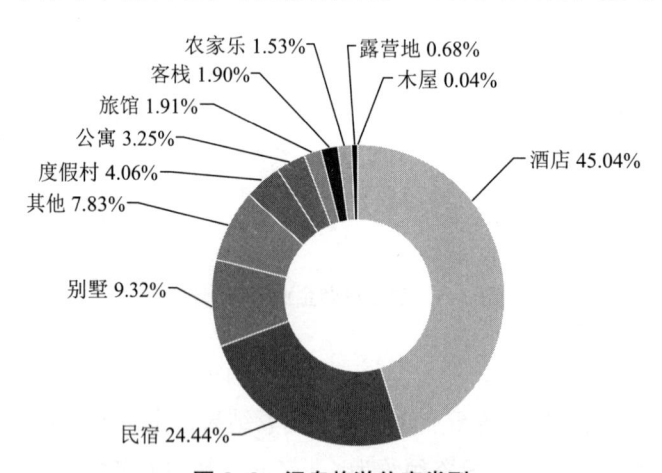

图 3-3　温泉旅游住宿类型

根据 2024 年中国温泉旅游重点企业调查问卷结果，中国温泉酒店的等级分布如下：

中国温泉酒店中高星级酒店的占比相对较低，五星级酒店占比 11.56%，是所有等级中占比最低的；四星级酒店占比 24.40%，占比处于中等水平；三星级酒店占比最高，达到 32.07%。近些年温泉民宿数量快速增长，二星级及以下的酒店占比升高，达 31.97%（见图 3-4）。

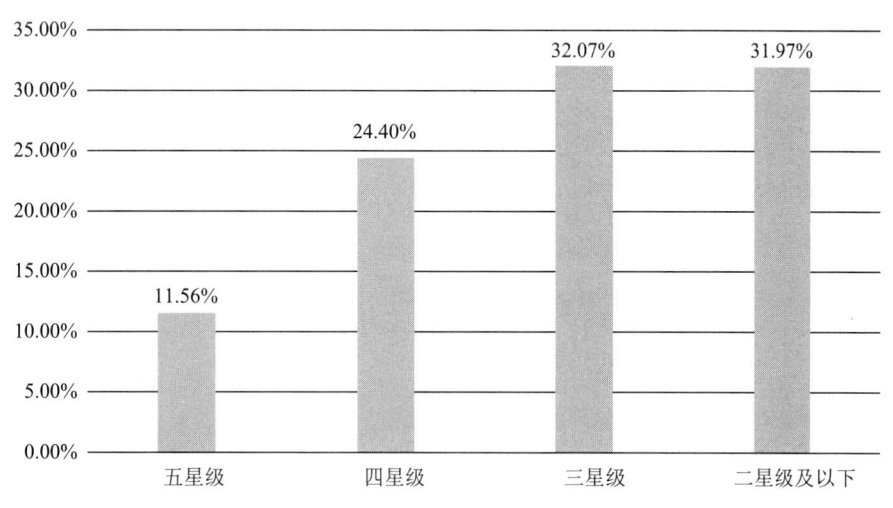

图 3-4　温泉酒店等级

4. 温泉企业前景预判

根据 2024 年中国温泉旅游重点企业调查问卷结果，全国大多数重点温泉企业对 2024 年中国温泉市场的整体情况持相对保守的态度。接近七成的被调查企业对 2024 年中国温泉市场的整体情况持一般态度，只有 18.75% 的企业认为市场前景较为乐观，有 12.50% 的企业认为市场情况比往年更差（见图 3-5）。

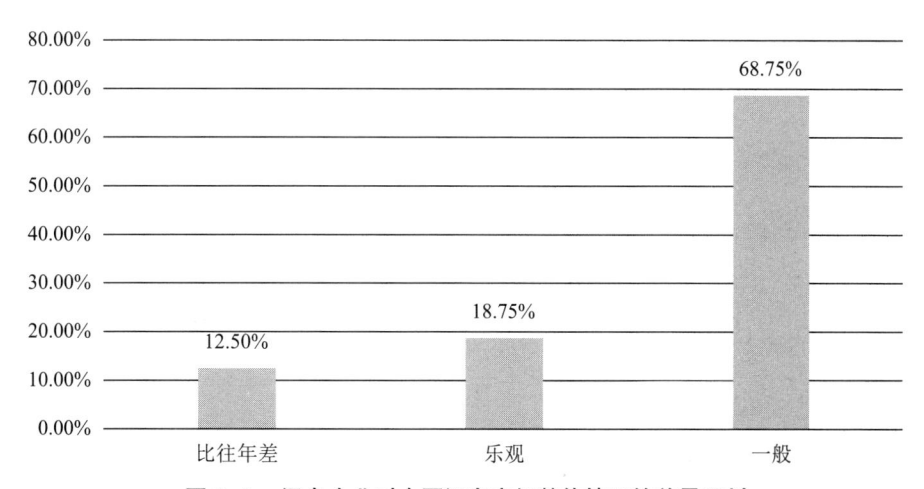

图 3-5　温泉企业对中国温泉市场整体情况的前景预判

（二）温泉核心资源与设施情况

1. 温泉水量总体情况

根据2024年中国温泉旅游重点企业调查问卷结果，全国重点温泉企业中，温泉每日使用量在100立方米以下的企业占18.75%；在100~400立方米的企业占12.5%；在401~700立方米的企业占18.75%；在701~1000立方米的企业占比最多，为31.25%，使用量超过1000立方米的企业比例最低，仅为6.25%（见图3-6）。

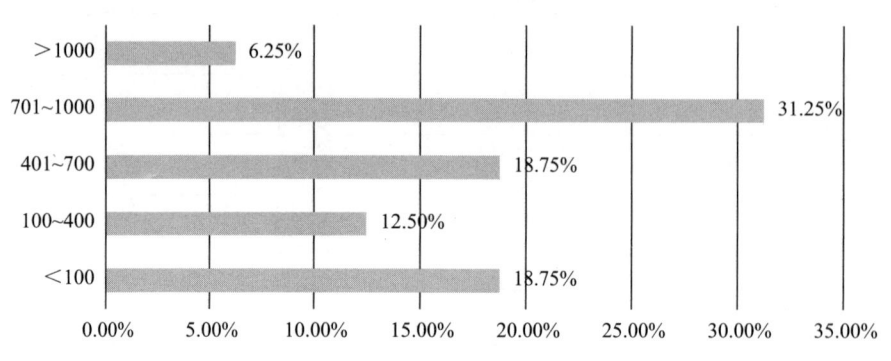

图3-6 温泉企业温泉使用量（单位：立方米）

2. 温泉出水温度总体情况

根据2024年中国温泉旅游重点企业调查问卷结果，全国多数重点温泉企业的温泉出水温度在50℃以上。具体而言，出水温度低于50℃的企业占比最低，仅为6.25%；出水温度在50~59℃的企业占12.50%；温度在60~69℃的企业占18.75%；出水温度在70~79℃的企业比例最高，达到25.00%；而出水温度在80~89℃和90℃以上的企业各占18.75%（见图3-7）。

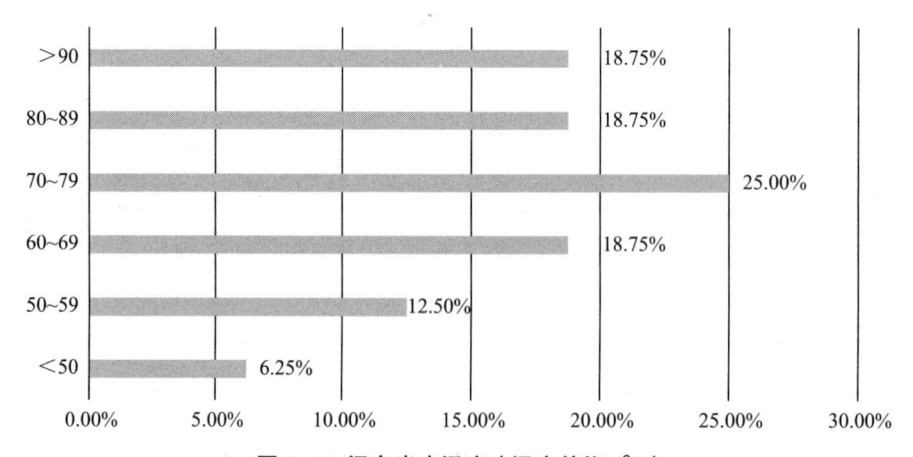

图3-7 温泉出水温度（温度单位：℃）

3. 达到医疗矿泉浓度的矿物质重点成分情况

根据2024年中国温泉旅游重点企业调查问卷结果，现有温泉中矿物质含量较高，达到医疗矿泉浓度的矿物质包括氯化钠、硅酸、硼酸、碳酸盐、氟和锶等30多种，具有保健、美容、护肤和疗养等功效。例如，温泉中的偏硅酸、氟和硼酸具有良好的保健作用，对人体健康有益；而硅酸、偏硅酸和钙则有助于改善皮肤的酸碱值，具有美容效果。

4. 温泉供水方式

根据2024年中国温泉旅游重点企业调查问卷的结果，全国大多数温泉企业的供水方式为自打井，占总数的一半以上；25%的企业采用统一供水，6.25%的企业从其他单位购水，12.50%的企业使用其他供水方式（见图3-8）。

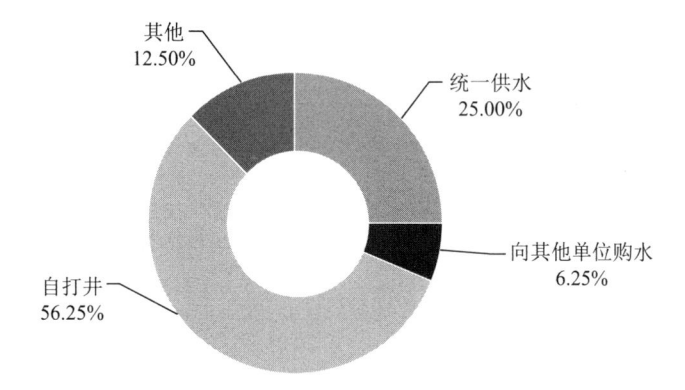

图3-8 温泉企业的供水方式

关于"是否有使用费"的问题，被调查企业中，有93.75%的温泉企业表示需要支付使用费，仅有6.25%的企业表示没有使用费（见图3-9）。此外，据2024年中国温泉旅游重点企业调查问卷结果显示，2023年全国温泉企业的温泉水使用费平均约为7.82元/吨。

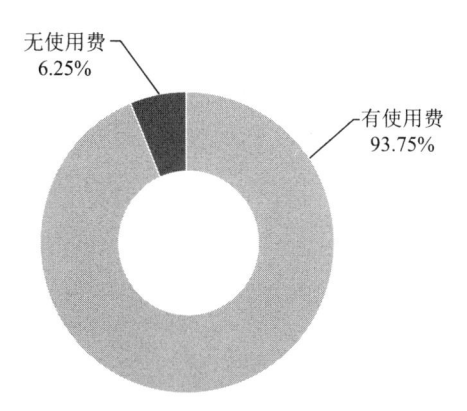

图3-9 温泉企业的温泉使用费

5. 温泉项目规模

（1）项目占地面积

根据2024年中国温泉旅游重点企业调查问卷结果，六成以上的温泉旅游项目的占地面积在10万平方米以下。具体而言，占地面积小于10万平方米的温泉项目占62.50%，占地面积10万平方米及以上的项目占37.50%。其中，占地面积在10万~20万平方米的项目占25.00%，而占地面积在20万~30万平方米和大于30万平方米的项目各占6.25%（见图3-10）。

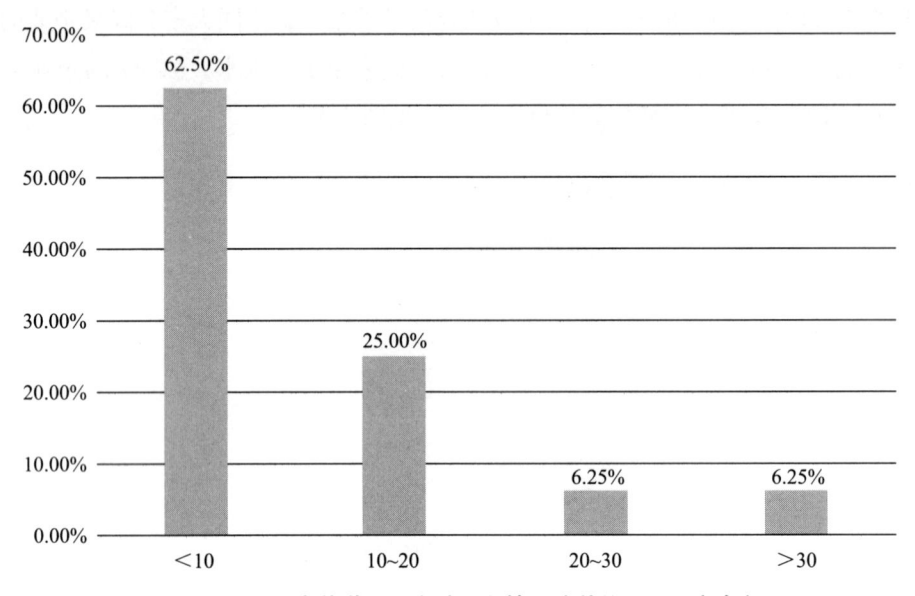

图3-10 温泉旅游项目占地面积情况（单位：万平方米）

（2）温泉区面积

根据2024年中国温泉旅游重点企业调查问卷结果，2023年全国温泉企业的温泉区平均面积为23635.80平方米。超过三分之二的温泉企业温泉区面积在3万平方米以内。其中，温泉区面积小于1万平方米的企业占31.25%，温泉区面积在1万~2万平方米和2万~3万平方米的企业各占18.75%。温泉区面积在3万~4万平方米的企业比例较低，仅占12.50%，温泉区面积大于4万平方米的企业也占有一定比例，为18.75%（见图3-11）。

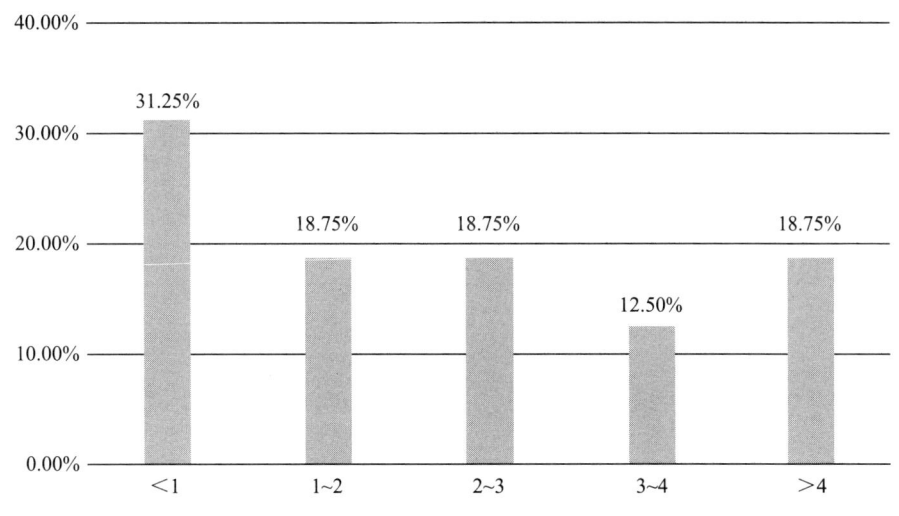

图 3-11　温泉企业温泉区占地面积（单位：万平方米）

（3）温泉池区面积与建筑面积之比

根据温泉池区面积除以建筑面积的公式来进行计算，可以得出全国温泉企业的温泉池区面积与建筑面积之比为 2:5，即每建设 1 平方米池区所对应的建筑面积为 2.5 平方米。

（4）温泉泡池数量与池区面积之比

根据 2024 年中国温泉旅游重点企业调查问卷结果，温泉泡池的类型主要包括大众室内、大众户外、私人汤屋和汤院。从泡池种类分布来看，大众户外泡池数量最多，占总泡池数量的 65.97%；而大众室内泡池、私人汤屋和汤院分别占比 17.96% 和 21.21%（见图 3-12）。根据温泉泡池数量与池区面积的比例计算公式，平均每个温泉泡池占地面积约为 275 平方米，全国温泉池区的园林绿化面积较大，温泉池的容积率较低。

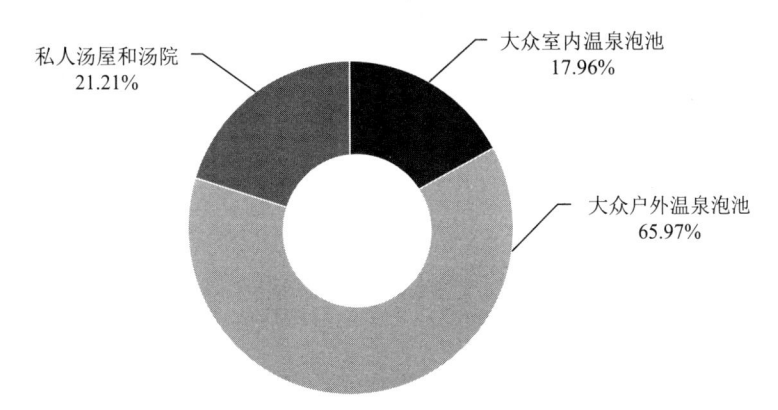

图 3-12　温泉泡池类型占比

（5）休息位与更衣柜之比

根据 2024 年中国温泉旅游重点企业调查问卷结果，2023 年全国温泉企业平均拥有休息位数量为 97 个。拥有 51~100 个休息位的企业占比最高，达 43.75%；拥有 101~150 个休息位的企业占 25.00%；拥有 50 个以下休息位的企业占 18.75%；拥有 151~200 个休息位的企业和拥有 200 个以上休息位的企业均占 6.25%（见图 3-13）。

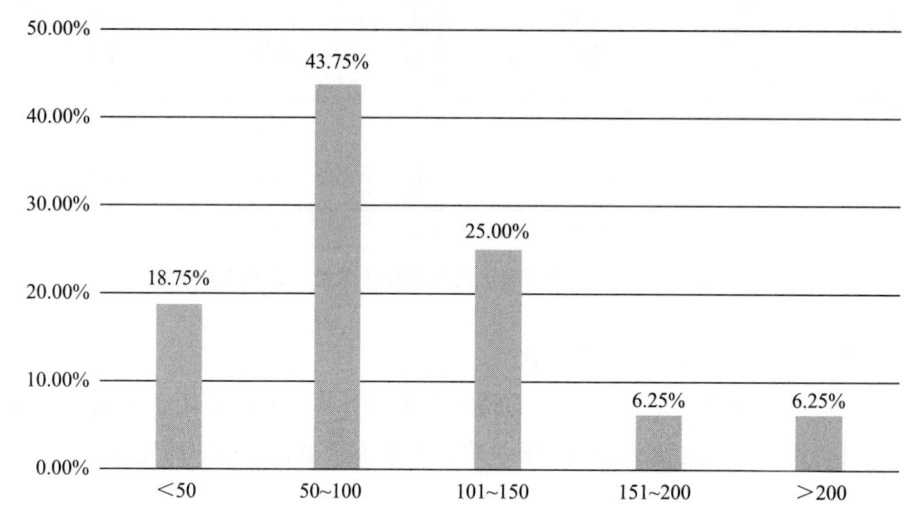

图 3-13 温泉企业的休息位情况（单位：个）

根据 2024 年中国温泉旅游重点企业调查问卷结果，同一时间段内温泉区能够接待的最大人数取决于更衣柜数量。2023 年全国温泉企业平均拥有 1191 个更衣柜，其中男性更衣柜平均数量为 593 个，女性更衣柜平均数量为 598 个。

2023 年全国温泉企业的休息位与更衣柜比值约为 0.08。这意味着在温泉游客达到最高人数时，每 100 人中约有 8 人可以享受到独立的休息设施。目前中国温泉旅游企业提供的休息场所相对较少，因此温泉企业应尽量增加休息设施，以满足更多游客在温泉区的休闲需求。

（6）停车位与客房数之比

根据 2024 年中国温泉旅游重点企业调查问卷结果，2023 年全国温泉企业平均拥有 328 个停车位。根据温泉企业拥有的停车位与客房数量，可计算 2023 年全国温泉企业的停车位与客房数之比约为 1.48，即 1.48 个停车位可服务 1 间客房，基本能满足体验完温泉在酒店选择过夜的家庭式温泉旅游者的需求。

（7）会议室与客房数之比

根据 2024 年中国温泉旅游重点企业调查问卷结果，2023 年全国温泉企业平均拥有约 5 个会议室，会议室与客房数的比例约为 0.02，即每 100 间客房配备 2 个会议室。

可以看出，全国温泉企业的会议设施数量较为有限，特别是在商务会议方面存在设施建设不足的情况。酒店的会议设施质量和数量是商务型游客选择住宿酒店的重要考量标准。同时，会议旅游在旅游高端市场中占据重要地位，因此温泉企业应当重视会议市场需求，加强企业会议设施的建设。

（8）餐位与客房数之比

根据 2024 年中国温泉旅游重点企业调查问卷结果，2023 年全国温泉企业平均拥有 235 个餐位，餐位与客房数之比为 1.06，即每个客房匹配一个餐位，餐位配置略显不足。

表 3-1　2023 年温泉企业温泉项目规模

温泉区平均面积（平方米）	建筑平均面积（平方米）	温泉池区面积除以建筑面积
23635.80	40984.74	0.58
温泉池平均数量（个）	温泉区平均面积（平方米）	温泉泡池数量除以池区面积
86	23635.80	1:275
休息位平均数量（个）	更衣柜平均数量（个）	休息位除以更衣柜数量
94	1191	0.08
停车位平均数量（个）	客房平均数（间）	停车位除以客房数
328	222	1.48
会议室平均数量（间）	客房平均数（间）	会议室除以客房数
5	222	0.02
餐位平均数量（个）	客房平均数（间）	餐位除以客房数
235	222	1.06

（三）营收情况

1. 温泉企业收入构成

根据 2024 年中国温泉旅游重点企业调查问卷结果，2023 年全国温泉企业的总收入中：客房收入占比最大，高达 36.36%；其次为温泉收入，占 26.75%；餐饮收入占 19.65%；其他收入占比 16.32%。与往年相比，2023 年温泉企业的温泉收入占比有所回升（2021 年温泉收入占温泉企业总收入的 17.23%）。

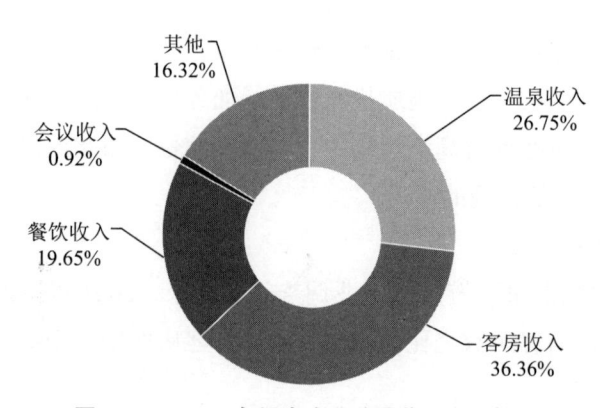

图 3-14　2023 年温泉企业分项收入占比情况

2. 收入情况

根据 2024 年中国温泉旅游重点企业调查问卷结果，2020 年因疫情影响，温泉企业平均年收入大幅下降 34.64%，为 2769.87 万元；2021 年和 2022 年，平均年收入分别为 2645.22 万元和 2469.68 万元，下降幅度减缓；2023 年，平均年收入强劲反弹至 4479.04 万元，同比上升 81.36%。可见，疫情形势好转，温泉旅游业全面恢复。

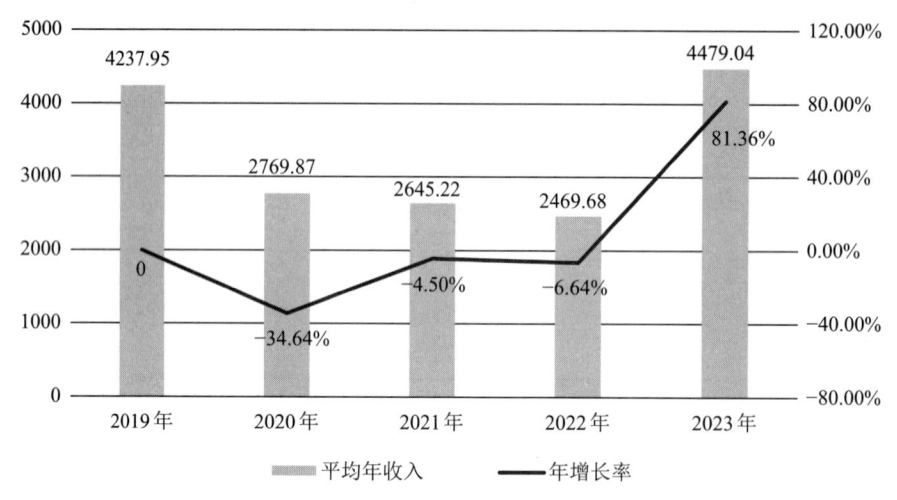

图 3-15　温泉企业平均年收入及年增长率（收入单位：万元）

被调查企业中，预计 2024 年收入与 2023 年持平的企业超过了总数的一半，占比 53.33%；预计 2024 年收入相比 2023 年会增加的企业占 33.33%，预计 2024 年营业收入相比 2023 年会降低的企业占 13.33%。可见，温泉旅游企业对疫情常态化后的温泉旅游市场大部分持保守的态度。

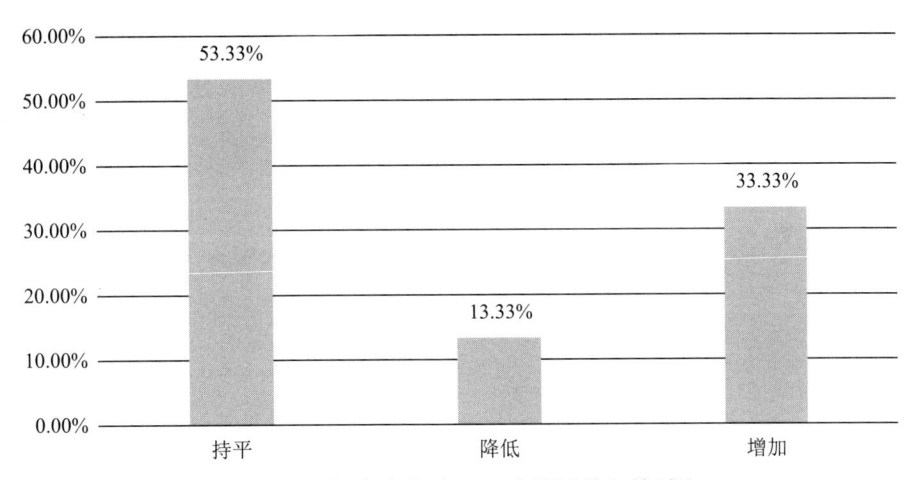

图 3-16　温泉企业对 2024 年预计收入的看法

3. 企业税收情况

根据 2024 年中国温泉旅游重点企业调查问卷结果，被调查企业在 2019 年上缴的平均税金为 261.83 万元，但 2020 年大幅减少至 97.31 万元，降幅约六成。随后三年，税金收入呈现恢复态势，2021 年增至 121.37 万元，2022 年进一步上升至 156.35 万元，到了 2023 年，税金收入已经回升至 203.43 万元。这一系列数据反映出，在经历了 2020 年的低谷之后，企业的经营状况和销售收入逐步得到了改善，税金收入也随之稳步增长。

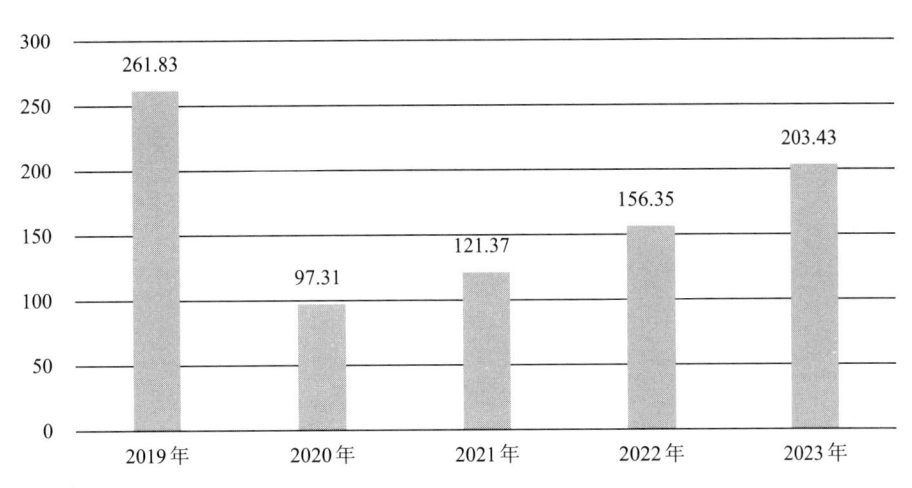

图 3-17　温泉企业的平均税金（单位：万元）

（四）运营情况

1. 温泉票价

根据 2024 年中国温泉旅游重点企业调查问卷结果，2023 年全国温泉平均票价约为 91 元。被调查企业中，温泉平均票价低于 80 元的占 12.50%；80~100 元的企业占比最高，占 31.25%；其次为平均票价在 101~120 元的企业，占 18.75%；温泉平均票价在 120 元以上的企业占 6.25%。可见，2023 年温泉票价适中（见图 3-18）。

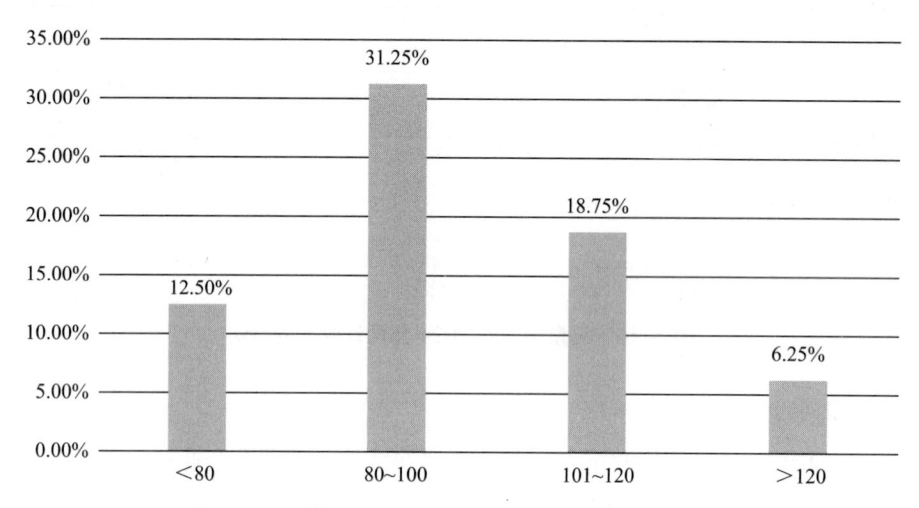

图 3-18 温泉企业平均温泉票价占比（票价单位：元）

2. 客房价格

根据 2024 年中国温泉旅游重点企业调查问卷结果，2024 年全国温泉企业的客房平均价格为 604.31 元，与 2020 年同期平均客房价格相比，下降约 23.12%。全国温泉酒店中，约有 74% 的酒店客房价格较 2020 年有所下降，全国平均下降 12.90%。

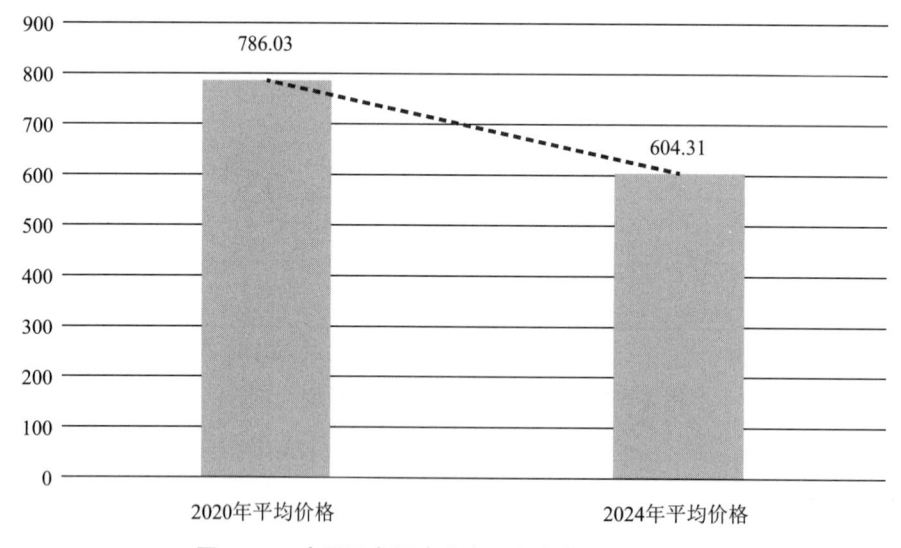

图 3-19 全国温泉酒店客房平均价格（单位：元）

根据全国各省区市温泉酒店 2024 年较 2020 年平均客房价格变化数据，大部分省份的温泉酒店客房价格出现下降，降幅最大的广西、云南、上海、江西等地，均下降超过50%；安徽、四川、广东、湖南等地下降比例超过30%；福建、江苏、浙江、宁夏、陕西、河南等地下降幅度超过20%。北京、内蒙古、青海、新疆温泉酒店客房价格呈现上升变化，新疆上升幅度较大，为50.3%。

表3-2 全国各省份温泉酒店2024年较2020年平均客房价格变化情况

省份	平均价格变化（元）	变化比例
北京	84.81	10.16%
天津	-81.64	-19.36%
河北	-106.46	-19.67%
山西	-12.58	-5.49%
内蒙古	35.80	11.25%
辽宁	-65.21	-14.88%
吉林	-65.21	-14.88%
黑龙江	-59.75	-17.11%
上海	-393.33	-50.21%
江苏	-242.33	-26.93%
浙江	-192.36	-20.73%
安徽	-212.82	-41.18%
福建	-146.07	-27.28%
江西	-301.97	-50.18%
山东	-41.78	-12.21%
河南	-99.95	-25.93%
湖北	-68.23	-17.55%
湖南	-236.88	-36.02%
广东	-251.43	-34.22%
广西	-289.06	-59.19%
海南	-53.50	-15.37%
重庆	-181.25	-18.36%
四川	-234.45	-36.49%
贵州	-81.31	-18.21%

续表

省份	平均价格变化（元）	变化比例
云南	-655.73	-55.49%
西藏	-67.00	-19.54%
陕西	-135.69	-20.78%
甘肃	-48.86	-15.45%
青海	66.00	20.43%
宁夏	-152.75	-28.96%
新疆	91.00	50.30%

被调查企业中，大多数企业的客房平均价格在500元以内。平均客房价格为101~300元的企业占比最高，为30.68%；其次为301~500元的企业，占比25.44%；平均客房价格在900元以上的企业占16.16%；平均客房价格为501~700元的企业占15.10%；平均客房价格为701~900元的企业占8.64%；平均客房价格为100元及以下的企业占比最低，为3.98%（见图3-20）。

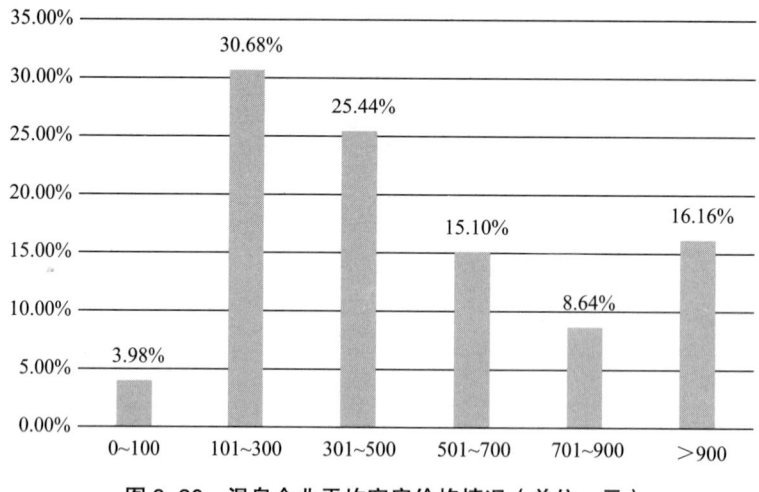

图3-20 温泉企业平均客房价格情况（单位：元）

3. 游客过夜率

根据2024年中国温泉旅游重点企业调查问卷结果，被调查企业在2022年和2023年各月的游客过夜率在17%~35%浮动。2022年10月和4月温泉企业的平均游客过夜率较高，最高可达34.32%；而游客过夜率较低的为2月，仅为18.15%。2023年游客过夜率最高的为7月和9月，均达到28.82%；游客过夜率最低的为2月，仅有17.65%（见图3-21和图3-22）。

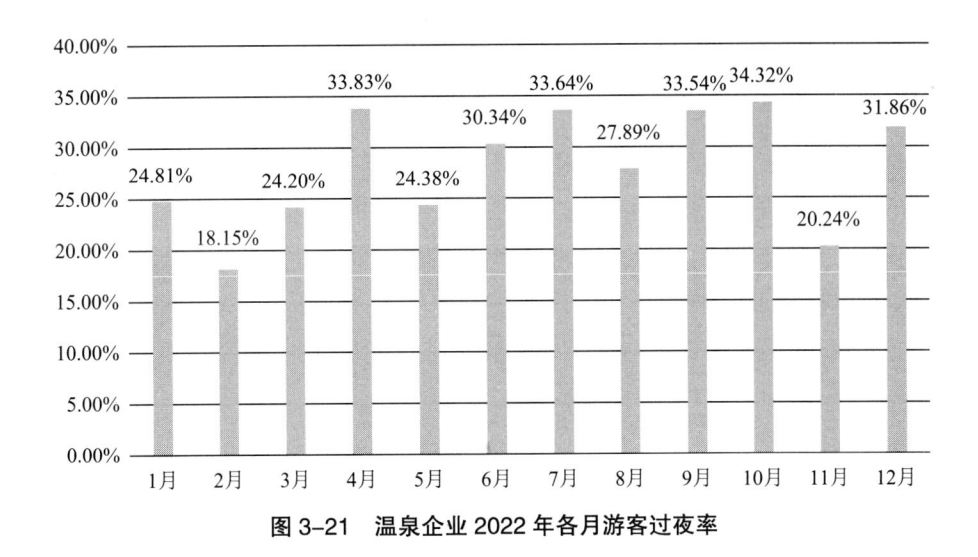

图 3-21　温泉企业 2022 年各月游客过夜率

图 3-22　温泉企业 2023 年各月游客过夜率

4. 更衣柜指数

温泉企业与其他旅游酒店最大的区别就是温泉接待，温泉接待能力直接决定了温泉企业的经营绩效，是十分重要的参考项目。本书将更衣柜指数确定为衡量温泉企业核心接待绩效指标。具体而言，更衣柜指数 = 每月接待人数 / 更衣柜数。

根据 2024 年中国温泉旅游重点企业调查问卷结果，被调查企业 2023 年的更衣柜指数平均值为 16.31，即每个更衣柜每个月的平均使用次数约为 16 次；2022 年更衣柜指数平均值为 10.70，即每个更衣柜每个月的平均使用次数约为 11 次。不同月更衣柜指数的高低也反映了温泉游客数量的多寡。从被调查企业的 2022 年更衣柜指数情况来看，2022 年的旺季出现在 8 月，更衣柜指数达到 15.18；3 月和 4 月则相对来说属于淡季，更衣柜指数只有 3 左右。从被调查企业的 2023 年更衣柜指数情况来看，2023 年的旺季出现在 1~2 月与 12 月，有 23 左右；淡季则在 9 月，为 10.26，不过总体来看 2023 年更衣柜指数均高于 2022 年。

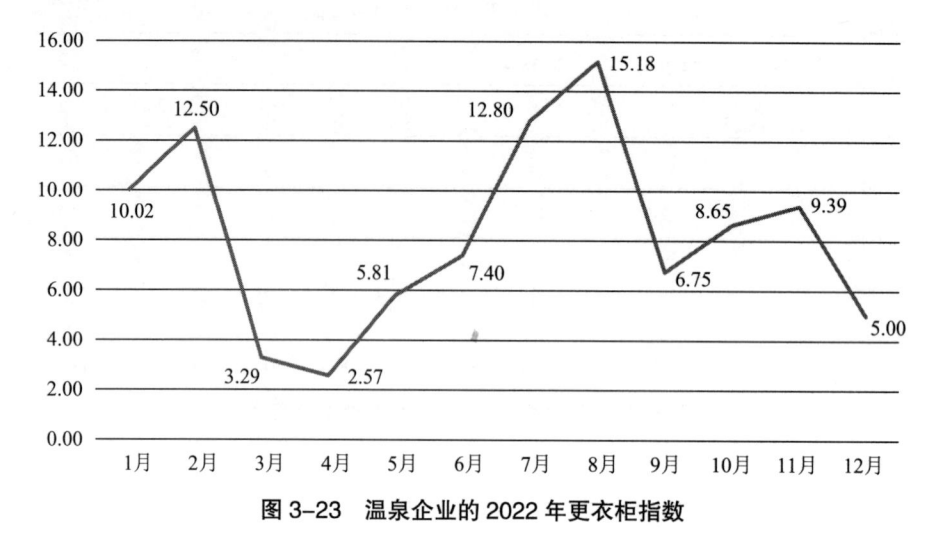

图 3-23　温泉企业的 2022 年更衣柜指数

图 3-24　温泉企业的 2023 年更衣柜指数

5. 开房率

根据 2024 年中国温泉旅游重点企业调查问卷结果，2023 年全国温泉企业各季度的平均开房率差异不大。春季的平均开房率为 37.30%，夏季的平均开房率为 40.79%，秋季的平均开房率为 37.10%，冬季的平均开房率为 39.34%。对比 2021 年，春季开房率增长了近 12 个百分点（2021 年春季开房率为 25.44%）。

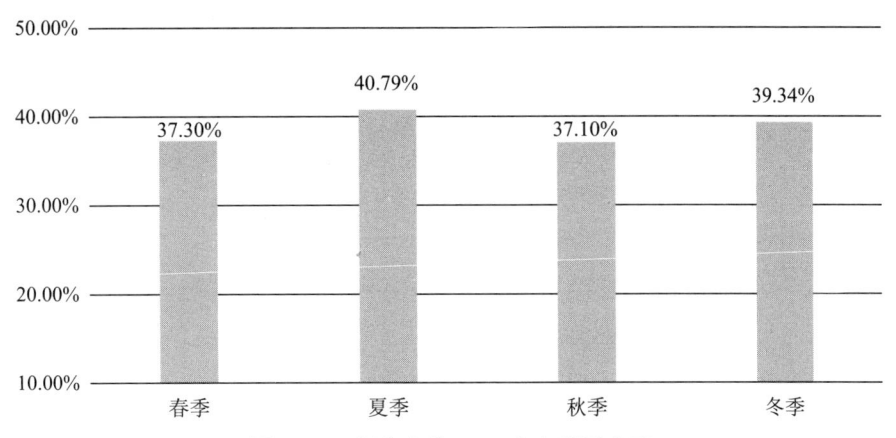

图 3-25 温泉企业 2023 年各季开房率

6. 建筑效益

本书采用建筑效益这一指标来衡量温泉企业的综合效益。建筑效益是指企业年收入与总建筑面积之比，根据 2024 年中国温泉旅游重点企业调查问卷结果，被调查企业 2023 年的平均建筑效益为 1053.47 元/平方米，即每平方米建筑面积可以带来约 1053.47 元收入。2020 年温泉企业的平均建筑效益为 624.16 元/平方米，远低于 2019 年的 954.97 元/平方米。这一数据在 2021 年和 2022 年处于低位，分别为 596.07 元/平方米和 596.26 元/平方米。2023 年建筑效益显著回升（见图 3-26）。

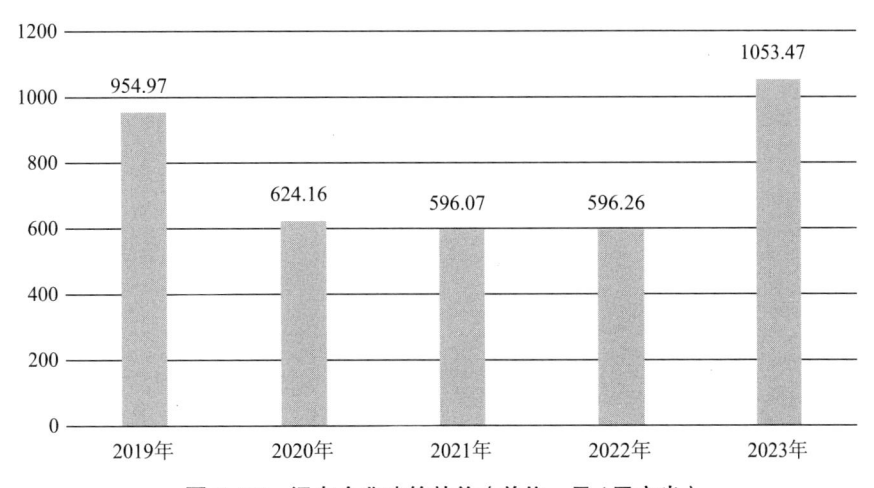

图 3-26 温泉企业建筑效益（单位：元/平方米）

7. 重要节假日客流

根据 2024 年中国温泉旅游重点企业调查问卷的结果，2023 年"五一"劳动节期间，温泉企业平均总接待人数（3912.40 人次）较 2022 年（2268.25 人次）大幅增加；2023 年"十一"黄金周期间，平均总接待人数（7884.53 人次）持续增加，比 2022 年平均总接待人数（4893.67人次）增加了60%以上；2023年春节期间平均总接待人数（13151.9人次）远超2022年同期（6375.0人次）。单日客流量高峰值方面，2022年春节、"五一"劳动节和"十一"黄金周期间的单日客流量高峰值均不达1500人；2023年春节期间的单日客流量高峰值达到6000人以上（见图3-27）。

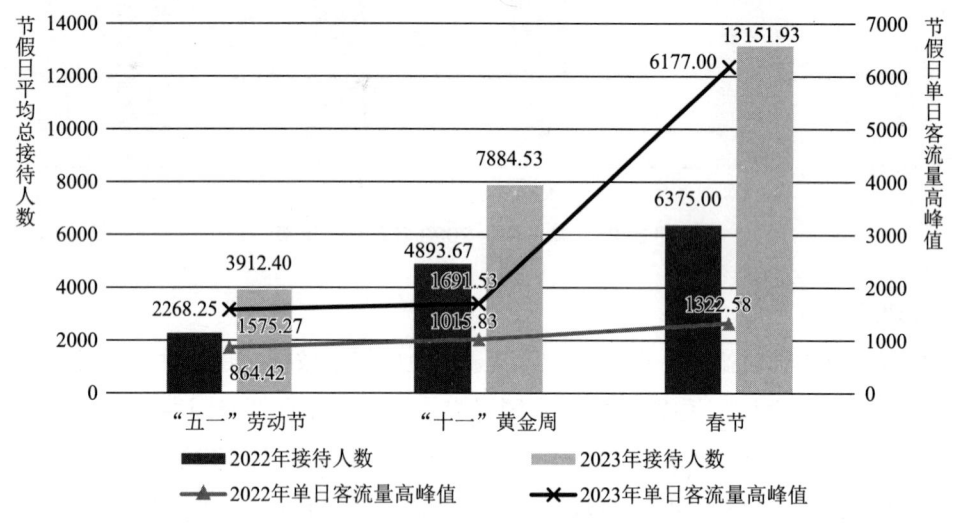

图3-27 温泉企业的重要节假日接待情况（单位：人次）

二、人力资源结构

（一）员工基本情况

1. 部门分布

根据 2024 年中国温泉旅游重点企业调查问卷统计结果，温泉企业从业人员平均数量为 243 人。按照部门划分，温泉企业一般拥有行政管理部、客房部、温泉管理部、餐饮部、安保部、后勤部、康体部、工程部等部门。各部门的员工规模：温泉管理部的员工占比最高，达 21.32%；客房部和餐饮部占比分别为 17.48% 和 16.21%；后勤、行政管理、工程、安保等部门的员工占比均低于 10%；其他各职能部门总共占 20.53%（见图 3-28）。

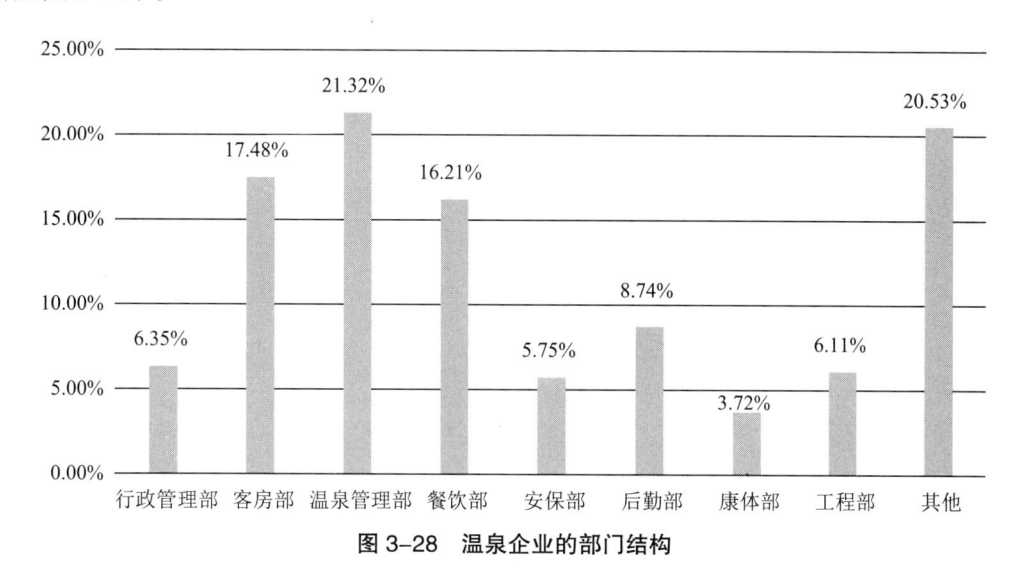

行政管理部	6.35%
客房部	17.48%
温泉管理部	21.32%
餐饮部	16.21%
安保部	5.75%
后勤部	8.74%
康体部	3.72%
工程部	6.11%
其他	20.53%

图 3-28 温泉企业的部门结构

2. 层级结构

根据 2024 年中国温泉旅游重点企业调查问卷统计结果，全国温泉企业的基层员工平均人数为 203 人，管理人员平均人数为 40 人，管理层与基层员工的比例约为 1∶5，即每位管理人员对应 5 位基层员工。这一比例在酒店业中较为合理，有助于管理人员有效指导和反馈基层员工的工作，同时也促进了管理层之间的协作（见图 3-29）。

管理层
16.46%

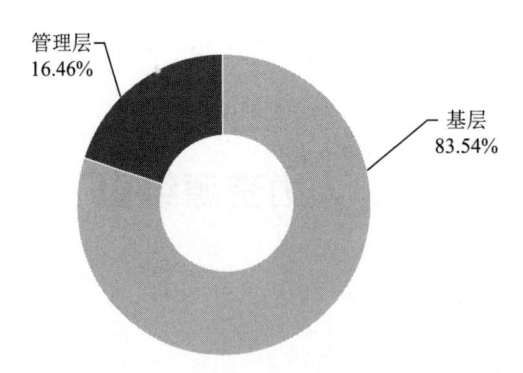

基层
83.54%

图 3-29　温泉企业的员工层级结构

3. 本地员工比例

根据 2024 年中国温泉旅游重点企业调查问卷统计结果，温泉企业本地员工占企业总员工的平均比例为 68.42%，外地员工占 31.58%。这表明本地员工是全国温泉企业重要的人力资源来源。温泉资源具有明显的地域性，除了外来人口丰富的沿海城市，大多数温泉企业仍需依靠本地劳动力。根据调查结果，2024 年全国温泉企业平均转移农村劳动力约 96 人，其中包括家庭闲置劳动力，如老人、妇女等群体，以及农闲时的主要劳动力，这在一定程度上解决了农村剩余劳动力的就业问题。当然企业需要在本地员工的培训与职业发展上给予更多重视和支持，以良好的企业形象在当地市场中保持良好口碑，从而储备更多的潜在本地员工（见图 3-30）。

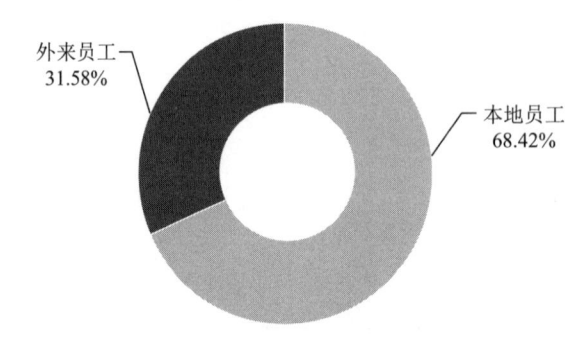

外来员工
31.58%

本地员工
68.42%

图 3-30　温泉企业的员工来源比例

4. 性别比例

根据 2024 年全国温泉旅游企业抽样调查结果，全国温泉企业的女性员工比例显著高于男性，分别为 56.79% 和 43.21%（见图 3-31）。温泉行业的服务性质使得企业更倾向于招聘女性员工。从婚姻状况来看，已婚员工占比为 76.63%（见图 3-32）。在制定规章制度时，企业需要考虑女性及已婚员工的需求，规划合理的职业发展路径，提高员工对企业文化的认同，从而建设值得信赖的企业品牌。

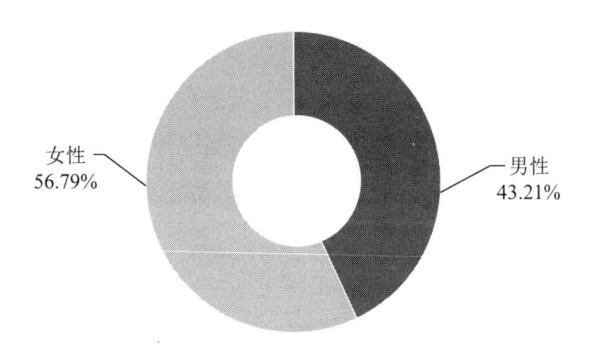

图 3-31　温泉企业的员工性别比例

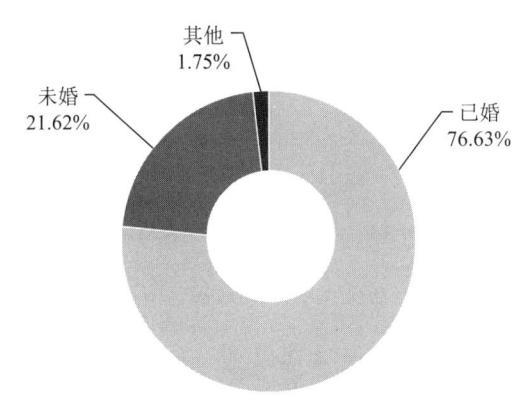

图 3-32　温泉企业的员工婚姻状况

5. 年龄结构

根据 2024 年中国温泉旅游重点企业调查问卷结果，在温泉企业中，青壮年劳动力（20~50 岁）占据主导地位，特别是 20~40 岁的员工比例超过 60%，而 50 岁以上和 20 岁以下的员工比例不足 10%（见图 3-33）。年轻员工为企业带来创新活力，但企业需要为他们制定明确的职业发展规划，以培养他们成为企业的核心力量。

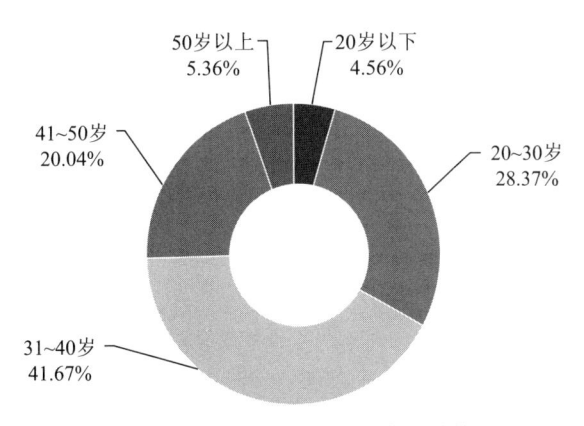

图 3-33　温泉企业的员工年龄结构

6. 受教育程度

温泉企业的员工年龄结构较为年轻，教育水平存在差异，大多数员工的学历集中在初中到大专，本科及以上学历的员工仅占8.99%（见图3-34）。这表明企业需要制定科学的培训方案和职业发展计划，积极引导青年员工提升自身素质。

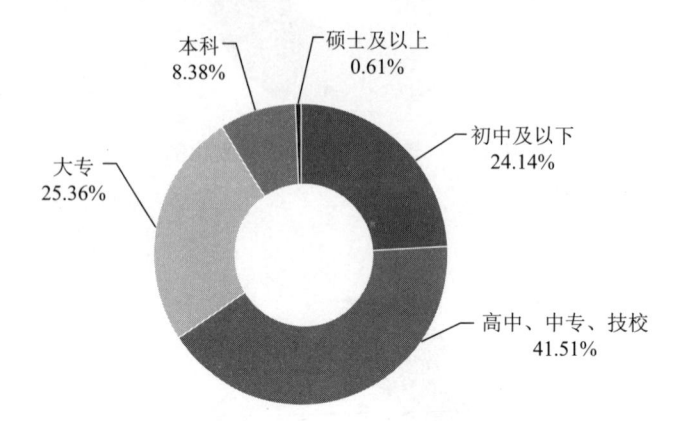

图3-34 温泉企业员工受教育程度

7. 工作年限

温泉企业员工的工作年限集中于4年以上，这一工作年限占了企业员工的七成。对比2021年，温泉企业的新员工招聘数量有所减少，老员工的占比有所增加。同时，结合员工的收入状况调查可以看出，温泉企业员工的收入偏低，超过半数员工月收入低于4000元。较低的薪资造成了企业员工的高流动性。

温泉企业员工的工资水平近年来没有明显提升。这表明企业需重新调整薪资和员工结构，在收入与员工工资间寻求平衡点。同时，企业应发掘新的增长点，提高收入的同时提升员工待遇。

具体数据如图3-35所示，工作年限在6年以上的员工占33.41%，而1~3年和4~6年的员工分别占30.97%和19.25%，1年以下的员工占16.37%。对比2021年，新员工招聘减少，老员工仍在继续工作。

图3-36展示了员工的收入状况，超过80%的员工月收入低于4000元。企业应调整薪资结构与员工结构，在营收和员工工资间寻找平衡，同时需发掘新的业务增长点以提高员工待遇。

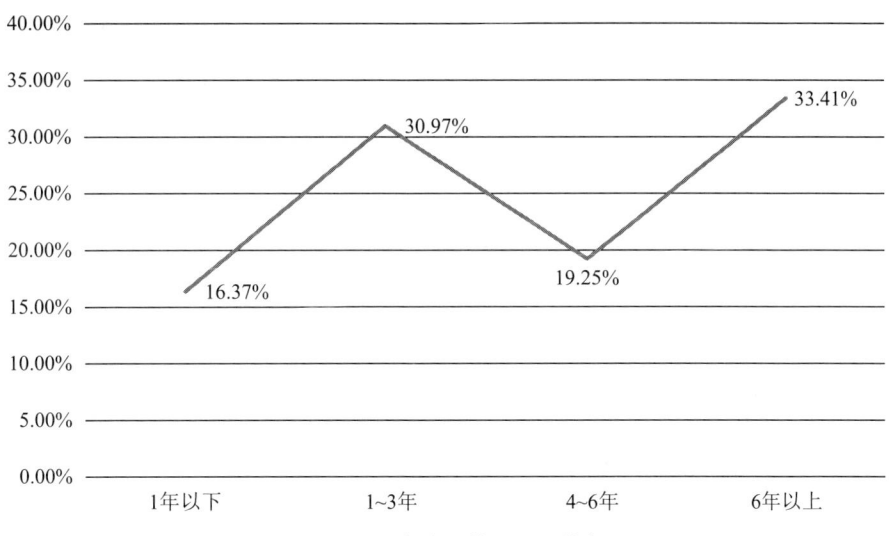

图 3-35　温泉企业的员工工作年限

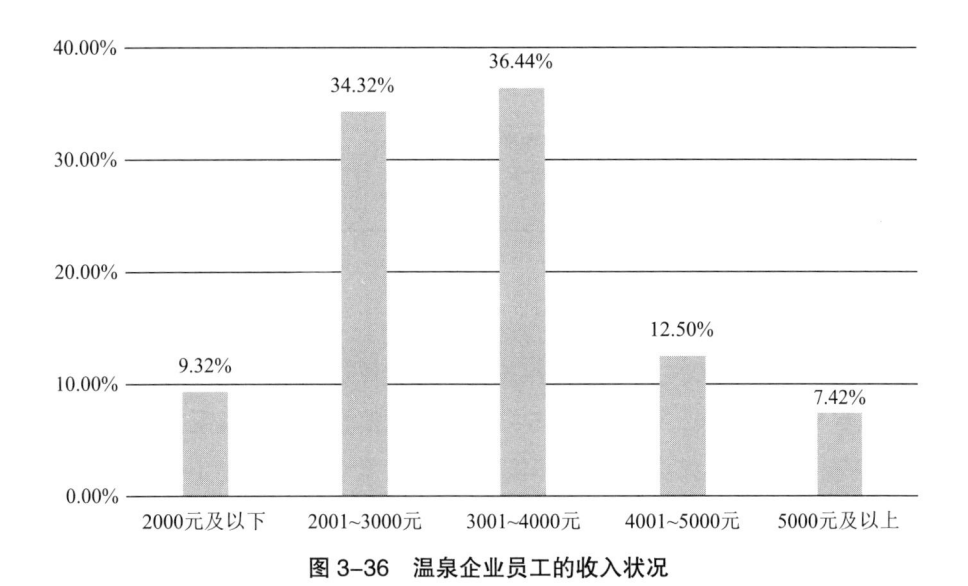

图 3-36　温泉企业员工的收入状况

（二）人力配置效率

1. 客房部员工数与客房数之比

根据调查结果，全国温泉企业的平均在职人员总数为 243 人，其中客房部平均员工数为 42 人，占在职员工总数的 17.28%。客房部员工数与客房数之比为 1:5.29，即平均每个客房部员工约需要服务 5 间客房。

2. 在职员工数与项目总建筑面积之比

以项目总建筑面积除以员工数的计算结果，得出平均每个员工所服务的建筑面积，可作为衡量人力资源配置效率的重要指标。调查结果显示，全国温泉企业的平均在职人员总数为243人，项目平均建筑面积为40984.74平方米，员工数与项目总建筑面积的比为1∶168.66，即平均每个员工需要服务的建筑面积为168.66平方米。

3. 温泉部员工数与温泉池数量之比

根据调查结果，温泉企业平均拥有86个大小不等的汤池，包括大众室内、大众室外、私人汤屋和汤院三大类。以温泉池数量除以温泉部员工数的计算结果为参考指数，能在一定程度上反映温泉池的员工服务水平。2024年温泉部平均员工数与温泉池平均数量的比为1∶1.51，即1个温泉部员工要服务约1.5个汤池（见表3-3）。

表3-3　温泉企业的人力配置效率

客房部平均在职员工数（人）	客房平均数（间）	客房部员工数与客房数之比
42	222	1∶5.29
平均在职员工数（人）	建筑平均面积（平方米）	员工数与建筑总面积之比
243	40984.74	1∶168.66
温泉部平均在职员工数（人）	温泉池平均数量（个）	员工数与温泉池数量之比
57	86	1∶1.51

（三）员工满意度调查

员工满意度情况由2024年中国温泉旅游重点企业员工满意度调研问卷而得。调查问卷采用李克特五级量表，将满意度方向与程度数值化，赋值情况为：非常满意=5、满意=4、一般=3、不满意=2、非常不满意=1。满意度均值介于1~5，均值越大表示员工满意度越高，反之则表示员工满意度越低。问卷从薪资福利、工作环境、工作本身、企业文化、管理水平、发展机会六个层面对温泉企业的员工进行满意度方向及程度的提问，每一项指标包含3~4个评价因子，以便于对六个指标的满意度进行更加细致深入的展示和分析，最后对员工在该温泉企业工作的总体满意度进行提问和总结，问卷结构如表3-4所示。

根据问卷数据处理结果,温泉企业员工满意度情况如下。

表3-4 《温泉企业员工满意度调研问卷》框架构成

目标层	指标层	评价层
总体满意度（S）	薪资福利（a）	收入水平（a1）、薪酬结构（a2）、薪酬调整（a3）、加班补贴（a4）
	工作本身（b）	工作内容（b1）、职责范围（b2）、工作量（b3）、工作支持（b4）
	工作环境（c）	作息制度（c1）、医疗保障（c2）、办公设备（c3）、团队协作（c4）
	企业文化（d）	自豪感（d1）、经营理念（d2）、推荐意愿（d3）、发展前景（d4）
	管理水平（e）	员工发言权（e1）、内部沟通（e2）、奖惩制度（e3）、员工激励（e4）
	发展机会（f）	员工培养（f1）、职业规划（f2）、晋升途径（f3）

1. 全国温泉企业员工满意度情况

通过对有效回收问卷的数理统计分析，图3-37展示了全国温泉企业员工满意度的总体均值。结果显示，员工总体满意度的均值为4.09，接近"满意"。在六个指标中，工作环境和工作本身的满意度均值与总体满意度均值（4.09）相差不大。然而，发展机会（3.99）、薪资福利（3.82）和管理水平（3.98）这三项的满意度均值低于总体满意度均值（4.09），并且处于"满意"和"一般"之间，表明受访员工在这些方面的满意度略低于整体满意度。相比之下，企业文化的满意度得分为4.12，略高于总体满意度均值（4.09）。综合来看，全国范围内，温泉企业在企业文化的营造上表现较好，多数企业为员工提供了令人满意的工作环境，但在薪资福利方面仍有提升空间（见图3-37）。

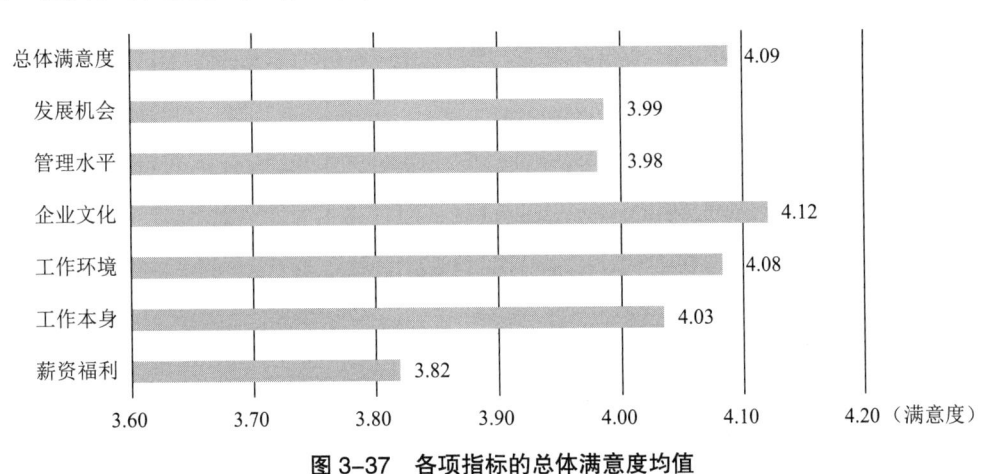

图3-37 各项指标的总体满意度均值

- 总体满意度：4.09
- 发展机会：3.99
- 管理水平：3.98
- 企业文化：4.12
- 工作环境：4.08
- 工作本身：4.03
- 薪资福利：3.82

2. 评价因子满意度

（1）薪资福利

问卷从收入水平、薪酬结构、薪酬调整、加班补贴四个方面对温泉企业的"薪资福利"满意度进行了评价，结果如图 3-38 所示。全国温泉企业员工对"薪资福利"的总体满意度均值为 3.82，介于"一般"和"满意"之间，偏向满意，表明员工整体上对薪资福利的接受度较好。四项指标的满意度均在 3.5~3.9，其中加班补贴的满意度最高，薪资水平的满意度最低。这反映了我国温泉企业整体收入水平不高，薪酬差异较小，员工的工资待遇仍需改善（见图 3-38 和表 3-5）。

图 3-38　薪资福利评价因子满意度均值

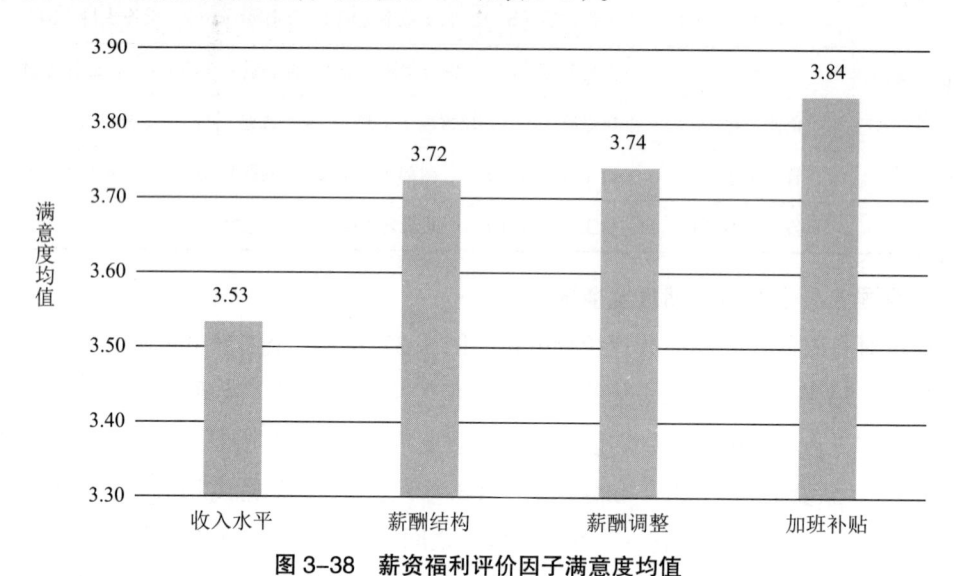

表 3-5　全国温泉企业员工薪资福利满意度

指标层	二级指标	程度分值	整体满意度
薪资福利	Q1：我对自己的收入水平感到满意	3.53	3.82
	Q2：我认为酒店的薪酬结构是合理的	3.72	
	Q3：我对酒店的薪酬调整方式感到满意	3.74	
	Q4：我对酒店的加班补贴和福利感到满意	3.84	

（2）工作本身

问卷从工作内容、职责范围、工作量、工作支持四个方面来评价员工对于温泉企业在"工作本身"上所做安排的满意度，统计结果如图 3-39 所示。从工作本身来看，员工对于工作本身的总体满意度均值为 4.03，即对工作本身较为满意。其中员工认为工作中得到了较为良好的支持，其满意度均值达 4.13，对工作内容和职责范围安排满意度均值相对低，工作量方面倾向于满意（见图 3-39 和表 3-6）。

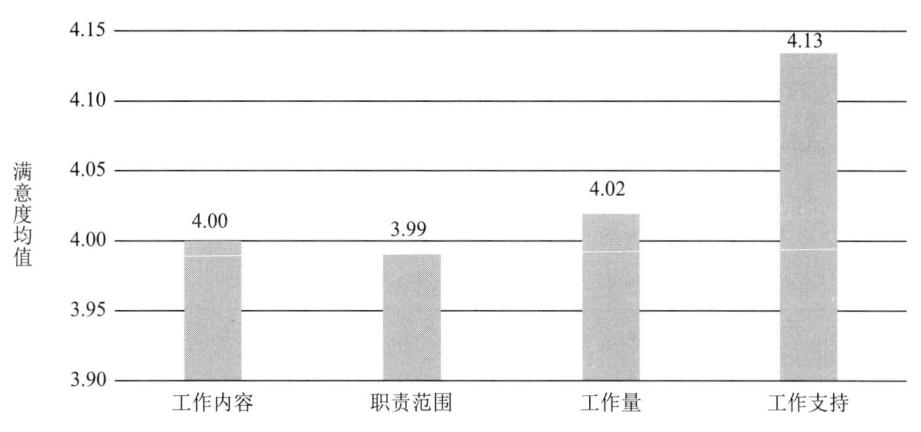

图 3-39 工作本身评价因子满意度均值

表 3-6 全国温泉企业员工工作本身满意度

指标层	二级指标	程度分值	整体满意度
工作本身	Q1：我对自己岗位的工作内容感到满意	4.00	4.03
	Q2：酒店对我工作的职责范围安排是合理的	3.99	
	Q3：我每天的工作量合理	4.02	
	Q4：我的上司在工作中给予了我支持和鼓励	4.13	

（3）工作环境

问卷从作息制度、医疗保障、办公设备、团队协作四个方面评价员工对温泉企业"工作环境"的满意度，统计结果如图 3-40 所示。全国温泉企业员工对企业"工作环境"的总体满意度均值为 4.08，接近"满意"。其中，员工对办公设备（4.08）、作息制度（4.04）、医疗保障（4.01）的满意度与总体满意度相近。而员工对团队协作（4.13）的满意度最高，表明同事间的配合与协作营造了良好的人文与精神环境，使员工最为满意（见图 3-40 和表 3-7）。

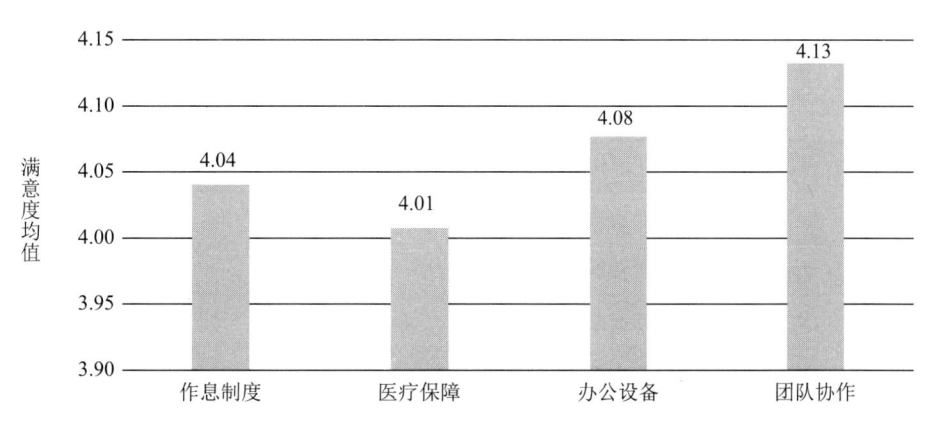

图 3-40 工作环境评价因子满意度均值

表 3-7　全国温泉企业员工工作环境满意度

指标层	二级指标	程度分值	整体满意度
工作环境	Q1：我认为酒店的作息制度和上下班时间是合理的	4.04	4.08
	Q2：我对酒店的医疗条件和工伤保障感到满意	4.01	
	Q3：我的办公设备齐全，使用便捷	4.08	
	Q4：我对同事之间的工作配合与协作感到满意	4.13	

（4）企业文化

问卷从自豪感、经营理念、推荐意愿、发展前景四个方面评价员工对温泉企业"企业文化"的满意度，统计结果如图3-41所示。全国温泉企业员工对"企业文化"的总体满意度平均值为4.12，介于"非常满意"和"满意"之间，倾向于满意。其中，员工对"自豪感"（4.07）、"经营理念"的认同（4.09）和"发展前景"的看好（4.13）三项的满意度均值与总体满意度接近。而"推荐意愿"的满意度均值为4.15，高于总体满意度，表明员工有较强意愿将企业的产品推荐给亲友（见图3-41和表3-8）。

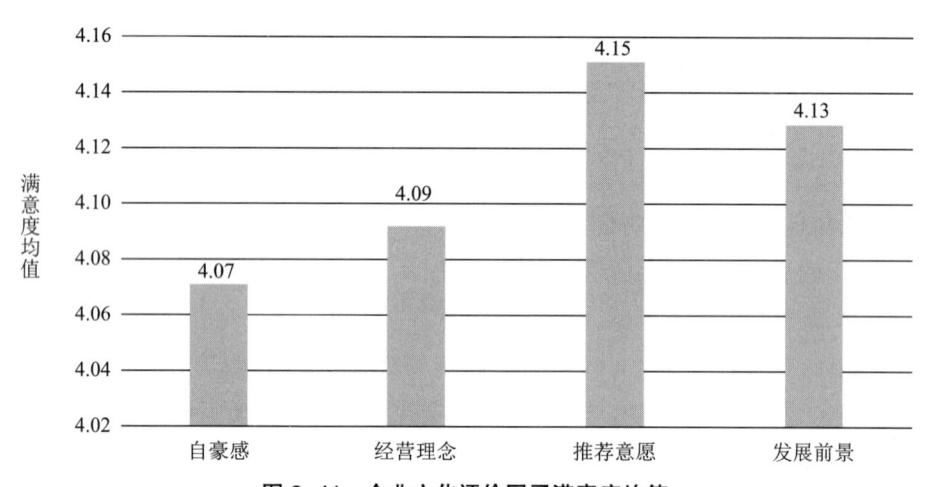

图 3-41　企业文化评价因子满意度均值

表 3-8　全国温泉企业员工企业文化满意度

指标层	二级指标	程度分值	整体满意度
企业文化	Q1：作为酒店的一员我感到自豪	4.07	4.12
	Q2：我认同酒店的经营理念和品牌形象	4.09	
	Q3：我愿意将酒店正面推荐给身边的人	4.15	
	Q4：我的上司在工作中给予了我支持和鼓励	4.13	

（5）管理水平

问卷从员工发言权、内部沟通、奖惩制度、员工激励四个方面评价了员工对温泉企业"管理水平"的满意度，结果如图3-42所示。全国温泉企业员工对"管理水平"的总体满意度平均值为3.98，介于"一般"和"满意"之间，趋向满意。其中，"内部沟通"的满意度均值为4.04，高于总体满意度均值。员工激励（3.95）和奖惩制度（3.89）的满意度均值与总体满意度接近，但"员工发言权"的满意度最低，为3.79，低于总体满意度。这表明温泉企业在日常管理中需注重员工对企业经营策略和工作计划的反馈，广泛听取意见，让基层员工参与企业决策和管理（见图3-42和表3-9）。

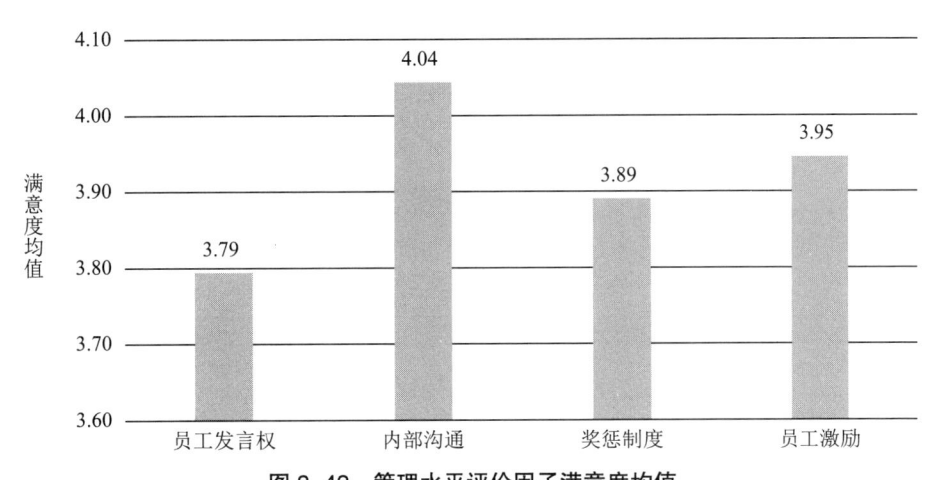

图3-42 管理水平评价因子满意度均值

表3-9 全国温泉企业员工管理水平满意度

指标层	二级指标	程度分值	整体满意度
管理水平	Q1：我在酒店经营管理中拥有良好的发言权	3.79	3.98
	Q2：我在工作中与上下级的沟通便利且有效	4.04	
	Q3：我认为酒店的奖惩制度是合理的	3.89	
	Q4：我对酒店的员工激励方式感到满意	3.95	

（6）发展机会

问卷从员工培养、职业规划、晋升途径三个方面来评价员工对温泉企业工作的"发展机会"的满意度，统计结果如图3-43所示。全国温泉企业员工对所在企业"发展机会"的总体满意度均值为3.99，介于"一般"和"满意"之间，接近于满意。其中，员工职业规划（3.90）与晋升途径（3.93）两项的满意度均值与"发展机会"的总体满意度均值相当，而企业"员工培养"这一项的满意度均值为4.01，高于"发展机会"的总体满意度均值，这表明全国温泉企业在日常经营管理中在培养员工方面的活动安排让员工较为满意，但在员工的职业规划和晋升途径方面还需提升（见图 3-43 和表 3-10）。

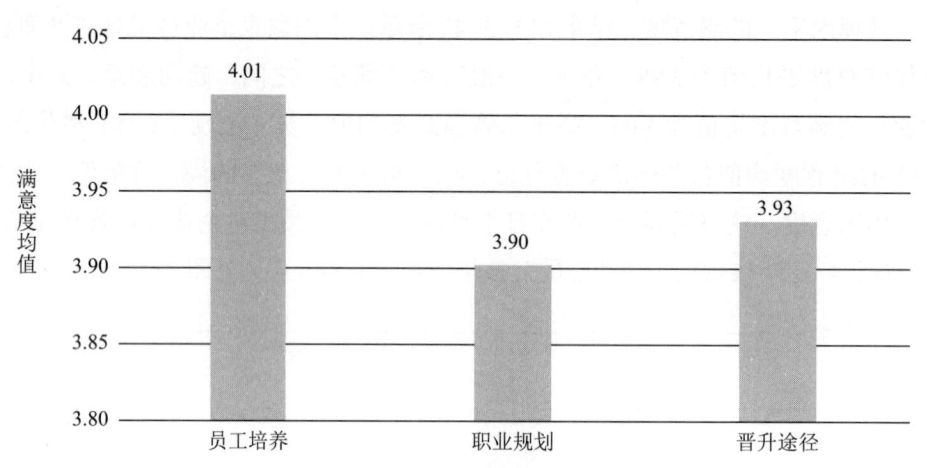

图 3-43　发展机会评价因子满意度均值

表 3-10　全国温泉企业员工发展机会满意度

指标层	二级指标	程度分值	整体满意度
发展机会	Q1：我对酒店安排的员工技能培训或经验交流活动感到满意	4.01	3.99
	Q2：酒店对员工进行的职业生涯规划是合理的	3.90	
	Q3：我对酒店现有的员工晋升方式感到满意	3.93	

第四章
分区域温泉旅游发展情况

一、华东地区温泉旅游发展情况

（一）温泉旅游发展总体情况

1. 企业数量

据统计，2023年华东地区共有温泉企业1324家，主要类型为温泉酒店。其中，上海有温泉企业33家，占地区总数的2.49%，占全国总数的0.64%；浙江有温泉企业509家，占地区总数的38.44%，占全国总数的9.84%；江苏有温泉企业295家，占地区总数的22.28%，占全国总数的5.70%；安徽有温泉企业69家，占地区总数的5.21%，占全国总数的1.33%；福建有温泉企业183家，占地区总数的13.82%，占全国总数的3.54%；江西有温泉企业78家，占地区总数的5.89%，占全国总数的1.51%；山东有温泉企业157家，占地区总数的11.86%，占全国总数的3.04%（见表4-1）。

表4-1　2023年华东地区温泉企业数量情况

地区	温泉企业数量（家）	地区占比[①]	全国占比
安徽	69	5.21%	1.33%
福建	183	13.82%	3.54%
江苏	295	22.28%	5.70%
江西	78	5.89%	1.51%
山东	157	11.86%	3.04%
上海	33	2.49%	0.64%
浙江	509	38.44%	9.84%
总计	1324	100.00%	25.60%

2. 温泉旅游接待情况

根据2024年中国温泉旅游重点企业调查问卷结果，2023年全年，华东地区温泉企业接待总人数达16474.16万人次，占全国温泉企业接待总人数的28.33%。其中，上海的温泉企业接待游客总人数达411.16万人次，占华东地区接待总人数的2.50%，占全国

[①] 尾数进行了四舍五入处理，下同。

接待总人数的0.71%；浙江的温泉企业接待游客总人数达6341.83万人次，占华东地区接待总人数的38.50%，占全国接待总人数的10.90%；江苏的温泉企业接待游客总人数达3675.52万人次，占华东地区接待总人数的22.31%，占全国接待总人数的6.32%；安徽的温泉企业接待游客总人数达859.70万人次，占华东地区接待总人数的5.22%，占全国接待总人数的1.48%；福建的温泉企业接待游客总人数达2124.67万人次，占华东地区接待总人数的12.90%，占全国接待总人数的3.65%；江西的温泉企业接待游客总人数达971.83，占华东地区接待总人数的5.90%，占全国接待总人数的1.67%；山东的温泉企业接待游客总人数达2085.45万人次，占华东地区接待总人数的12.68%，占全国接待总人数的3.59%；浙江、江苏、福建三个省份全年接待人数在整个华东地区排名前三（见表4-2）。

表4-2 2023年华东地区温泉旅游接待情况

地区	接待总人数（万人次）	地区占比	全国占比
安徽	859.70	5.22%	1.48%
福建	2124.67	12.90%	3.65%
江苏	3675.52	22.31%	6.32%
江西	971.83	5.90%	1.67%
山东	2089.45	12.68%	3.59%
上海	411.16	2.50%	0.71%
浙江	6341.83	38.50%	10.90%
总计	16474.16	100.00%	28.33%

根据2024年中国温泉旅游重点企业调查问卷结果，2023年全年，华东地区的温泉企业接待旅行社预订的游客2910.16万人次，占该地区全年接待总人数的17.67%；接待协议客户2476.89万人次，占该地区全年接待总人数的15.04%；接待本企业网站预订的游客2382.71万人次，占该地区全年接待总人数的14.46%；接待现场购买温泉产品的游客1366.53万人次，占该地区全年接待总人数的8.29%；接待OTA（如携程网等）预订的游客4579.27万人次；占该地区全年接待总人数的27.80%；接待其他渠道预订的游客2759.60万人次，占该地区全年接待总人数的16.75%（见表4-3）。

表4-3 2023年华东地区温泉旅游游客来源渠道情况

类型	旅行社	协议客户	本企业网站预订	现场购买	OTA	其他渠道	总计
人数（万人次）	2910.16	2476.89	2382.71	1366.53	4579.27	2759.60	16474.16
占比	17.67%	15.04%	14.46%	8.29%	27.80%	16.75%	100.00%

3. 温泉旅游收入情况

根据2024年中国温泉旅游重点企业调查问卷结果，2023年全年，华东地区的温泉企业接待总收入达400.38亿元，占全国温泉企业接待总收入的22.16%。其中，上海的温泉企业接待收入达9.97亿元，占该地区温泉接待总收入的2.49%，占全国温泉接待总收入的0.55%；浙江的温泉企业接待收入达153.66亿元，占该地区温泉接待总收入的38.38%，占全国温泉接待总收入的8.50%；江苏的温泉企业接待收入达90.68亿元，占该地区温泉接待总收入的22.65%，占全国温泉接待总收入的5.02%；安徽的温泉企业接待收入达20.56亿元，占该地区温泉接待总收入的5.14%，占全国温泉接待总收入的1.14%；福建的温泉企业接待收入达56.72亿元，占该地区温泉接待总收入的14.17%，占全国温泉接待总收入的3.14%；江西的温泉企业接待收入达23.78亿元，占该地区温泉接待总收入的5.94%，占全国温泉接待总收入的1.32%；山东的温泉企业接待收入达45.01亿元，占该地区温泉接待总收入的11.24%，占全国温泉接待总收入的2.49%。浙江、江苏、福建三省的温泉年接待收入在华东地区排名前三（见表4-4）。

表4-4 2023年华东地区温泉旅游接待收入情况

地区	接待总收入（亿元）	地区占比	全国占比
安徽	20.56	5.14%	1.14%
福建	56.72	14.17%	3.14%
江苏	90.68	22.65%	5.02%
江西	23.78	5.94%	1.32%
山东	45.01	11.24%	2.49%
上海	9.97	2.49%	0.55%
浙江	153.66	38.38%	8.50%
总计	400.38	100%	22.16%

4. 温泉旅游价格情况

在温泉门票价格方面，华东地区平均温泉票价为118.48元。其中，安徽省平均温泉票价110.09元，低出华东地区平均票价8.39元；福建省平均温泉票价为101.05元，低出华东地区平均票价17.43元；江苏省平均温泉票价为128.55元，高出华东地区平均票价10.07元；江西省平均温泉票价为106.63元，低出华东地区平均票价11.85元；山东省平均温泉票94.11元，低出华东地区平均票价24.37元；上海市平均温泉票价158元，高出华东地区平均票价39.12元；浙江省平均温泉票价130.95元，高出华东地区平均温泉票价12.47元。

在客房价格方面，华东地区平均房价为646.58元，比全国平均房价高42.27元。

其中，上海平均房价 819.39 元，高出华东地区平均房价 172.81 元；浙江省平均房价为 758.88 元，高出华东地区平均房价 112.30 元；江苏省平均房价为 766.12 元，高出华东地区平均房价 119.54 元；安徽省平均房价为 554.51 元，低出华东地区平均房价 92.07 元；福建省平均房价为 450.58 元，低出华东地区平均房价 196.00 元；江西省平均房价为 424.76 元，低出华东地区平均房价 221.82 元；山东省平均房价为 387.06 元，低出华东地区平均房价 259.52 元（见表 4-5）。

表 4-5　2023 年华东地区温泉旅游价格情况

地区	平均温泉票价（元）	平均房价（元）
安徽	110.09	554.51
福建	101.05	450.58
江苏	128.55	766.12
江西	106.63	424.76
山东	94.11	387.06
上海	158	819.39
浙江	130.95	758.88
总计	118.48	646.58

（二）温泉旅游者特征

1. 温泉泡浴特征

调查结果显示，华东地区温泉游客中每年泡浴温泉 1~3 次者占比为 14.17%，每年泡浴温泉 4~6 次者占比为 25.66%，每年泡浴温泉 7~9 次的游客占比最大，为 30.97%，每年泡浴温泉 10 次及以上的游客占比达到了 19.47%，不确定每年泡浴温泉频次的游客占比为 9.73%（见图 4-1）。

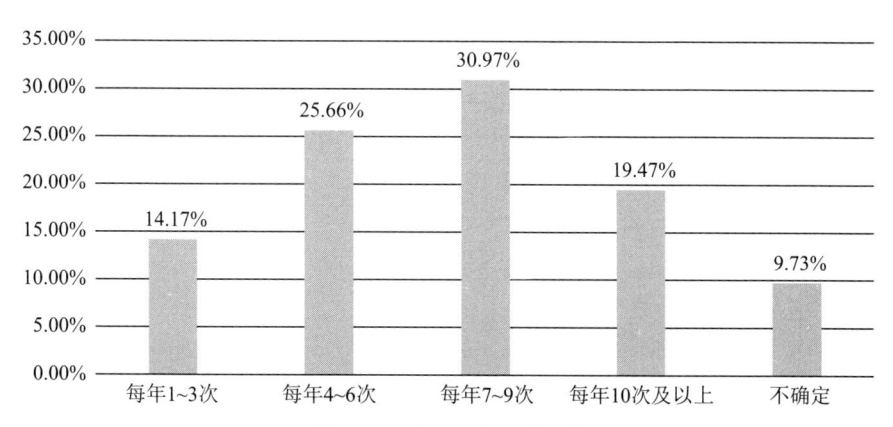

图 4-1　游客温泉泡浴次数

调查结果显示，华东地区温泉游客中每年 3~5 月、9~11 月泡浴的游客所占比重均为 22.54%；其次是每年 6~8 月泡浴的游客群体，占被调查游客总数的 21.83%；每年 12 月~次年 2 月泡浴的游客占比为 21.13%；不确定时段的温泉游客占比 11.97%（见图 4-2）。

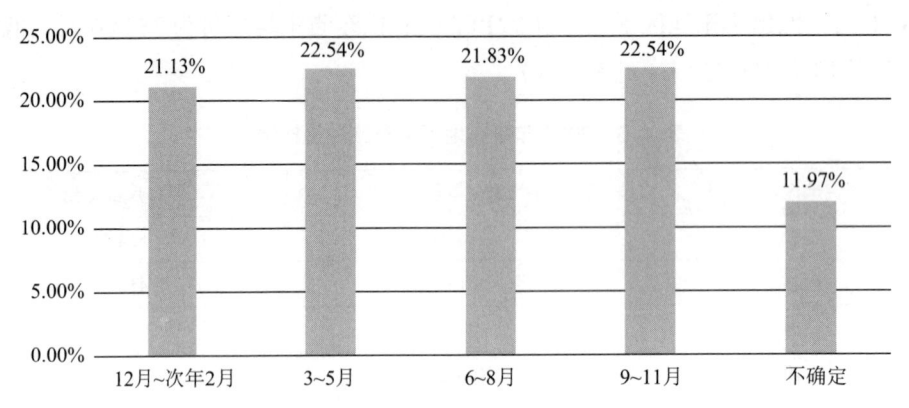

图 4-2　游客泡浴温泉的时间情况

2. 信息获取特征

调查结果显示，华东地区的温泉游客通过短视频平台得知温泉酒店信息的占比最大，达到 21.81%；其次是通过亲朋好友介绍得知该温泉酒店信息，占比为 20.58%；通过大众点评/美团/携程等平台获取温泉酒店信息的游客占比为 19.34%；通过公众号推送得知温泉酒店信息的游客占比为 16.46%。借助以上四种渠道获得温泉酒店信息的游客占比为 78.19%，是华东地区游客获取温泉酒店信息的主要渠道（见图 4-3）。

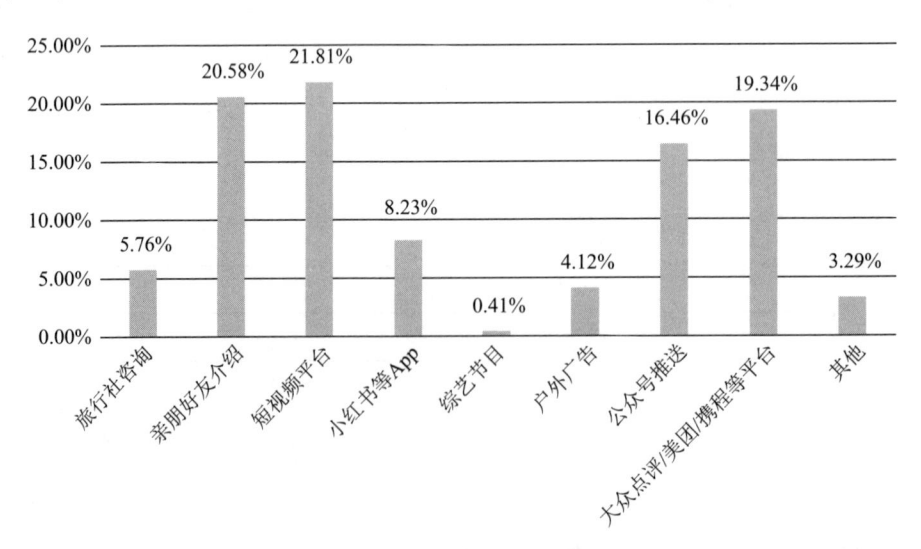

图 4-3　游客获取温泉酒店信息的渠道

调查结果显示，通过现场购买方式进行温泉旅游产品购买的游客占比最大，比例为 23.30%；其次是通过官网预订温泉旅游的游客，占比为 20.39%；通过第三方网络预订系统、亲友关系、旅行社购买温泉旅游产品的游客占比分别为 18.93%、16.02%、5.34%；通过其他渠道购买温泉旅游产品的游客占比为 16.02%（见图 4-4）。

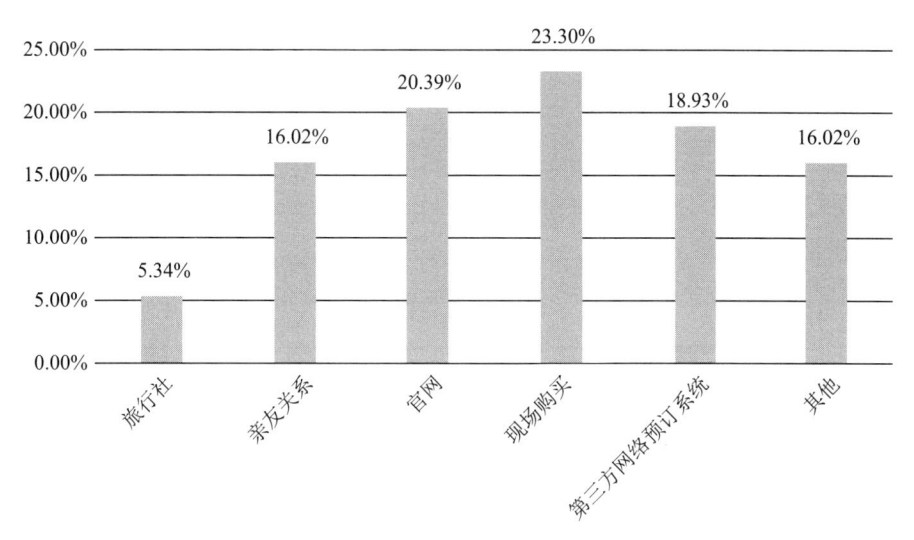

图 4-4　游客购买温泉旅游产品的渠道

3. 游客出行特征

调查结果显示，游客通过自驾车到达温泉旅游地的占比最高，达到 54.26%；其次是通过公交/地铁到达温泉旅游地的游客，占比为 26.36%；通过高铁/火车、团队包车/大巴到达温泉旅游地的游客占比均为 6.20%；通过飞机到达温泉旅游地的占比为 3.88%；通过自行车到达温泉旅游地的游客占比为 3.10%（见图 4-5）。

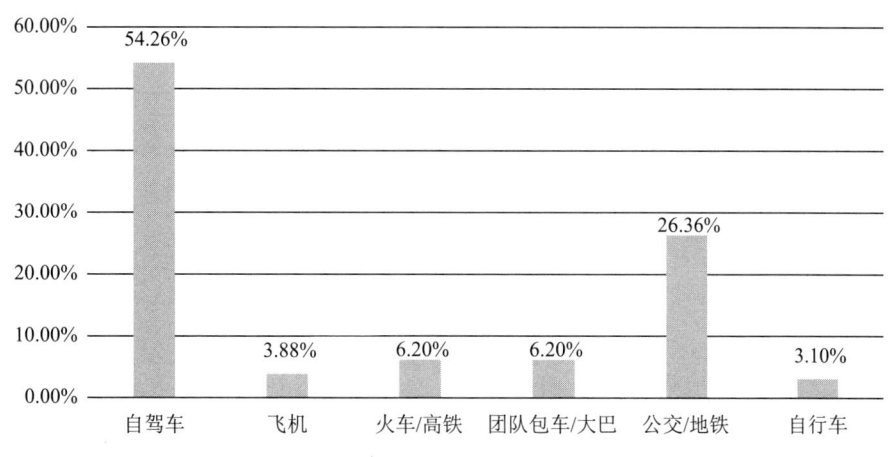

图 4-5　游客出行主要交通方式

调查结果显示，游客与好友同行的占比最高，达到了34.25%；其次，与家人同行的占比为20.55%；独自出行的比例为18.49%；情侣同行的占比为13.70%；与公司同事、商务合作方同行的游客占比分别为9.59%和3.42%（见图4-6）。

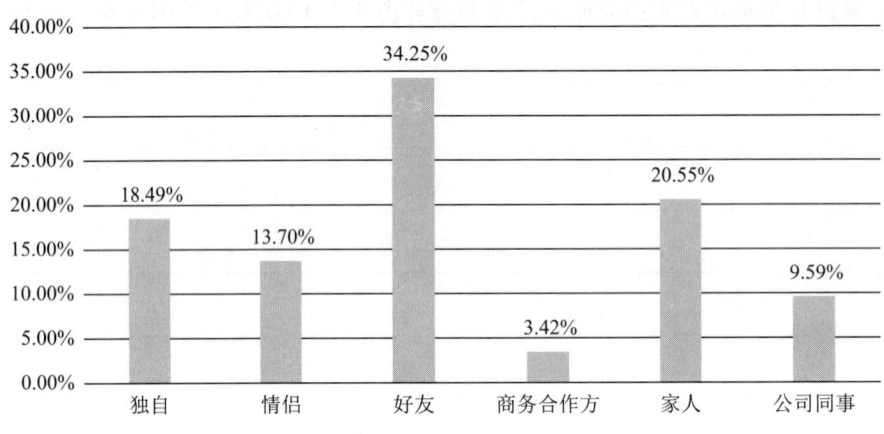

图4-6 游客出行同行人员情况

4. 产品偏好特征

调查结果显示，游客认为温泉项目必备的配套设施中：温泉泡池占比最高，为15.16%；其次是自助餐厅，占比为10.65%；占比排名第三的是按摩室与SPA水疗，二者占比均为9.57%；水上乐园、儿童游乐场、中餐厅、理疗室、西餐厅的占比分别为8.66%、6.68%、6.50%、5.78%和4.15%；电影院、KTV、健身房占比较小，分别为3.43%、3.43%、3.25%；其余配套设施占比均小于3%（见图4-7）。

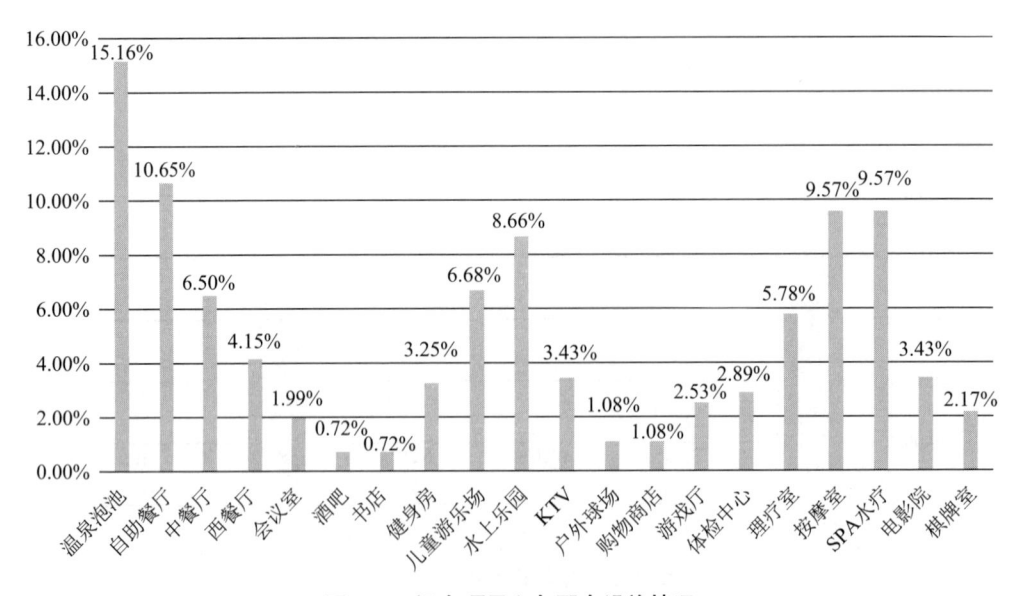

图4-7 温泉项目必备配套设施情况

调查结果显示：游客最喜欢体验的温泉产品中特色加料池占比最高，达到12.94%，其次是自然环境中的温泉，占比为12.78%；温泉石板浴、温泉SPA、温泉鱼疗池占比较高，分别为10.36%、7.61%、7.44%；温泉泳池、私密温泉（室内）所占比例相同，为7.12%；水疗池（冲击、泡泡、漩涡等）占比为6.80%；温泉水乐园、温泉美食（温泉蛋、温泉粥等）占比相对较低，分别为6.47%、5.83%；温泉理疗项目、温泉泥矿、温泉砂浴、温泉博物馆、裸汤（男女分开）、死海漂浮和一些其他温泉产品的占比略低（见图4-8）。

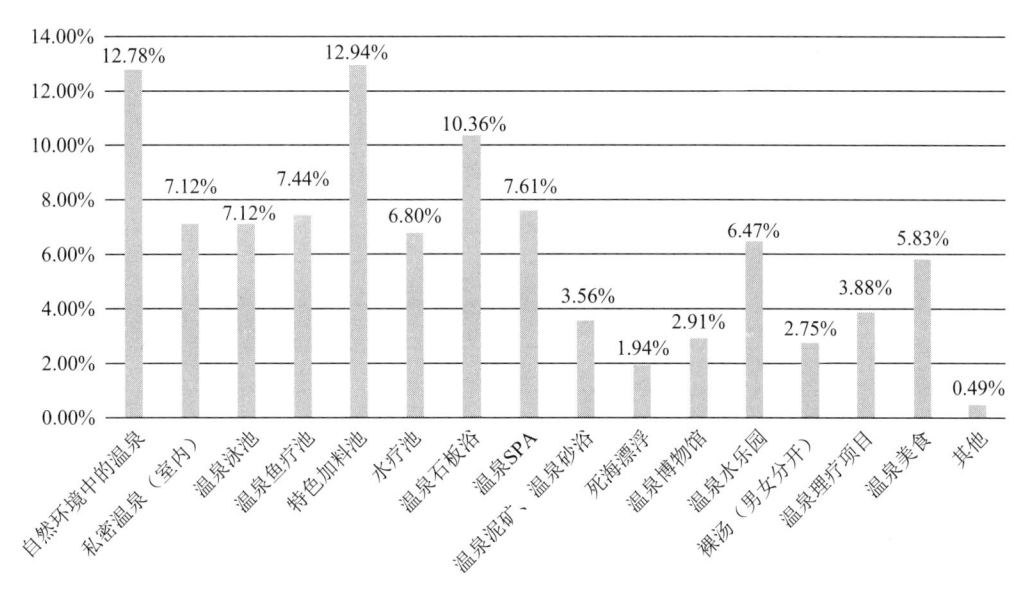

图4-8 温泉产品的游客偏好情况

根据2024年中国温泉旅游消费者抽样调查问卷结果，在有关游客在温泉项目地的停留时间的回答中，超过一半的游客选择停留1天，占比达到了57.84%；选择停留2天的游客占比占次位，为27.45%；接下来是选择停留3天的游客，占比为10.78%；选择停留4~7天和7天以上的游客占比相当，均为1.96%。在华东地区温泉旅游目的地中，选择一日游的游客占比较高，说明大部分游客停留的时间较短，总体趋势是停留时间越长，游客占比越低（见图4-9）。

在有关游客在温泉项目地的消费情况的回答中：游客在温泉旅游地的住宿消费占比最高，为33.58%；其次是温泉旅游地的门票，占比达到24.53%；接着是餐饮的消费占比，为19.41%；交通消费占比为9.38%；娱乐项目占比为7.80%；纪念品、周边农家乐以及其他消费占比较小，分别为1.37%、1.79%和2.14%（见图4-10）。

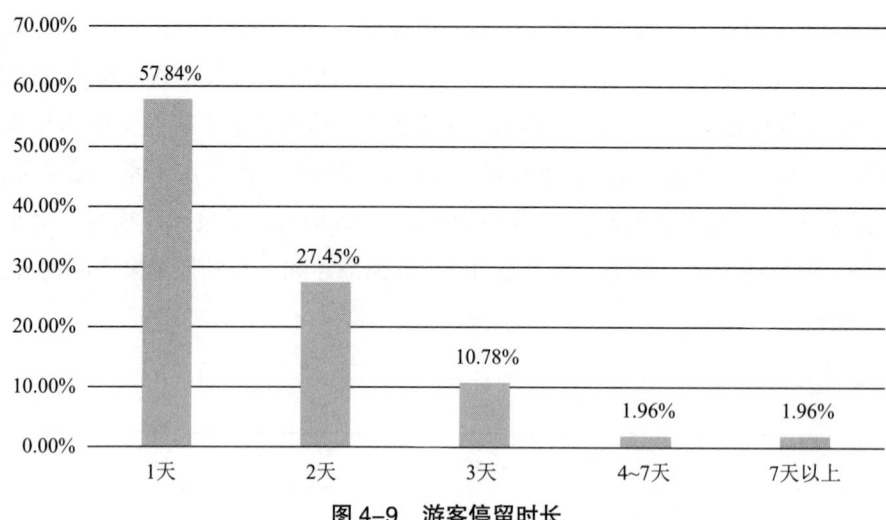

图 4-9 游客停留时长

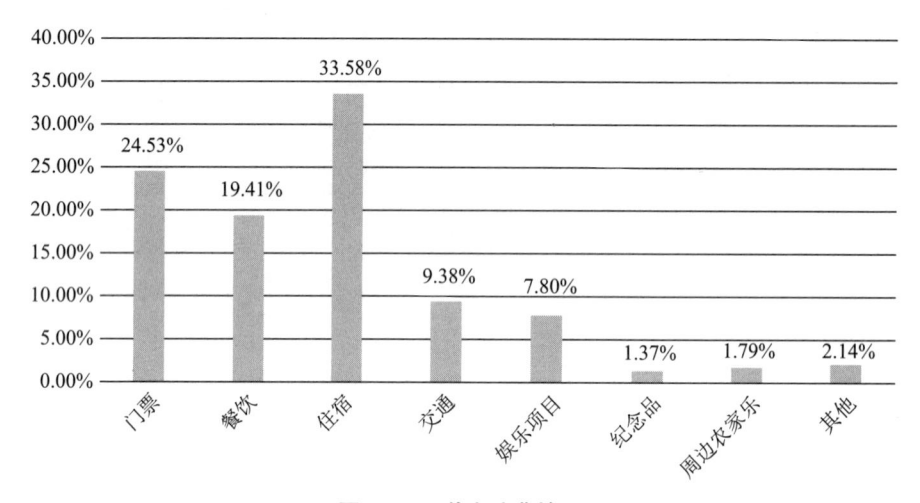

图 4-10 游客消费情况

5. 游客感知情况

在有关游客对温泉旅游地体验感的重要性问题的回答中：96.40% 的游客认为温泉旅游应该促进健康，96.43% 的游客认为温泉旅游地应该能放松身心，97.30% 的游客认为温泉旅游地需要有较高的安全性和私密性，98.20% 的游客认为温泉旅游地应该有度假氛围，90.99% 的游客认为温泉旅游地应该具备豪华与尊贵感，91.82% 的游客认为温泉旅游地应该有利于病痛的缓解，96.40% 的游客认为温泉旅游地需要有丰富的旅游活动，94.59% 的游客认为温泉旅游地应该拥有历史文化底蕴，98.18% 的游客认为温泉旅游地应该让游客更亲近自然。

表 4-6　温泉旅游地功能游客评价情况

评价指标	非常重要	一般重要	不重要
促进健康	96.40%	1.80%	1.80%
放松身心	96.43%	2.68%	0.89%
安全性和私密性	97.30%	1.80%	0.90%
度假氛围	98.20%	0.90%	0.90%
豪华与尊贵	90.99%	5.41%	3.60%
病痛的缓解	91.82%	7.27%	0.91%
娱乐活动丰富	96.40%	2.70%	0.90%
温泉本身及周边历史文化	94.59%	2.70%	2.70%
亲近自然	98.18%	0.91%	0.91%

6. 群体特征

根据 2024 年中国温泉旅游消费者抽样调查问卷结果，温泉旅游游客群体从性别结构上来看，女性占比为 51.04%，男性占比为 48.96%（见图 4-11）。

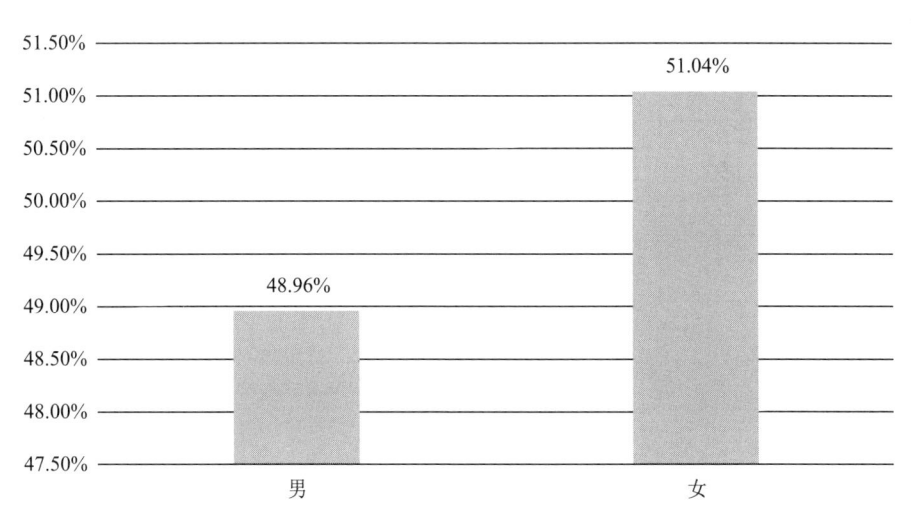

图 4-11　游客性别结构

从年龄结构来看：温泉旅游游客年龄在 19~28 岁的占比最高，为 46.79%；其次是 29~38 岁的游客，占比为 24.77%；39~48 岁的游客占比排在第三位，为 16.51%；49~58 岁的游客占比为 5.50%；59 岁及以上和 18 岁及以下的游客占比较小，分别为 3.67% 和 2.75%（见图 4-12）。

图 4-12　游客年龄结构

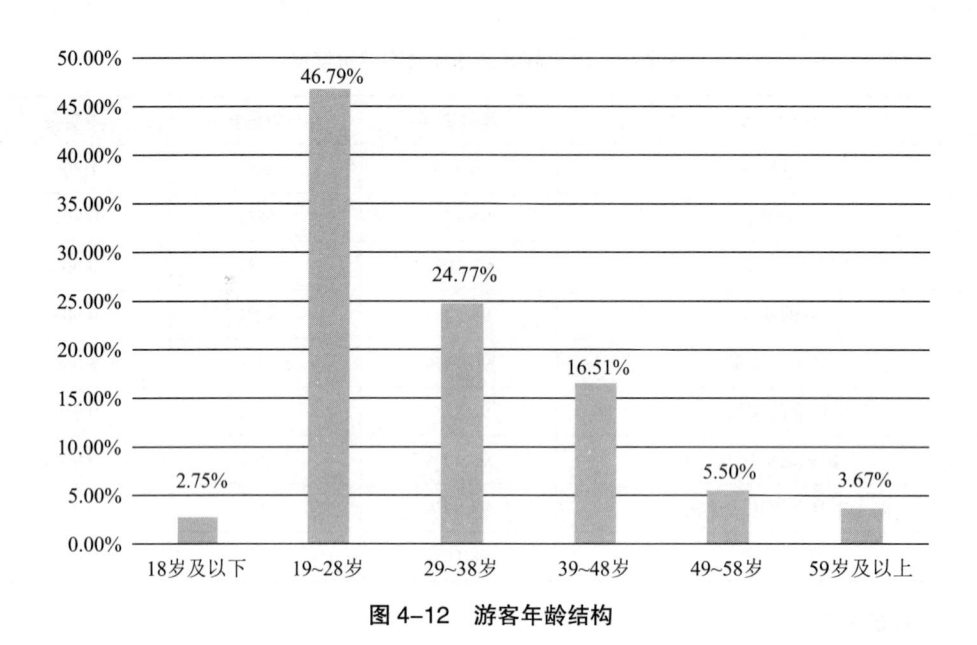

从受教育程度来看，大专/本科学历的游客占比最高，为62.50%；高中/中专及以下学历的占比为26.79%；硕士及以上学历的游客占比最低，为10.71%（见图4-13）。

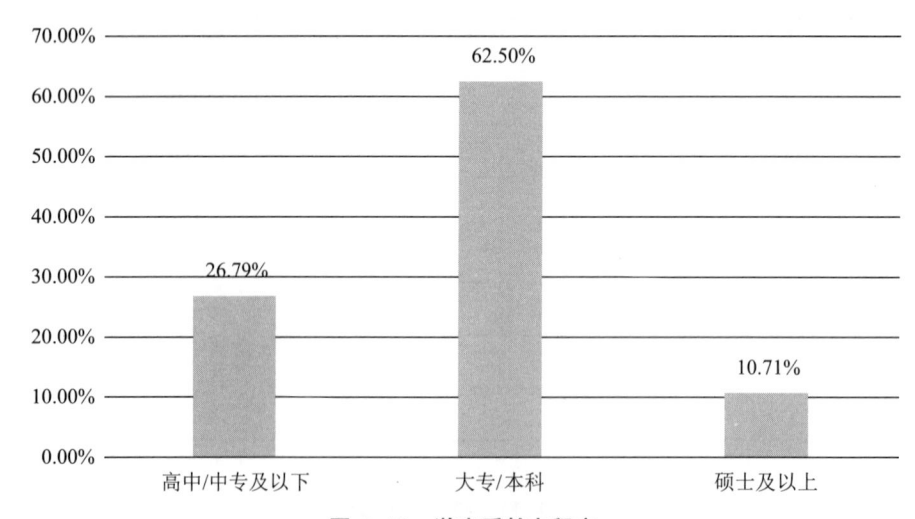

图 4-13　游客受教育程度

从职业结构来看：游客群体中公司职员的占比最高，为47.06%；其次是自由职业/个体经营者，占比为26.47%；公务员/事业单位人员占比为8.82%；学生占比为7.84%；无业者、企业中高层管理者/私企老板占比较小，分别为4.90%和3.92%；游客群体中军人占比最低，为0.98%（见图4-14）。

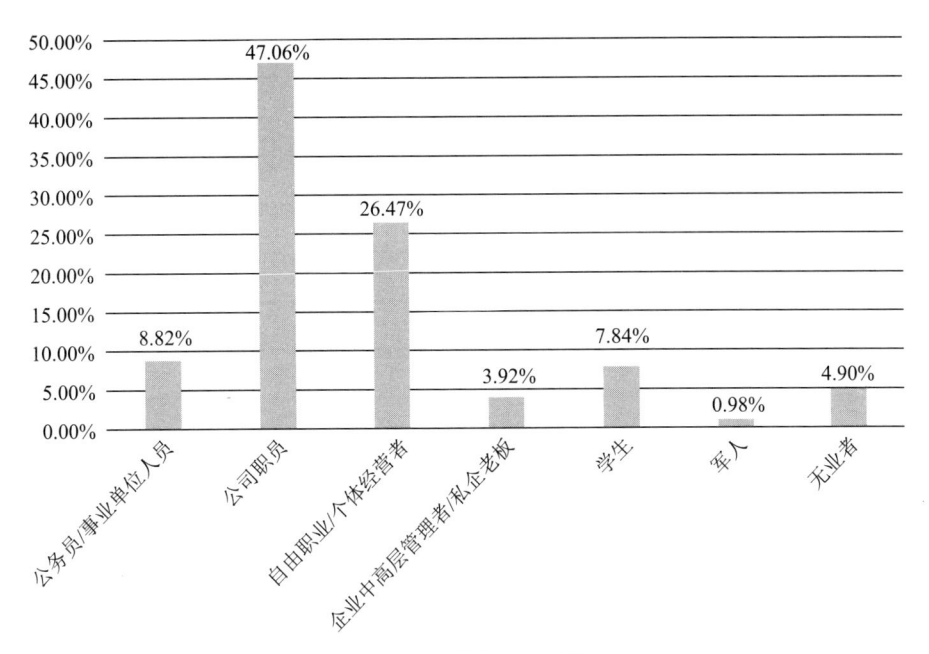

图 4-14 游客职业结构

从月收入情况来看：月收入 6001~8000 元的游客占比最高，为 44.79%；月收入在 4001~6000 元的游客占比为 17.71%；月收入在 8001~10000 元的游客占比为 16.67%；月收入在 4000 元及以下的游客占比为 10.42%；月收入在 10000 元以上的游客占比为 10.42%（见图 4-15）。

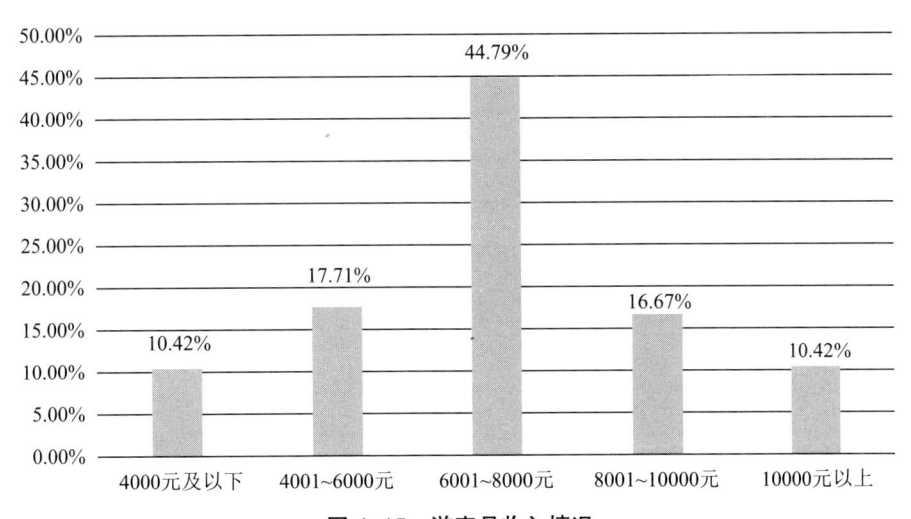

图 4-15 游客月收入情况

从婚姻状况来看：游客群体中未婚的占比最高，为 35.48%；排在第二位的是已婚有小孩的游客，占比为 33.33%；已婚无小孩的游客占比为 23.66%；其他婚姻状况的游客占比为 7.53%（见图 4-16）。

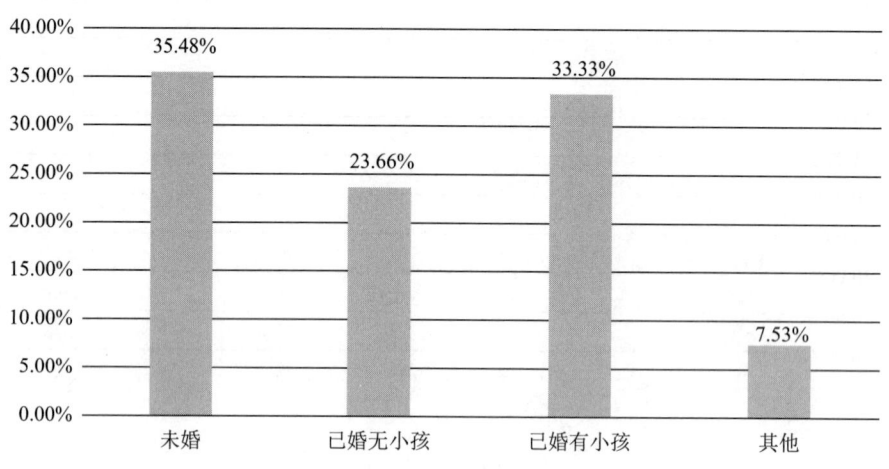

图 4-16 游客婚姻状况

7. 温泉旅游游客的感知价值与满意度

在关于游客温泉旅游感知价值与满意度问题的回答中，88.39% 的游客认为温泉旅游价格合理，91.61% 的游客对酒店服务非常满意，93.75% 的游客对温泉的配套设施非常满意，95.54% 的游客对温泉品质非常满意，94.29% 的游客对抵达温泉旅游地的交通便利性非常满意，93.93% 的温泉游客表示会向亲朋好友推荐温泉旅游，96.07% 的游客愿意再次进行温泉旅游（见图 4-17）。

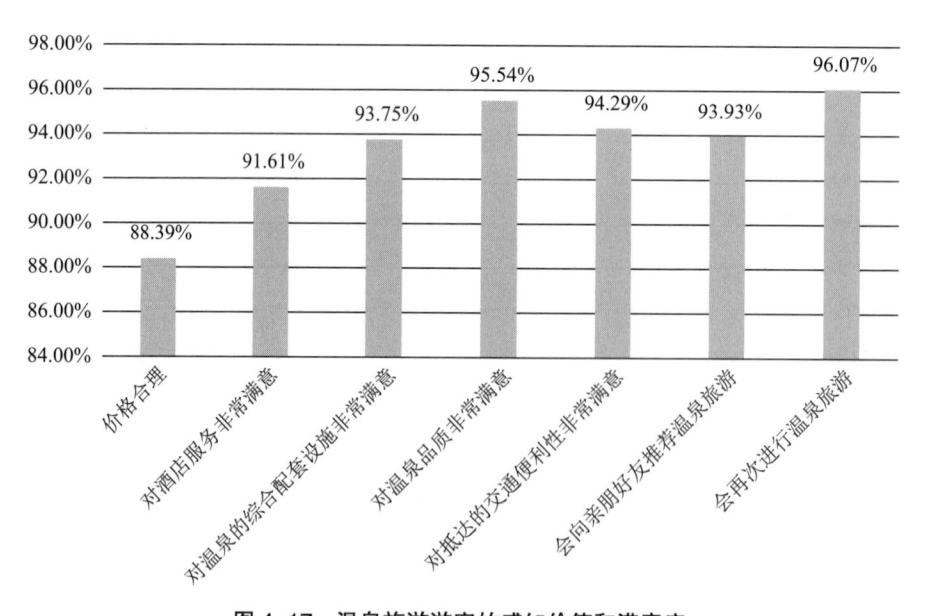

图 4-17 温泉旅游游客的感知价值和满意度

（三）温泉企业运营特征

1. 企业收入结构

华东地区温泉企业收入中，客房收入占比32.00%，温泉收入占比30.13%，餐饮收入占比27.48%，其他收入占比8.74%，会议收入占比1.65%。由统计可知，华东地区温泉企业客房收入在五项收入中占比最高，其次分别为温泉收入、餐饮收入、其他收入和会议收入，客房收入、温泉收入和餐饮收入之和占比接近温泉企业总收入的90%，会议收入和其他收入占比相对较小（见图4-18）。

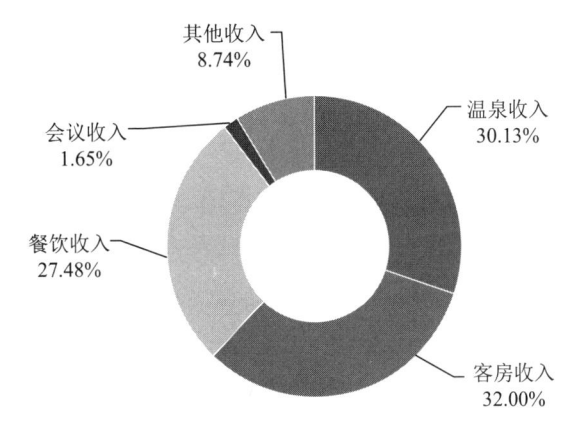

图4-18 华东地区企业收入结构

2. 过夜率

根据2024年中国温泉旅游重点企业调查问卷结果，2023年全年，华东地区的温泉企业接待过夜人数共5200.06万人次。其中，安徽的温泉企业接待过夜游客224.92万人次，过夜率为26.16%，占该地区温泉接待过夜总人数的4.33%；福建的温泉企业接待过夜游客655.76万人次，过夜率为30.86%，占该地区温泉接待过夜总人数的12.61%；江苏的温泉企业接待过夜游客1146.75万人次，过夜率为31.20%，占该地区温泉接待过夜总人数的22.05%；江西的温泉企业接待过夜游客256.51万人次，过夜率为26.39%，占该地区温泉接待过夜总人数的4.93%；山东的温泉企业接待过夜游客546.13万人次，过夜率为26.14%，占该地区温泉接待过夜总人数的10.50%；上海的温泉企业接待过夜游客104.44万人次，过夜率为25.40%，占该地区温泉接待过夜总人数的2.01%；浙江的温泉企业接待过夜游客2265.55万人次，过夜率为35.72%，占该地区温泉接待过夜总人数的43.57%。浙江、江苏、福建三省的年接待过夜人数在华东地区排名前三（见表4-7）。

表 4-7 2023 年华东地区温泉旅游过夜率统计

地区	接待过夜人数（万人次）	过夜率	地区占比
安徽	224.92	26.16%	4.33%
福建	655.76	30.86%	12.61%
江苏	1146.75	31.20%	22.05%
江西	256.51	26.39%	4.93%
山东	546.13	26.14%	10.50%
上海	104.44	25.40%	2.01%
浙江	2265.56	35.72%	43.57%
总计	5200.06	31.56%	100.00%

3. 更衣柜指数

根据调查结果，2023 年全年，华东地区的温泉企业更衣柜总数达 186.89 万个，更衣柜指数为 7.35，更衣柜使用率[①]为 24.15%（见表 4-8）。

表 4-8 2023 年华东地区温泉企业更衣柜使用情况

项目	月均接待人数（万人次）	更衣柜数（万个）	更衣柜指数	更衣柜使用率
数值	1372.85	186.89	7.35	24.15%

（四）温泉企业人力资源状况

1. 温泉企业人力资源结构

根据 2024 年中国温泉旅游重点企业调查问卷结果，温泉企业从业人员总数平均为 176 人。按部门划分，温泉管理部占比 24.14%，餐饮部占比 19.77%，客房部占比 15.70%，行政管理占比为 10.50%，后勤部占比为 8.61%，工程部占比为 6.62%，安保部占比为 5.11%，康体部占比为 4.73%，其他部门占比 4.82%（见图 4-19）。

调查结果显示，2024 年华东地区温泉企业在职员工按层级结构划分，基层员工占在职员工总数的 78.66%，管理人员占在职员工总数的 21.34%（见图 4-20）。

调查结果显示，2024 年华东地区温泉企业在职员工中，女性占比 53.57%，男性占比 46.43%（见图 4-21）。

---

① 更衣柜使用率 = 接待游客总量 / 更衣柜年使用容量

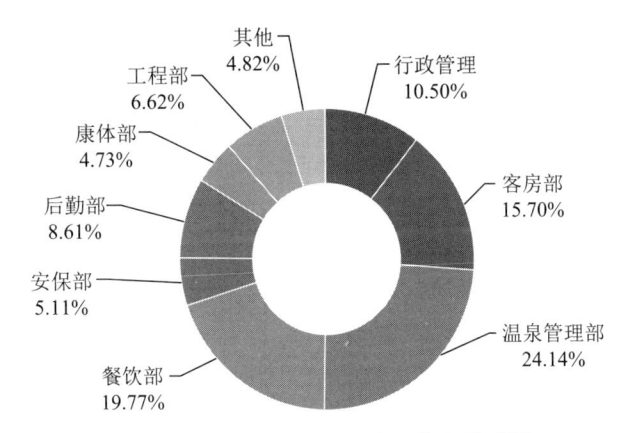

图 4-19　华东地区温泉企业人员部门构成情况

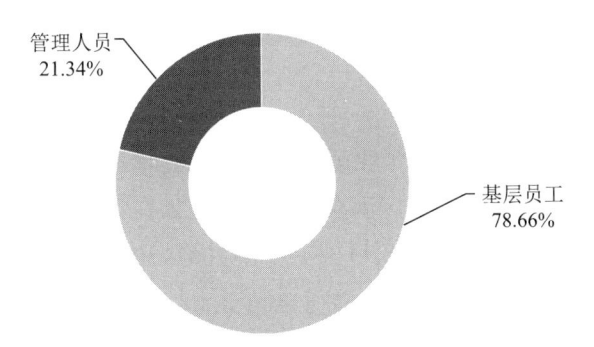

图 4-20　华东地区温泉企业管理层与基层员工构成情况

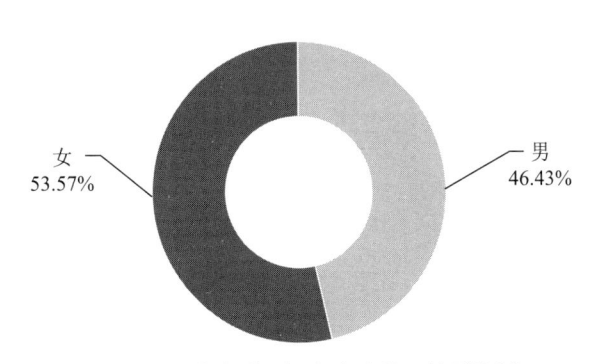

图 4-21　华东地区温泉企业员工性别比例

调查结果显示，2024 年华东地区温泉企业在职员工年龄分布情况为：20 岁以下的员工占比 3.16%，20~30 岁的员工占比 15.79%，31~40 岁的员工占比 47.37%，41~50 岁的员工占比 24.21%，50 岁以上的员工占比 9.47%（见图 4-22）。

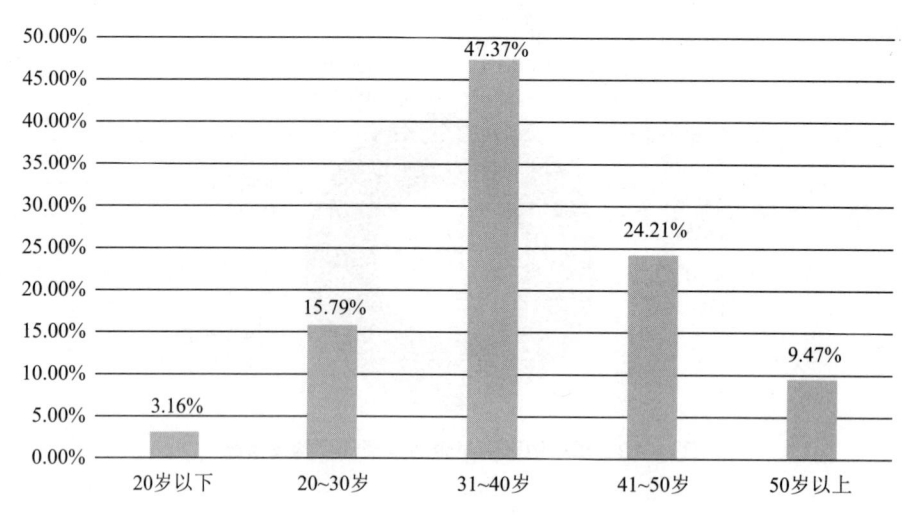

图 4-22　华东温泉企业员工年龄结构情况

2. 温泉企业人力资源薪酬

根据调查结果，华东地区温泉企业基层员工的月平均薪酬为 4010.75 元。

从员工工资分配来看：华东地区温泉企业中月收入在 2000 元及以下的员工数量占本地区员工总数的 6.32%；29.47% 的员工工资在 2001~3000 元；34.74% 的员工工资在 3001~4000 元，占比最高；17.89% 的员工工资在 4001~5000 元；月工资在 5000 元以上的占比 11.58%（见图 4-23）。

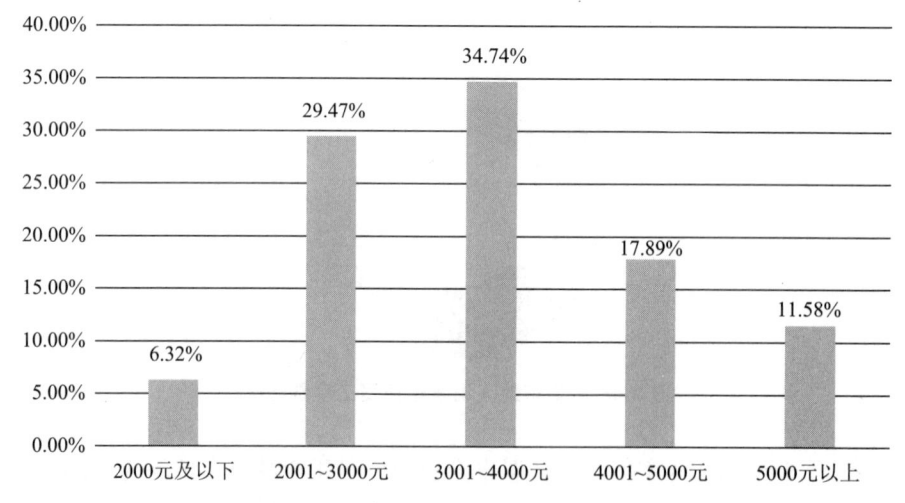

图 4-23　华东地区温泉企业员工薪酬情况

从基层员工工资分配来看：华东地区温泉企业中月均收入在 2001~3000 元的员工数量占比最高，为 45.00%；其次是 3001~4000 元的员工，占比 38.33%；月均收入 2000 元及以下的员工占本地区基层员工总数的 10.00%；5.00% 的基层员工工资在

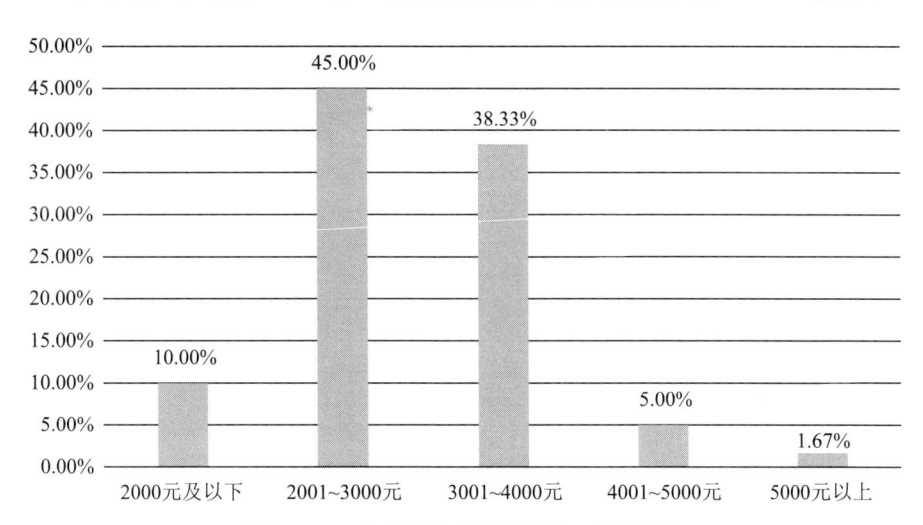

4001~5000元；月均工资在 5000 元以上的基层员工占比最小，为 1.67%（见图 4-24）。

图 4-24　华东温泉企业基层员工薪酬情况

3. 温泉企业人力资源配置效率

根据调查结果，客房部员工数与客房数的比值为 1∶6.05，表示华东地区的温泉企业平均每个员工服务 6.05 间客房，这一比值较 2021 年（1∶7.86）有所提高；总员工数与项目总建筑面积的比值为 1∶100.21，表示平均每个员工需要服务的建筑面积为 100.21 平方米，这一比值较 2021 年（1∶159.78）有所提高；温泉部员工数与温泉池数量的比值为 1∶2.15，表示平均每个员工需要服务 2.15 个温泉泡池，这一数值较 2021 年（1∶1.61）有所降低（见表 4-9）。

表 4-9　2024 年华东地区温泉企业人力资源配置情况

分类	客房部员工数/客房数	总员工数/项目总建筑面积	温泉部员工数/温泉池数量
比值	1∶6.05	1∶100.21	1∶2.15

4. 温泉企业员工满意度

调查结果显示，2024 年华东地区温泉企业员工总体满意度均值为 3.5，总体上比较满意。各分项满意度情况如下：薪资福利的满意度均值为 2.8，表示员工对此项的态度一般；工作本身的满意度均值为 3.5，表示员工对此项的态度为满意；工作环境的满意度均值为 3.7，表示员工对此项的态度为满意；企业文化的满意度均值为 3.6，表示员工对此项的态度为满意；管理水平的满意度均值为 3.4，表示员工对此项的态度为满意；发展机会的满意度均值为 3.3，表示员工对此项的态度为满意。其中，员工对于薪资福利、管理水平、发展机会的满意度均值低于对总体满意度均值，员工对工作环境和企业文化的满意度高于对总体的满意度（见图 4-25）。

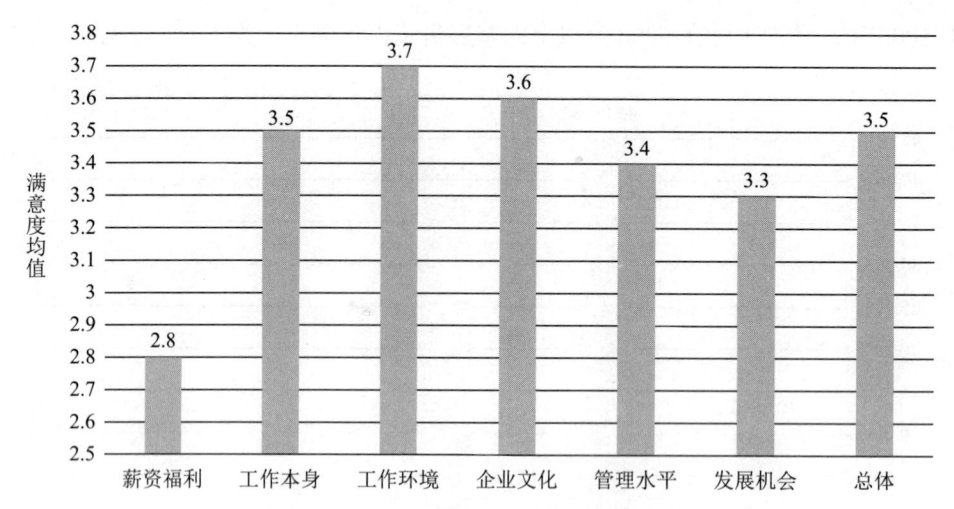

图 4-25 华东地区温泉企业员工满意度情况

二、华北地区温泉旅游发展情况

（一）温泉旅游发展总体情况

1. 企业数量

据统计，华北地区共有温泉企业 484 家。其中，北京有温泉企业 239 家，占地区总量比重为 49.38%，占全国总量比重为 4.62%；河北有温泉企业 114 家，占地区总量比重为 23.55%，占全国总量比重为 2.20%；内蒙古有温泉企业 38 家，占地区总量比重为 7.85%，占全国总量比重为 0.73%；山西有温泉企业 64 家，占地区总量比重为 13.22%，占全国总量比重为 1.24%；天津有温泉企业 29 家，占地区总量比重为 5.99%，占全国总量比重为 0.56%（见表 4-10）。

表 4-10 2023 年华北地区温泉企业数量情况

地区	温泉企业数量（家）	地区占比	全国占比
北京	239	49.38%	4.62%
河北	114	23.55%	2.20%
内蒙古	38	7.85%	0.73%
山西	64	13.22%	1.24%
天津	29	5.99%	0.56%
总计	484	100.00%	9.36%

2. 温泉旅游接待情况

根据 2024 年中国温泉旅游重点企业调查问卷结果，2023 年全年，华北地区温泉企业接待总人数达 3268.31 万人次，占全国温泉企业接待总人数的 5.62%。其中，北京的温泉企业接待游客总人数达 1613.90 万人次，占华北地区接待总人数的 49.38%，占全国接待总人数的 2.77%；河北的温泉企业接待游客总人数达 769.81 万人次，占华北地区总接待人数的 23.55%，占全国接待总人数的 1.32%；内蒙古的温泉企业接待游客总人数达 256.60 万人次，占华北地区接待总人数的 7.85%，占全国接待总人数的 0.44%；山西的温泉企业接待游客总人次数 432.17 万人次，占华北地区接待总人数的 13.22%，占全国接待总人数的 0.74%；天津的温泉企业接待游客总人数达 195.83 万人次，占华北地区接待总人数的 5.99%，占全国接待总人数的 0.34%。北京、河北、山西三个省市全年接待人数在整个华北地区排名前三（见表 4-11）。

表 4-11　2023 年华北地区温泉旅游接待情况

地区	接待总人数（万人次）	地区占比	全国占比
北京	1613.90	49.38%	2.77%
河北	769.81	23.55%	1.32%
内蒙古	256.60	7.85%	0.44%
山西	432.17	13.22%	0.74%
天津	195.83	5.99%	0.34%
总计	3268.31	100.00%	5.62%

根据调查结果，2023 年全年，华北地区的温泉企业接待通过旅行社预订温泉产品的游客 326.83 万人次，占该地区全年总接待人数的 10.00%；接待协议客户 163.41 万人次，占该地区全年总接待人数的 5.00%；接待通过本企业网站预订的游客 98.05 万人次，占该地区全年接待总人数的 3.00%；接待现场购票游客 326.83 万人次，占该地区全年接待总人数的 10.00%；接待通过 OTA（如携程网等）预订的游客 2287.81 万人次，占该地区全年接待总人数的 70.00%；接待其他渠道预订的游客 65.38 万人次，占该地区全年接待总人数的 2.00%（见表 4-12）。

表 4-12　2023 年华北地区温泉旅游游客预订渠道情况

类型	旅行社	协议客户	本企业网站预订	现场购买	OTA	其他渠道	总计
人数（万人次）	326.83	163.41	98.05	326.83	2287.81	65.38	3268.31
占比	10.00%	5.00%	3.00%	10.00%	70.00%	2.00%	100.00%

3. 温泉旅游收入情况

根据调查结果，2023 年全年，华北地区的温泉企业接待总收入达 12.33 亿元，占全国温泉企业接待总收入的 0.68%。其中，北京的温泉企业接待收入达 6.16 亿元，占该地区温泉接待总收入的 49.96%，占全国温泉接待总收入的 0.34%；河北的温泉企业接待收入达 2.90 亿元，占该地区温泉接待总收入的 23.52%，占全国温泉接待总收入的 0.16%；内蒙古的温泉企业接待收入达 0.92 亿元，占该地区温泉接待总收入的 7.46%，占全国温泉接待总收入的 0.05%；山西的温泉企业接待收入达 1.58 亿元，占该地区温泉接待总收入的 12.81%，占全国温泉接待总收入的 0.09%；天津的温泉企业接待收入达 0.77 亿元，占该地区温泉接待总收入的 6.24%，占全国温泉接待总收入的 0.04%。北京、河北、山西三省市的年温泉接待收入在华北地区排名前三（见表 4-13）。

表 4-13　2023 年华北地区温泉旅游接待收入情况

地区	接待总收入（亿元）	地区占比	全国占比
北京	6.16	49.96%	0.34%
河北	2.90	23.52%	0.16%
内蒙古	0.92	7.46%	0.05%
山西	1.58	12.81%	0.09%
天津	0.77	6.24%	0.04%
总计	12.33	100.00%	0.68%

4. 温泉旅游价格情况

在温泉门票价格方面，华北地区平均温泉票价为114.84元。其中，北京平均温泉票价为177.95元，高出华北地区平均票价63.11元；河北平均温泉票价为110.19元，低出华北地区平均票价4.65元；内蒙古平均温泉票价为86.48元，低出华北地区平均票价28.36元；山西平均温泉票价为93.89元，低出华北地区平均票价20.95元；天津平均温泉票价为105.67元，低出华北地区平均票价9.17元。

在客房价格方面，华北地区平均房价为735.61元，比全国平均房价高131.30元。其中，北京平均房价为1033.78元，高出华北地区平均房价298.17元；河北平均房价为532.09元，低出华北地区平均房价203.52元；内蒙古平均房价为293.82元，低出华北地区平均房价441.79元；山西平均房价为314.31元，低出华北地区平均房价421.30元；天津平均房价为586.81元，低出华北地区平均房价148.80元（见表4-14）。

表 4-14　2023 年华北地区温泉旅游价格情况

地区	平均温泉票价（元）	平均房价（元）
北京	177.95	1033.78
河北	110.19	532.09
内蒙古	86.48	293.82
山西	93.89	314.31
天津	105.67	586.81
总计	114.85	735.61

（二）温泉旅游者特征

1. 温泉泡浴特征

调查结果显示，华北地区温泉游客中每年泡浴温泉1~3次的游客群体占比为32.20%，每年泡浴4~6次的温泉游客达到了30.51%，每年7~9次的游客比例为

26.27%，每年泡浴 10 次及以上的游客比例为 9.32%，不确定年频次的温泉游客占比为 1.69%（见图 4-26）。

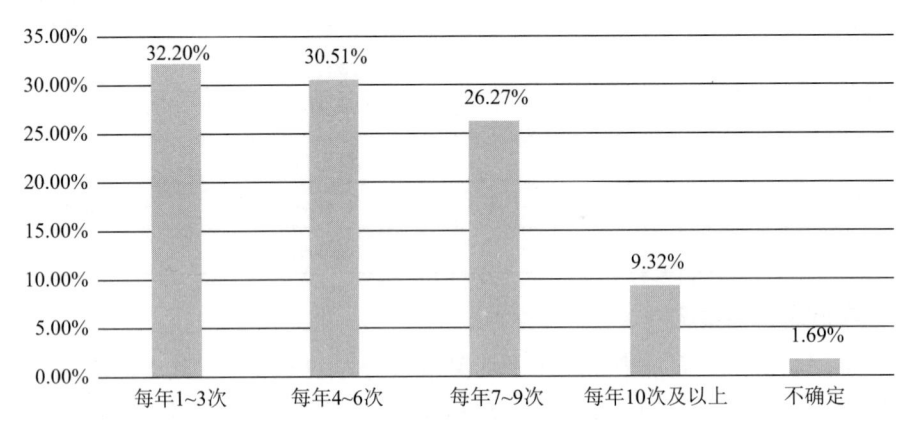

图 4-26　游客泡浴温泉次数

调查结果显示，华北地区温泉游客中每年 3~5 月泡浴的游客占比最大，占被调查游客总数的 34.58%；每年 6~8 月泡浴的游客群体占比为 33.64%；每年 12 月~次年 2 月泡浴的游客群体占比 24.30%；每年 9~11 月泡浴的游客占比较小，比例为 4.67%；不确定时段的温泉游客占比 2.80%（见图 4-27）。

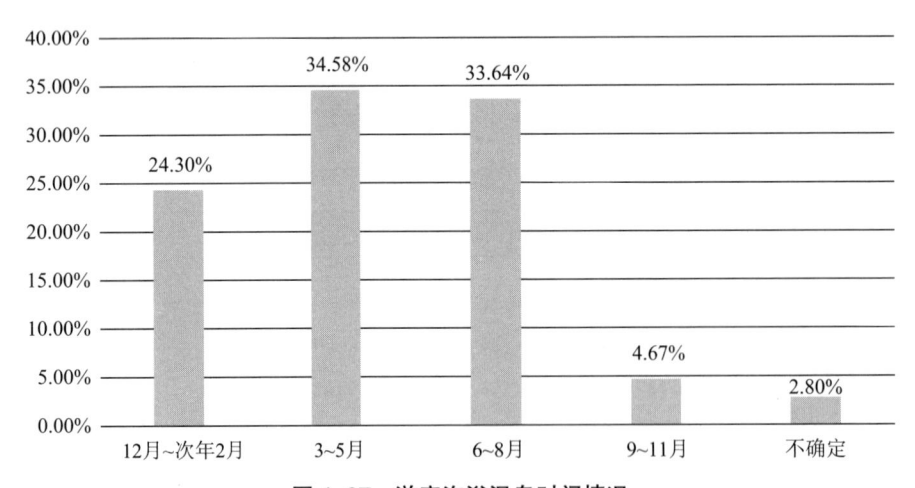

图 4-27　游客泡浴温泉时间情况

2. 信息获取特征

调查结果显示：通过亲朋好友获取信息的游客占比最高，比例为 21.82%；其次，通过短视频平台获取信息的游客占比 20.00%；通过旅行社咨询的游客占比 13.18%；通过户外广告获取信息的游客占比为 12.73%。通过公众号推送、大众点评 / 美团 / 携程等平台、小红书等 App 获取信息的游客占比分别为 11.82%、10.45% 和 8.64%，通过其

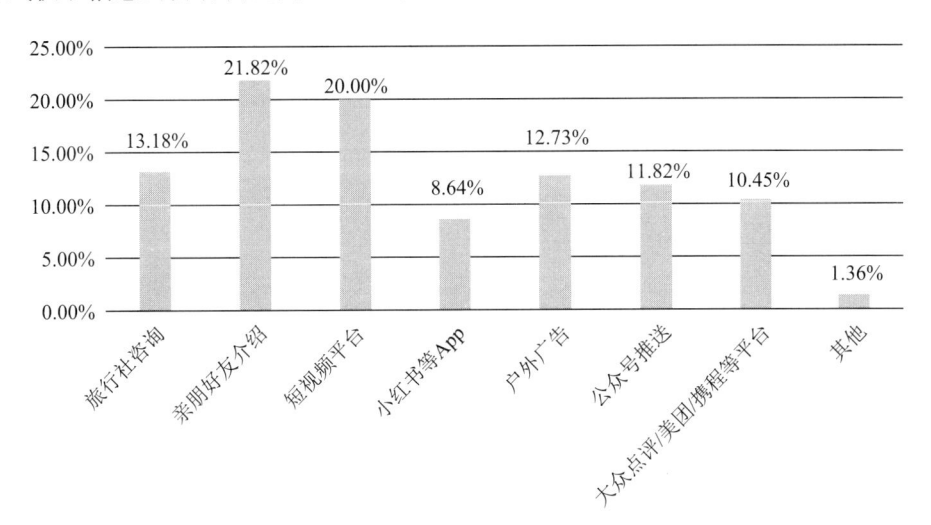

他方式获取信息的游客占比为 1.36%（见图 4-28）。

图 4-28 游客获取温泉酒店信息的渠道

调查结果显示：通过亲友关系预订温泉产品的游客占比最高，为 26.09%；其次是通过第三方网络预订系统，占比为 23.37%；通过企业官网预订温泉产品的游客占比为 20.11%；现场购买和旅行社预订的游客占比分别为 15.76% 和 10.33%；其他渠道购买温泉产品的游客占比为 4.35%（见图 4-29）。

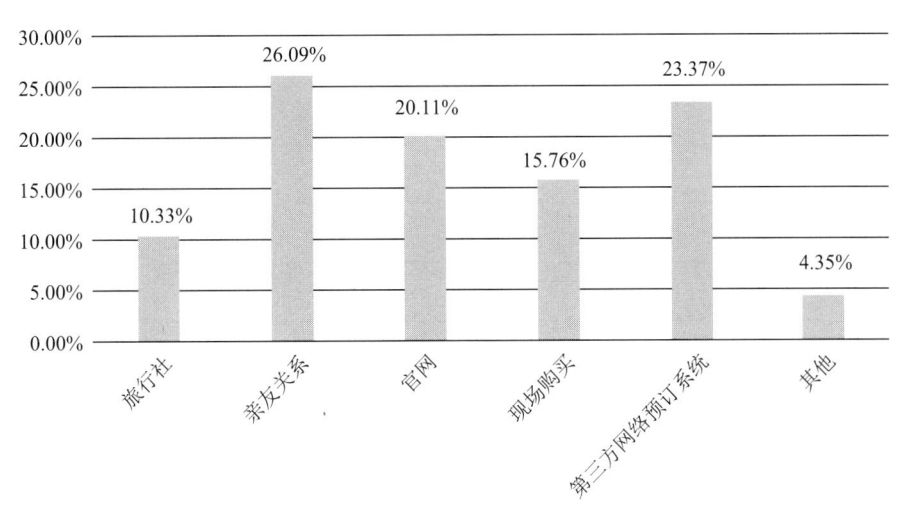

图 4-29 游客购买温泉产品的渠道

3. 游客出行特征

调查结果显示：游客通过自驾车到达温泉旅游地的占比最高，为 50.97%；通过飞机、自行车、团队包车/大巴到达温泉旅游地的比例分别为 14.84%、14.19% 和

11.61%；通过公交/地铁、火车/高铁到达本次温泉旅游地的比例分别是7.10%和1.29%（见图4-30）。

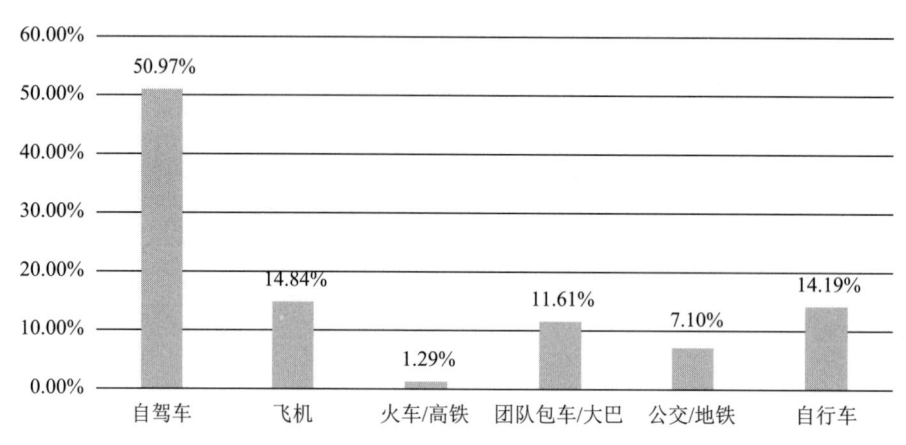

图 4-30　游客出行主要交通方式

调查结果显示：游客与好友同行的占比最高，为28.14%；其次为情侣同行，比例为26.95%；与家人同行的游客所占比例为21.56%；独自、与商务合作方以及与公司同事同行的游客占比分别为13.77%、5.99%和3.59%（见图4-31）。

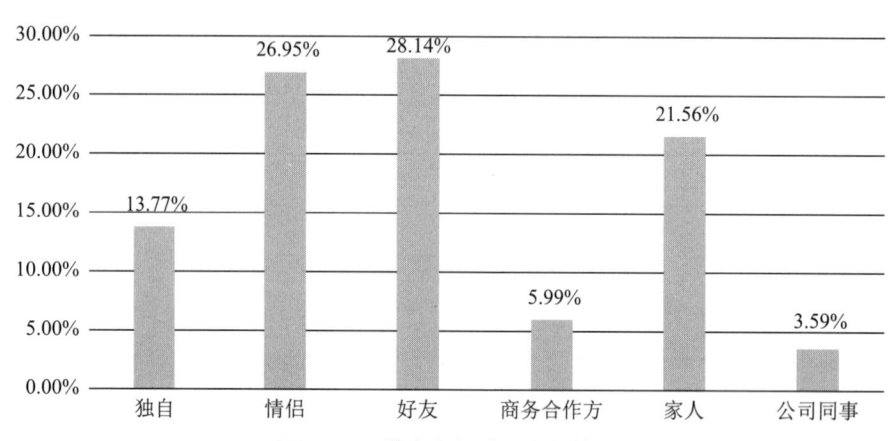

图 4-31　游客出行陪同人员情况

4. 产品偏好特征

调查结果显示，游客认为温泉项目必备的配套设施中：温泉泡池占比最高，为12.90%；其次为水上乐园，比例为12.66%；自助餐厅所占比例为12.16%；健身房、儿童游乐场、会议室、体检中心占比分别为9.93%、7.94%、6.70%和5.96%；电影院占比为4.96%；中餐厅占比为4.71%；游戏厅占比为3.72%；户外球场占比为3.47%；理疗室和按摩室占比相同，比例为2.48%；棋牌室、KTV、SPA水疗占比较接近，分别为2.98%、2.73%、2.23%；其余项目所占比例相对较小（见图4-32）。

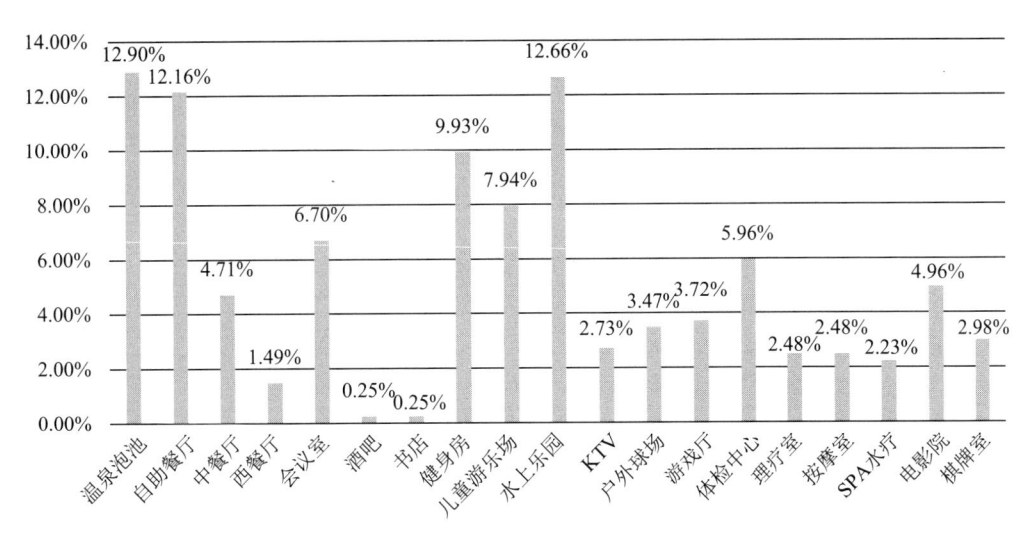

图 4-32 温泉项目必备配套设施情况

调查结果显示，游客最喜欢体验的温泉产品中：自然环境中的温泉占比最高，比例为 16.11%；其次是特色加料池（中药/花瓣/茶/酒/牛奶等），占比为 13.30%；温泉石板浴占比为 12.79%；私密温泉（室内）、温泉泳池、温泉水乐园和温泉 SPA 所占比例分别为 7.67%、7.16%、6.91%、6.65%；温泉博物馆和裸汤（男女分开）所占的比例相当，为 5.63%；水疗池占比为 4.86%；其他温泉产品[温泉理疗项目、温泉美食（温泉蛋、温泉粥等）、温泉泥矿、温泉砂浴、温泉鱼疗池、死海漂浮]占比相对较小，游客的喜爱程度较低（见图 4-33）。

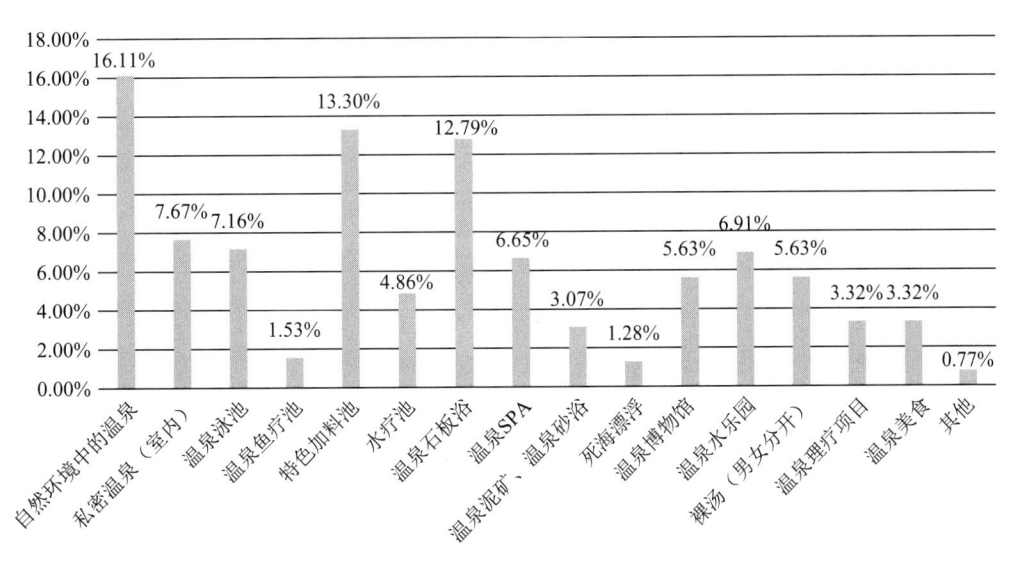

图 4-33 温泉产品的游客偏好情况

根据 2024 年中国温泉旅游消费者抽样调查问卷结果，在有关游客在温泉项目地的

— 97 —

停留时间问题的回答中，选择停留 1 天的游客占比最高，达到 83.67%；选择停留 2 天的游客占比次之，比例为 10.20%；再者为停留 3 天的游客，比例占 3.06%；选择停留 4~7 天的游客占比 2.04%；选择停留 7 天以上的游客占比最低，为 1.02%。在华北地区温泉旅游目的地中，选择一日游的游客占比明显较多，大部分温泉游客的停留时间较短（见图 4-34）。

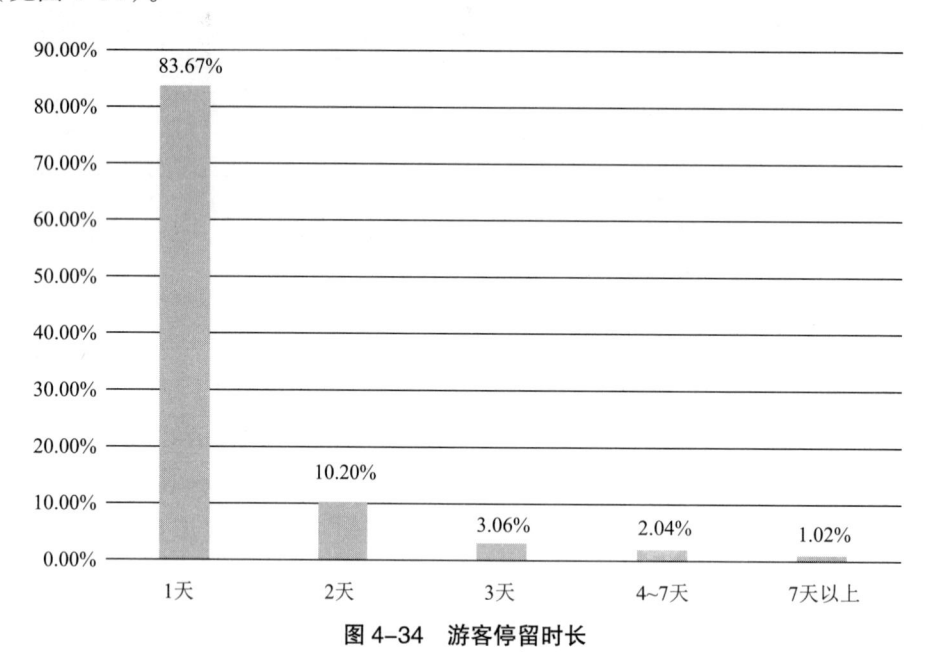

图 4-34 游客停留时长

5. 顾客感知情况

根据调查结果，在有关游客对温泉旅游地体验感的重要性问题的回答中，85.15% 的游客认为温泉旅游地应该要促进健康，84.95% 的游客认为温泉旅游地应该能够放松身心，86.73% 的游客认为温泉旅游地需要安全和较高的私密性，81.58% 的游客认为温泉旅游地应该拥有度假氛围，84.75% 的游客认为温泉旅游地应该具备豪华与尊贵的风格，85.94% 的游客认为温泉旅游地应该能够缓解病痛，87.33% 的游客认为温泉旅游地需要有丰富的娱乐活动，88.51% 的游客认为温泉本身和周围的历史文化是非常重要的，89.90% 的游客认为温泉旅游地应该让游客更亲近自然（见图 4-35）。

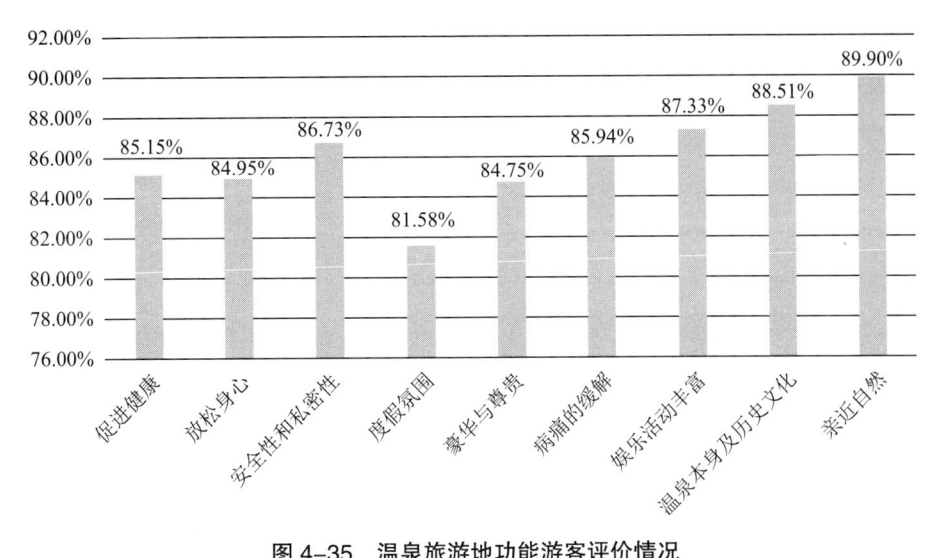

图 4-35　温泉旅游地功能游客评价情况

6. 群体特征

根据调查结果，温泉旅游游客群体从性别结构来看，男性占比为 32.99%，女性占比为 67.01%（见图 4-36）。

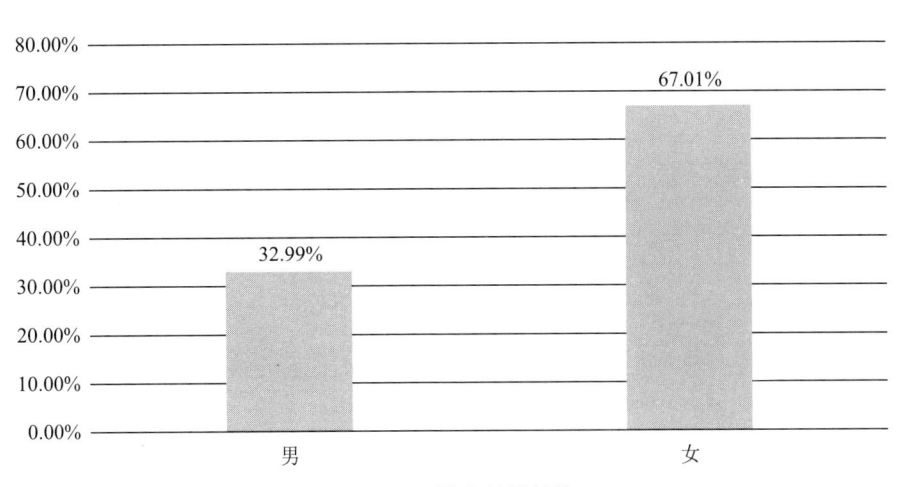

图 4-36　游客性别结构

从年龄结构来看：温泉旅游游客 19~28 岁占比最高，为 45.67%；其次是 29~38 岁的游客，占比为 22.83%；39~48 岁的游客占比第三，为 18.90%；49~58 岁的游客占比 7.09%；59 岁及以上和 18 岁及以下游客占比较低，比例分别为 3.94% 和 1.57%（见图 4-37）。

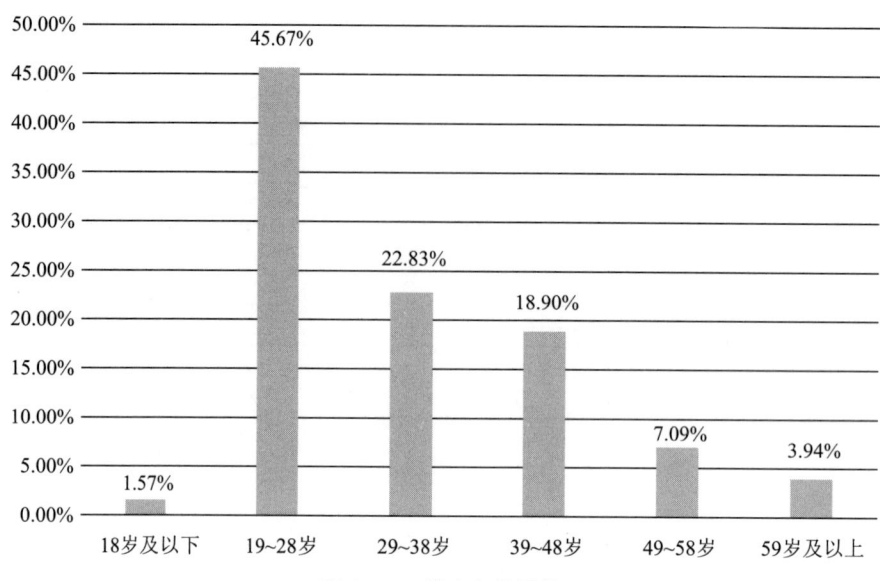

图 4-37　游客年龄结构

从受教育程度来看，大专/本科学历的游客占比最高，为 55.10%，高中/中专及以下学历的游客占比为 36.73%，硕士及以上学历的游客占比最低，为 8.16%（见图 4-38）。

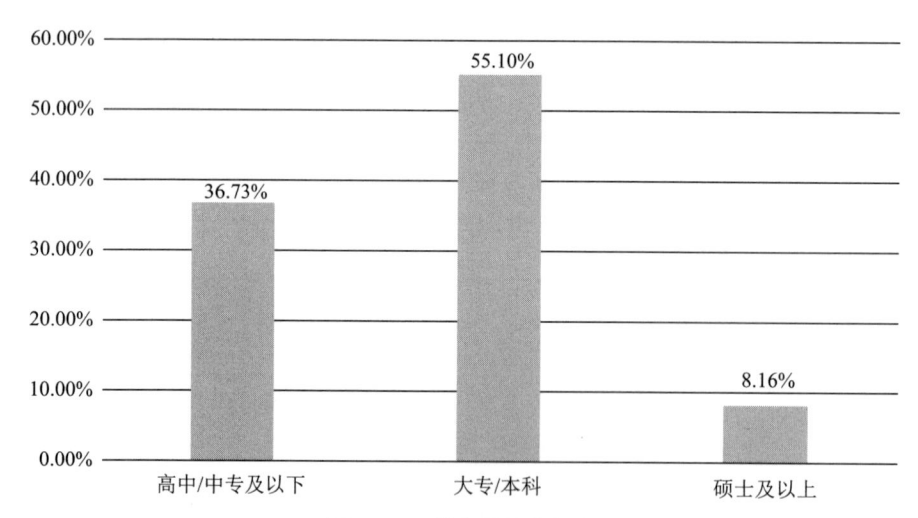

图 4-38　游客受教育程度

从职业结构来看：游客群体中公司职员占比最高，为 46.39%；自由职业/个体经营者占比 23.71%，位列第二；公务员/事业单位人员占比 11.34%；企业中高层管理者/私企老板和学生占比相同，为 8.25%；军人占比最小，为 2.06%（见图 4-39）。

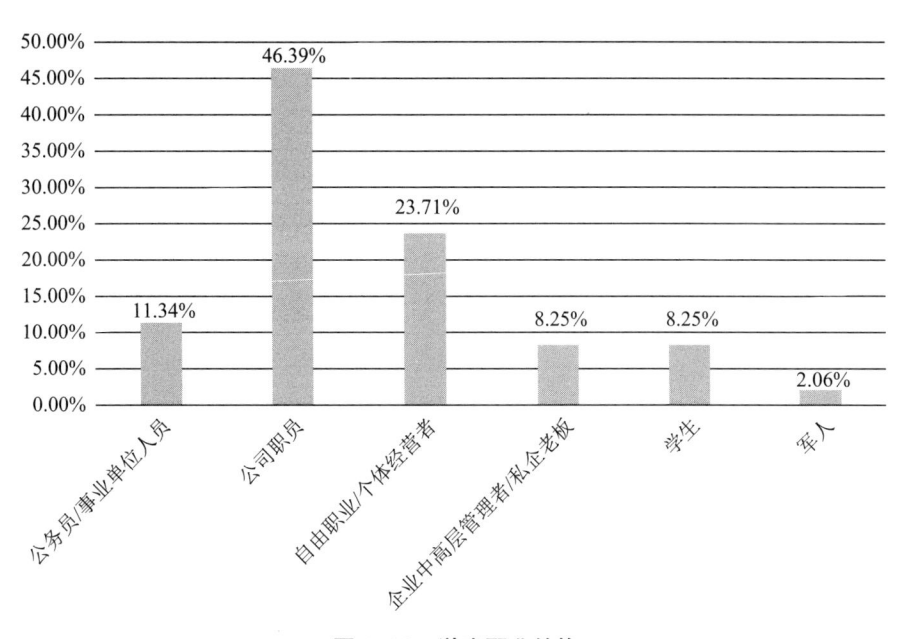

图 4-39　游客职业结构

从收入情况来看：游客群体中月收入在 4000 元及以下的占比最高，为 47.42%；月收入在 4001~6000 元的游客占比为 25.77%；月收入在 6001~8000 元的游客占比为 17.35%；月收入在 8001~10000 元的游客占比 4.12%；月收入在 10000 元以上的游客占比为 5.15%（见图 4-40）。

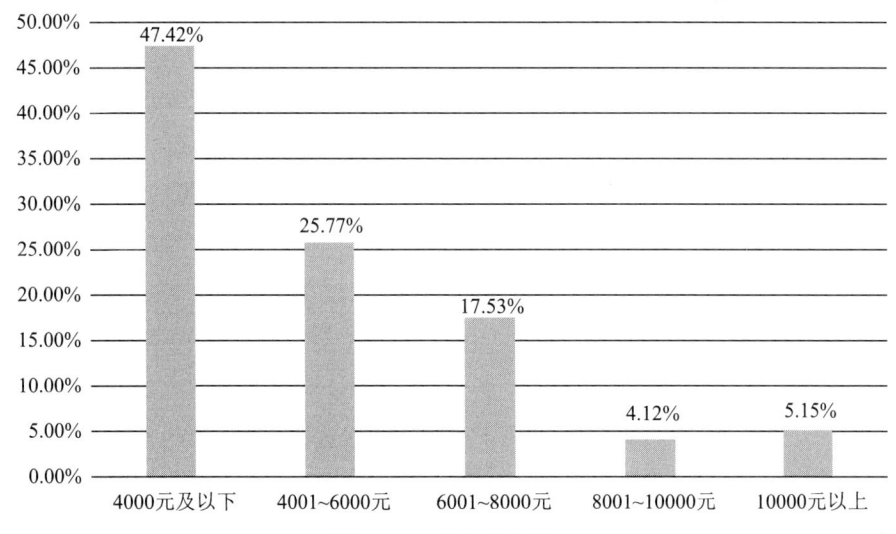

图 4-40　游客收入情况

从婚姻状况来看：游客群体中已婚无小孩的占比最高，为 42.42%；已婚有小孩游客占比为 41.41%；未婚游客占比为 16.16%（见图 4-41）。

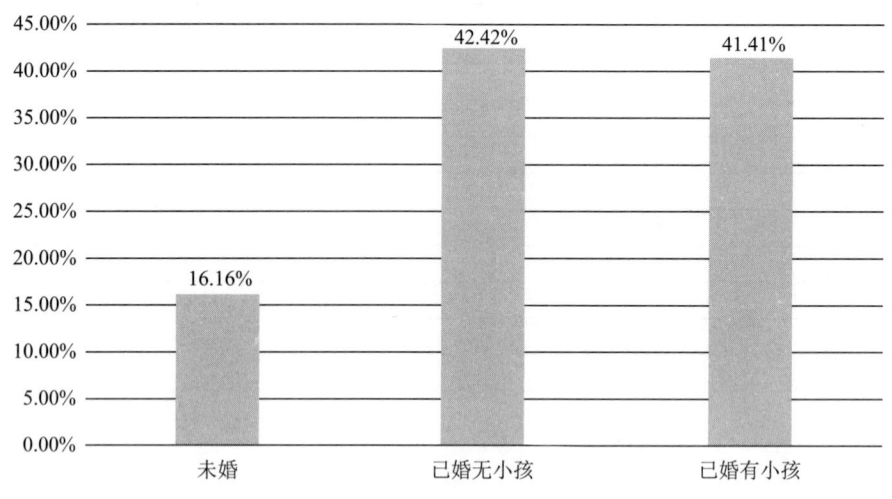

图 4-41　游客婚姻状况

7. 温泉旅游游客的感知价值与满意度

根据调查结果，在有关游客对温泉旅游地满意度问题的回答中，94.06% 的游客认为温泉旅游价格合理，90.01% 的游客对酒店服务感到非常满意，88.12% 的游客对温泉的综合配套设施非常满意，88.12% 的游客对温泉品质非常满意，95.05% 的游客对抵达温泉旅游地的交通便利性感到非常满意，94.06% 的游客表示会向亲朋好友推荐温泉旅游，98.02% 的游客愿意再次进行温泉旅游（见图 4-42）。

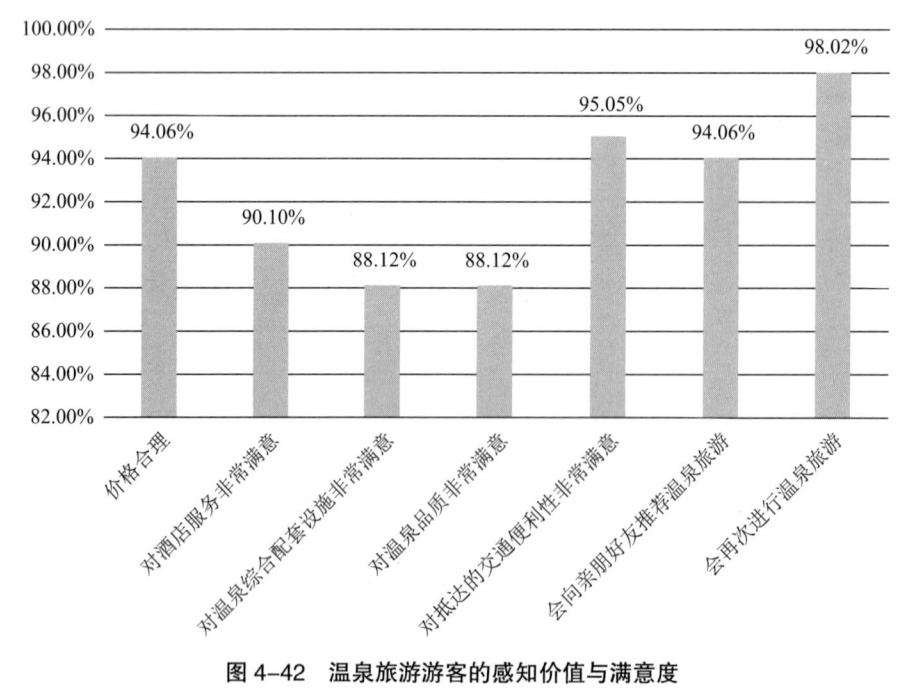

图 4-42　温泉旅游游客的感知价值与满意度

（三）温泉企业运营特征

1. 企业收入结构

华北地区温泉企业收入中，温泉收入占比72.44%，客房收入占比11.66%，餐饮收入占比12.36%，会议收入、其他收入（乐园、康养及其他消费项目）占比相同，均为1.77%。华北地区温泉企业温泉收入在五项收入中占比最高，其次分别为餐饮收入、客房收入、会议收入和其他收入（见图4-43）。

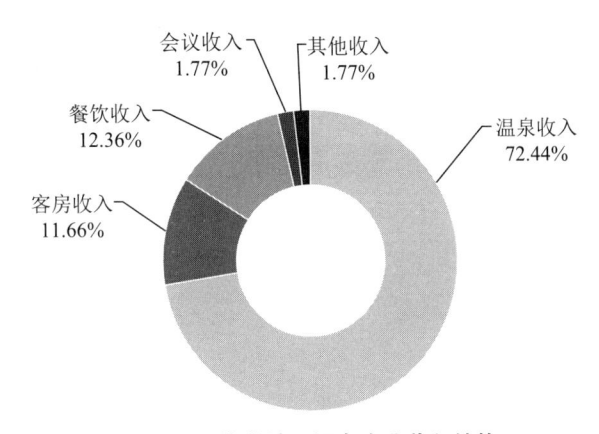

图 4-43　华北地区温泉企业收入结构

2. 过夜率

根据2024年中国温泉旅游重点企业调查问卷结果，2023年全年，华北地区温泉企业接待过夜游客共1431.43万人次。其中，北京的温泉企业接待过夜游客807.49万人次，过夜率为50.03%，占该地区温泉接待总过夜人数的56.41%；河北的温泉企业接待过夜游客310.96万人次，过夜率为40.39%，占该地区温泉接待总过夜人数的21.73%；内蒙古的温泉企业接待过夜游客88.61万人次，过夜率为34.53%，占该地区温泉接待总过夜人数的6.19%；山西的温泉企业接待过夜游客157.66万人次，过夜率为36.48%，占该地区温泉接待总过夜人数的11.01%；天津的温泉企业接待过夜游客66.72万人次，过夜率为34.07%，占该地区温泉接待总过夜人数的4.66%。北京的年接待过夜人数在华北地区排名第一（见表4-15）。

表 4-15　2023年华北地区温泉旅游过夜率

地区	接待过夜人数（万人次）	过夜率	地区占比
北京	807.49	50.03%	56.41%
河北	310.96	40.39%	21.72%
内蒙古	88.61	34.53%	6.19%

续表

地区	接待过夜人数（万人次）	过夜率	地区占比
山西	157.66	36.48%	11.01%
天津	66.72	34.07%	4.66%
总计	1431.43	43.80%	100.00%

3. 更衣柜指数

根据调查结果，2023年全年，华北地区的温泉企业更衣柜总数达49.95万个，更衣柜指数为5.45，更衣柜使用率为17.92%（见表4-16）。

表4-16　2023年华北地区温泉企业更衣柜使用情况

项目	月均接待人数（万人次）	更衣柜数（万个）	更衣柜指数	更衣柜使用率
数值	272.35	49.95	5.45	17.92%

（四）温泉企业人力资源状况

1. 温泉企业人力资源结构

根据2024年华北地区温泉旅游企业抽样调查结果，温泉企业从业人员总数平均为340人。按部门划分，温泉管理部员工占比最大，为45.16%；其次是工程部员工，占比16.13%；行政管理部门员工占比12.90%；安保部员工占比12.90%；客房部员工和餐饮部员工占比相同，为6.45%（见图4-44）。

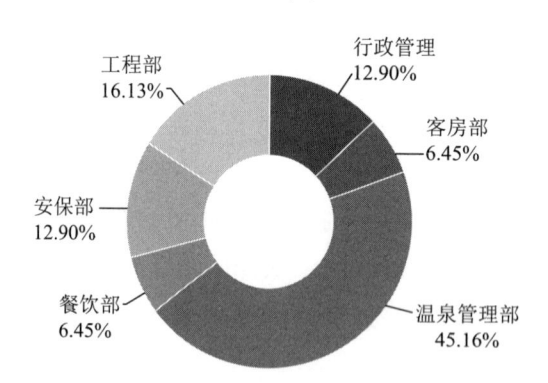

图4-44　华北地区温泉企业人员部门构成情况

按层级结构划分，基层员工占在职员工总数的88.89%，管理人员占在职员工总数的11.11%（见图4-45）。

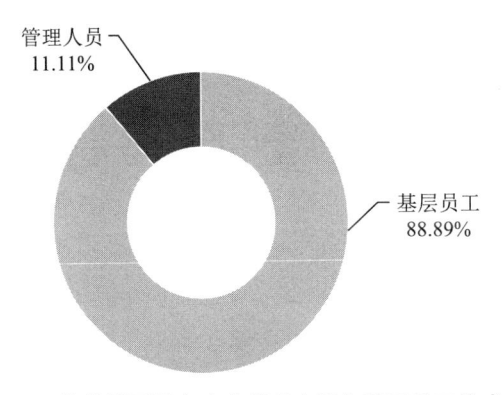

图 4-45　华北地区温泉企业管理人员与基层员工构成情况

调查结果显示，2024年华北地区温泉企业在职员工中，女性占比58.33%，男性占比41.67%（见图4-46）。

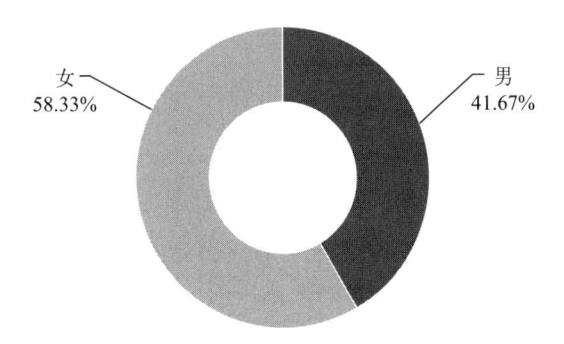

图 4-46　华北地区温泉企业员工性别比例

调查结果显示，2024年华北地区温泉企业在职员工年龄分布情况为：20~30岁的员工占比26.32%，31~40岁的员工占比52.63%，41~50岁的员工占比15.79%，50岁以上的员工占比5.26%（见图4-47）。

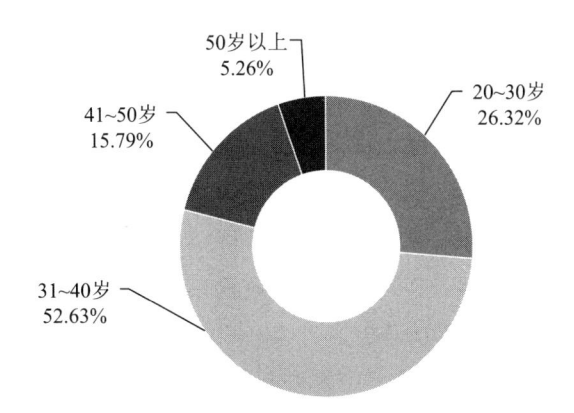

图 4-47　华北地区温泉企业员工年龄结构情况

2. 温泉企业人力资源情况

从员工薪酬情况来看：华北地区温泉企业中 40.00% 的员工工资在 2001~3000 元，35.00% 的员工工资在 3001~4000 元，20.00% 的员工工资在 4001~5000 元，5.00% 的员工工资在 5000 元以上（见图 4-48）。

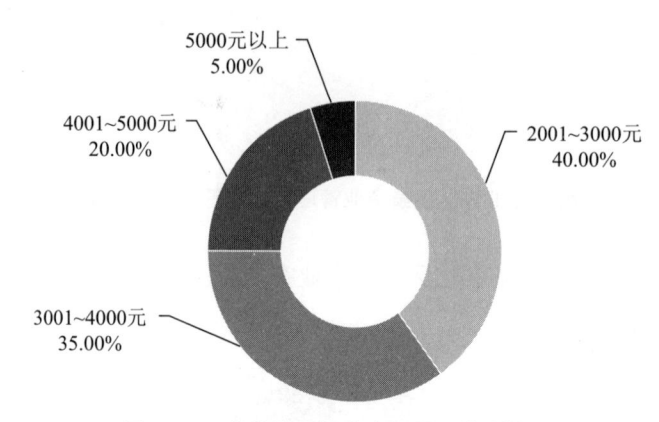

图 4-48　华北地区温泉企业员工薪酬情况

3. 温泉企业人力资源配置效率

调查结果显示，2024 年华北温泉企业客房部员工数与客房数的比值为 1∶10，表示华北地区的温泉企业平均每个员工服务 10 间客房，这一比值较 2021 年（1∶22.67）有所提高；总员工数与项目总建筑面积的比值为 1∶346.99，表示平均每个员工需要服务的建筑面积为 346.99 平方米，这一比值较 2021 年（1∶556.78）有所提高；温泉部员工数与温泉池数量的比值为 1∶4.14，表示平均每个员工需要服务 4.14 个温泉泡池，这一数值较 2021 年（1∶5.67）有所提高（见表 4-17）。

表 4-17　2024 年华北地区温泉企业人力资源配置情况

分类	客房部员工数/客房数	总员工数/项目总建筑面积	温泉部员工数/温泉池数量
比值	1∶10	1∶346.99	1∶4.14

4. 温泉企业员工满意度

调查结果显示，华北地区温泉企业员工总体满意度均值为 4.1，总体上比较满意。各分项满意度情况如下：薪资福利的满意度均值为 3.9，表示员工对此项的态度为一般；工作本身的满意度均值为 4.0，表示员工对此项的态度为满意；工作环境的满意度均值为 4.1，表示员工对此项的态度为满意；企业文化的满意度均值为 4.1，表示员工对此项的态度为满意；管理水平的满意度均值为 4.0，表示员工对此项的态度为满意；发展机会的满意度均值为 4.1，表示员工对此项的态度为满意。其中，员工对于薪资福利、工作本身、管理水平的满意度均值低于总体满意度均值（见图 4-49）。

图 4-49 华北地区温泉企业员工满意度情况

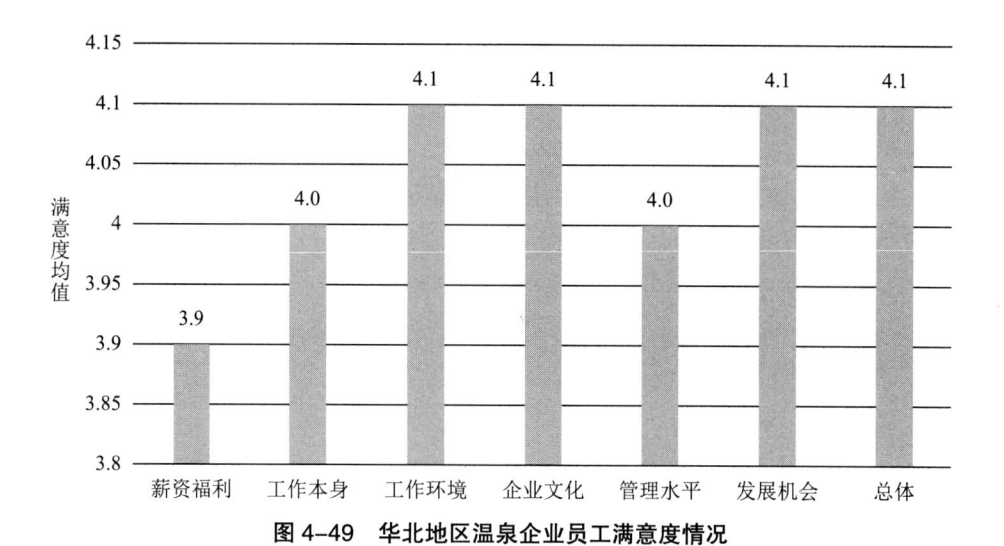

三、东北地区温泉旅游发展情况

（一）温泉旅游收入情况

1. 企业数量

据统计，2023 年东北地区共有温泉企业 274 家。其中，黑龙江有温泉企业 39 家，占地区总量比重为 14.23%，占全国总量比重为 0.75%；吉林有温泉企业 70 家，占地区总量比重为 25.55%，占全国总量比重为 1.35%；辽宁有温泉企业 165 家，占地区总量比重为 60.22%，占全国总量比重为 3.19%（见表 4-18）。

表 4-18　2023 年东北地区温泉企业数量情况

地区	温泉企业数量（家）	地区占比	全国占比
黑龙江	39	14.23%	0.75%
吉林	70	25.55%	1.35%
辽宁	165	60.22%	3.19%
总计	274	100.00%	5.30%

2. 温泉旅游接待情况

根据 2024 年中国温泉旅游重点企业调查问卷结果，2023 年全年，东北地区温泉企业接待总人数达 7527.14 万人次，占全国温泉企业接待总人数的 12.94%。其中，黑龙江的温泉企业接待游客总人数达 1071.38 万人次，占东北地区接待总人数的 14.23%，占全国接待总人数的 1.84%；吉林的温泉企业接待游客总人数达 1922.99 万人次，占东北地区接待总人数的 25.55%，占全国接待总人数的 3.31%；辽宁的温泉企业接待游客总人数达 4532.76 万人次，占东北地区接待总人数的 60.22%，占全国接待总人数的 7.79%（见表 4-19）。

表 4-19　2023 年东北地区温泉旅游接待情况

地区	接待总人数（万人）	地区占比	全国占比
黑龙江	1071.38	14.23%	1.84%
吉林	1922.99	25.55%	3.31%

续表

地区	接待总人数（万人）	地区占比	全国占比
辽宁	4532.76	60.22%	7.79%
总计	7527.14	100.00%	12.94%

根据调查结果，2023年全年，东北地区温泉企业接待通过旅行社预订温泉产品的游客有301.09万人次，占该地区全年接待总人数的4.00%；接待协议客户1129.07万人次，占该地区全年接待总人数的15.00%；接待通过本企业网站预订的游客有752.71万人次，占该地区全年接待总人数的10.00%；接待现场购票的游客451.63万人次，占该地区全年接待总人数的6.00%；接待通过OTA（如携程网等）渠道预订的游客4666.82万人次，占该地区全年接待总人数的62.00%；通过其他渠道预订的游客有225.81万人次，占该地区全年接待总人数的3.00%（见表4-20）。

表4-20 2023年东北地区温泉旅游游客预订渠道情况

预订渠道	旅行社	协议客户	企业网站预订	现场购买	OTA	其他渠道	总计
人数（万人次）	301.09	1129.07	752.71	451.63	4666.82	225.81	7527.13
占比	4.00%	15.00%	10.00%	6.00%	62.00%	3.00%	100%

3. 温泉旅游收入情况

根据调查结果，2023年全年，东北地区温泉企业接待总收入达92.77亿元，占全国温泉企业接待总收入的5.13%。其中，黑龙江的温泉企业接待收入达13.16亿元，占该地区温泉接待总收入的14.19%，占全国温泉接待总收入的0.73%；吉林的温泉企业接待收入达25.14亿元，占该地区温泉接待总收入的27.10%，占全国温泉接待总收入的1.39%；辽宁的温泉企业接待收入达54.47亿元，占该地区温泉接待总收入的58.71%，占全国温泉接待总收入的3.01%。辽宁的年温泉旅游接待收入在东北地区排名第一（见表4-21）。

表4-21 2023年东北地区温泉旅游接待收入情况

地区	接待总收入（亿元）	地区占比	全国占比
黑龙江	13.16	14.19%	0.73%
吉林	25.14	27.10%	1.39%
辽宁	54.47	58.71%	3.01%
总计	92.77	100.00%	5.13%

4. 温泉旅游价格情况

在温泉门票价格方面，东北地区平均温泉票价为120.92元。其中，黑龙江平均温泉票价为101.73元，低出东北地区平均票价19.19元；吉林平均温泉票价为143.33元，高出东北地区平均票价22.41元；辽宁平均温泉票价为117.71元，低出东北地区平均票价3.21元。

在客房价格方面，东北地区平均房价479.84元。其中，黑龙江平均房价为284.76元，低出东北地区平均房价195.08元；吉林平均房价为590.26元，高出东北地区平均房价110.42元；辽宁平均房价为479.11元，低出东北地区平均房价0.73元（见表4-22）。

表4-22　2023年东北地区温泉旅游价格情况

地区	平均温泉票价（元）	平均房价（元）
黑龙江	101.73	284.76
吉林	143.33	590.26
辽宁	117.71	479.11
总计	120.93	479.84

（二）温泉旅游者特征

1. 温泉泡浴特征

调查结果显示：东北地区温泉游客中每年泡浴温泉1~3次的游客群体占比为19.15%；每年泡浴4~6次的温泉游客比例为13.83%，占比最低；每年7~9次的游客达到了15.96%；每年泡浴10次及以上的游客占比最高，达到26.60%；不确定年频次的温泉游客占比24.47%（见图4-50）。

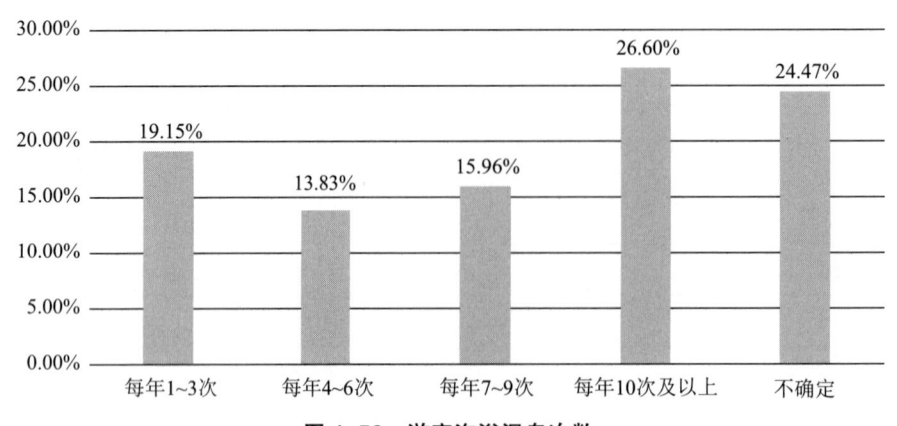

图4-50　游客泡浴温泉次数

调查结果显示：东北地区温泉游客中每年 12 月～次年 2 月泡浴温泉的游客占比为 20.59%；每年 3~5 月泡浴的游客群体占比最低，为 5.88%；每年 6~8 月泡浴温泉的游客占比为 15.69%；每年 9~11 月泡浴温泉的游客占比为 14.71%；不确定泡浴温泉时段的游客占比最高，为 43.14%（见图 4-51）。

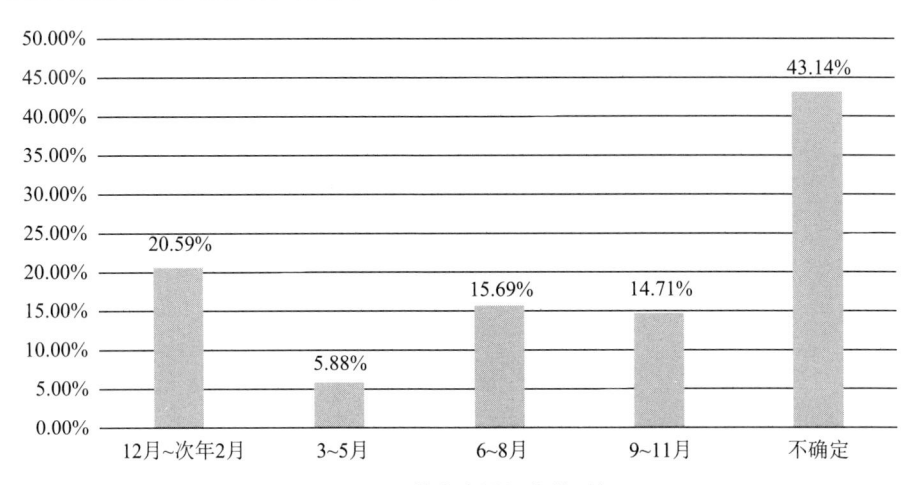

图 4-51　游客泡浴温泉的时间

2. 信息获取特征

调查结果显示：东北地区的温泉游客中通过大众点评/美团/携程等平台获取信息的游客占比最高，为 26.70%；其次，通过短视频平台获取信息的游客占比为 22.73%；通过亲朋好友介绍的游客占比为 20.45%；通过公众号推送获取信息的游客占比为 12.50%；通过小红书等 App、旅行社咨询、户外广告获得信息的游客占比分别为 7.95%、5.11% 和 2.84%；通过其他方式获取信息的游客占比较低，为 1.70%（见图 4-52）。

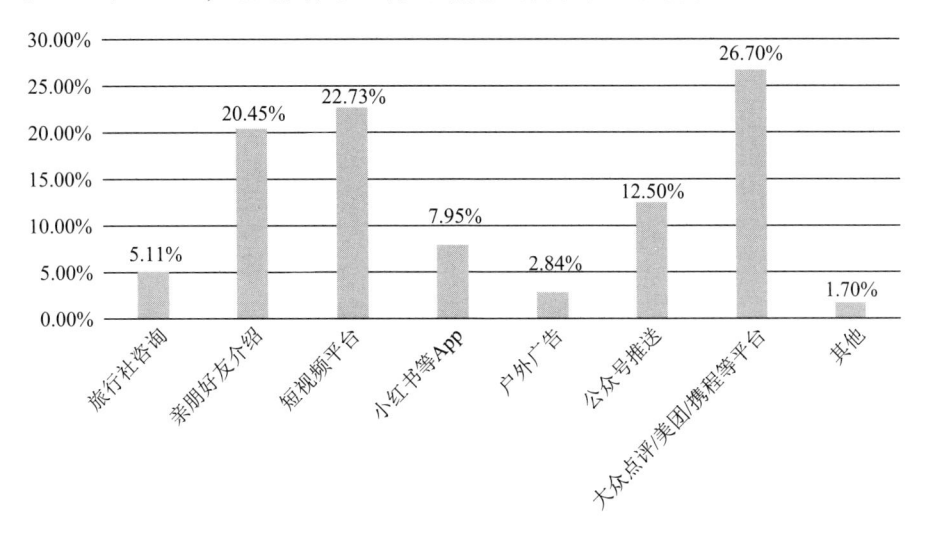

图 4-52　游客获取信息渠道

调查结果显示：通过温泉酒店官网预订的游客占比最高，比例为40.00%；其次是通过第三方网络系统预订温泉旅游的游客，占比为28.80%；选择现场购票的游客占比12.00%；通过亲友关系、旅行社购买温泉旅游产品的游客占比分别为11.20%和4.80%；通过其他渠道购买温泉产品的游客占比为3.20%（见图4-53）。

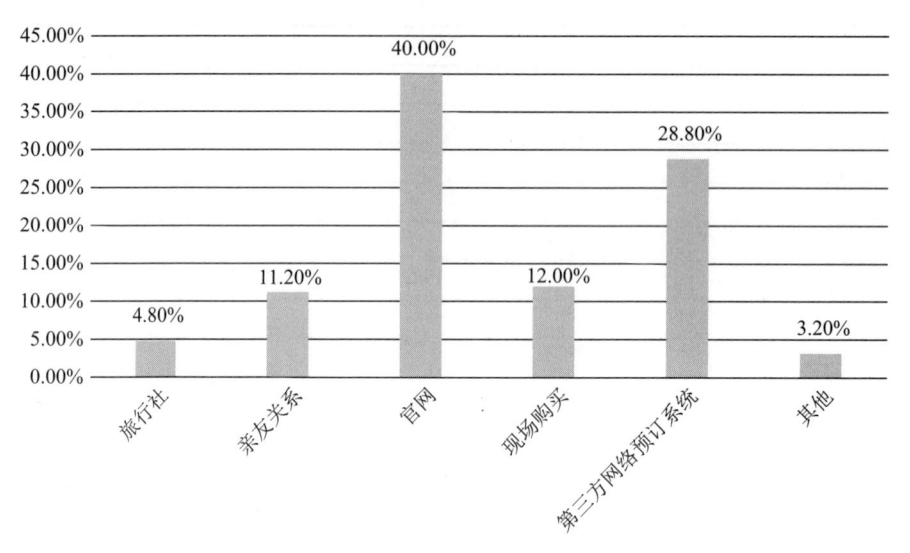

图 4-53 游客购买温泉产品渠道

3. 游客出行特征

调查结果显示：游客通过自驾车到达温泉旅游地的占比最高，为63.46%；其次是通过公交/地铁到达温泉旅游地，占比为22.12%；游客通过团队包车/大巴、火车/高铁到达温泉旅游地的占比相同，为4.81%；通过自行车到达温泉旅游地的游客占比为3.85%；选择乘坐飞机到达的游客占比最低，为0.96%（见图4-54）。

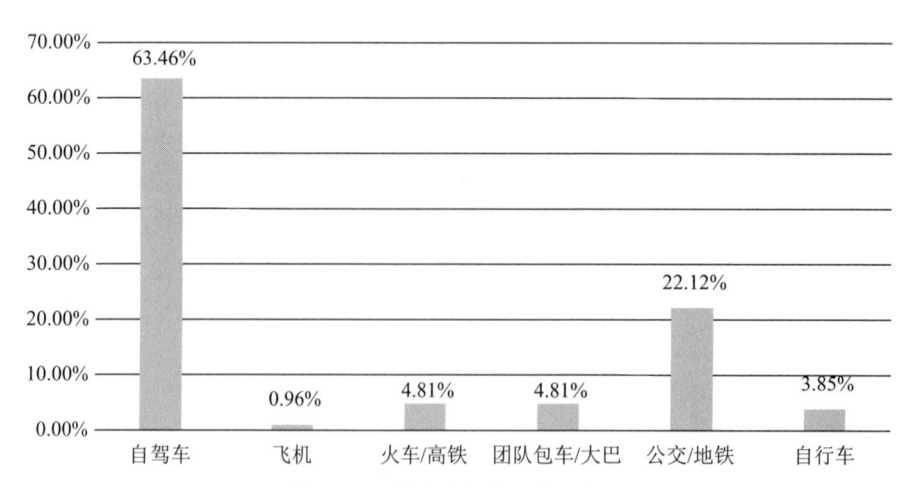

图 4-54 游客出行主要交通方式

调查结果显示：游客与家人同行的占比最高，为30.77%；其次是与好友同行的游客，占比为29.91%；公司同事同行的游客占比为11.97%；情侣同行、独自出行的占比相当，为11.11%；与商务合作方同行的游客占比5.13%（见图4-55）。

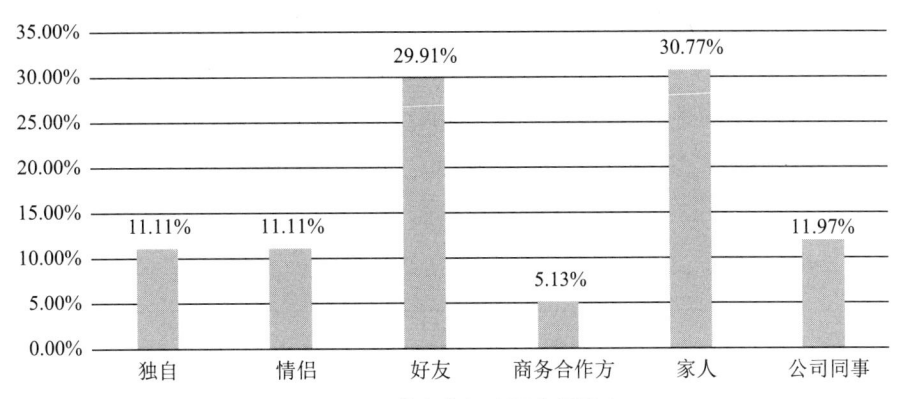

图 4-55　游客出行陪同人员情况

4. 产品偏好特征

调查结果显示：游客认为温泉项目必备的配套设施中，温泉泡池占比最高，比例为15.21%；其次为自助餐厅，比例为8.05%；儿童游乐场占比为7.69%；水上乐园占比为7.51%；电影院占比为6.26%；中餐厅和健身房占比相同，为5.72%；棋牌室、SPA水疗、按摩室、理疗室、KTV占比差距较小，分别为5.55%、5.37%、4.83%、4.65%和4.29%；会议室占比为3.58%；西餐厅占比为3.40%；游戏厅占比为3.22%；购物商店、书店、酒吧、体检中心和户外球场等项目所占比例较低（见图4-56）。

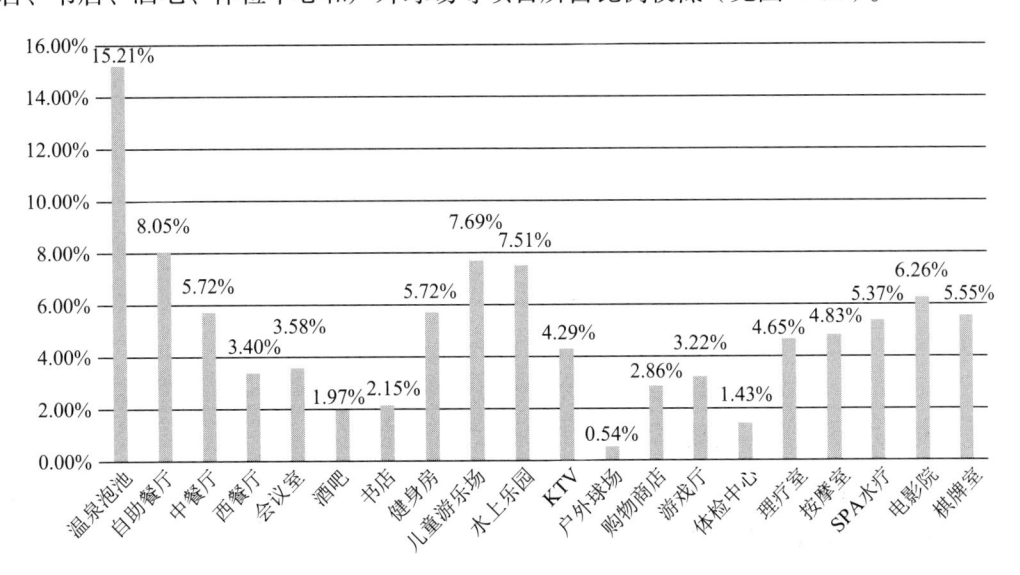

图 4-56　温泉项目必备配套设施情况

调查结果显示：游客最喜欢体验的温泉产品中，自然环境中的温泉占比最高，比例为 16.00%；其次是温泉泳池，占比为 12.89%；特色加料池（中药/花瓣/茶/酒/牛奶等）占比较高，为 12.67%；水疗池（冲击、泡泡、漩涡等）占比为 11.33%；私密温泉（室内）、温泉SPA、温泉石板浴、温泉美食（温泉蛋、温泉粥等）占比较为接近，分别为 6.67%、6.00%、5.78% 和 5.33%；温泉鱼疗池占比为 4.67%；温泉泥矿、温泉砂浴占比为 4.22%；温泉水乐园占比为 4.44%；死海漂浮、温泉理疗项目、温泉博物馆、裸汤（男女分开）项目所占比例相对较低，分别为 3.78%、2.67%、2.22% 和 1.11%（见图 4-57）。

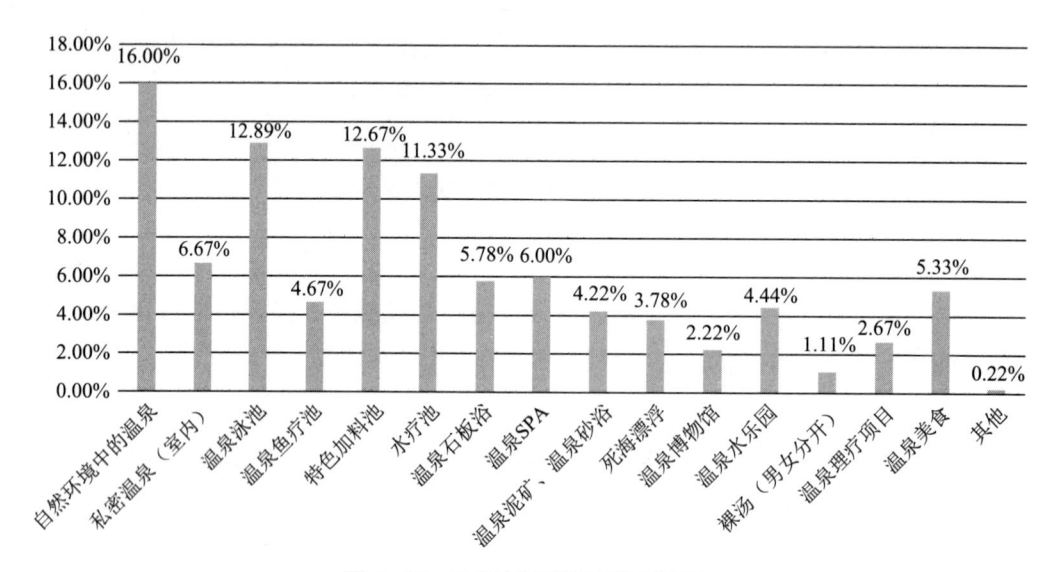

图 4-57　温泉产品的游客偏好情况

根据 2024 年中国温泉旅游消费者抽样调查问卷结果，在有关游客在温泉项目地停留时间问题的回答中，选择停留 1 天的游客占首位，比例达到 62.79%；选择停留 2 天的游客占次位，比例为 20.93%；再者为选择停留 3 天的游客，比例为 11.63%；选择停留 4~7 天以及 7 天以上的游客占比最小，同为 2.33%。可见，在东北地区温泉旅游目的地中，选择一日游的游客占比明显较高，大部分温泉游客的停留时间较短，总体趋势为停留时间越长，游客占比越低（见图 4-58）。

在有关游客在温泉项目地消费情况问题的回答中：游客选择门票消费的占比最高，比例为 35.74%；其次为餐饮消费，占比 25.72%；住宿消费占比 21.14%；交通消费占比 6.46%；周边农家乐消费占比 3.06%；娱乐项目消费占比 2.83%；纪念品消费占比最低，为 1.47%；其他项目消费占比为 3.58%（见图 4-59）。

图 4-58　游客停留时长

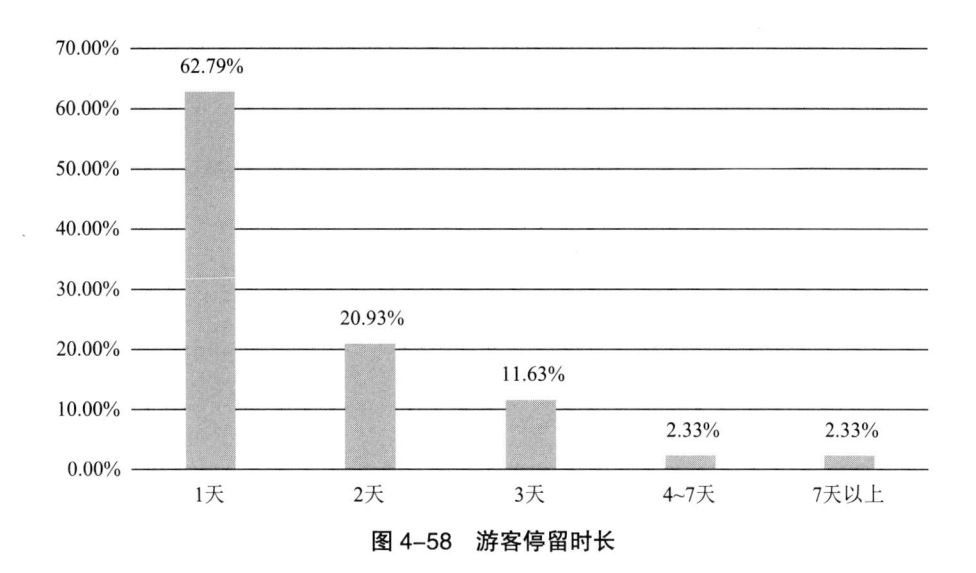

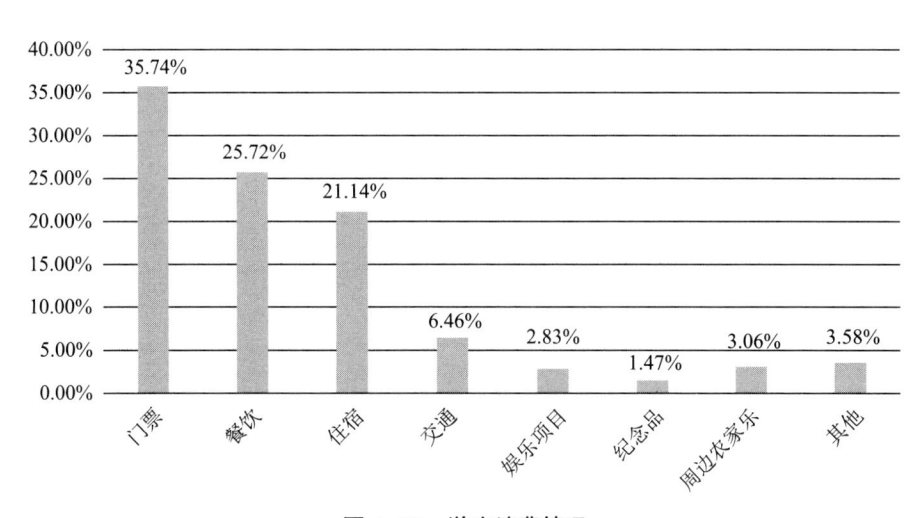

图 4-59　游客消费情况

5. 游客感知情况

根据 2024 年中国温泉旅游消费者抽样调查问卷结果，在有关游客对温泉旅游地体验感重要性问题的回答中，78.95% 的游客认为温泉旅游地应该要促进健康，83.16% 的游客认为温泉旅游地应该能够放松身心，80.65% 的游客认为温泉旅游地需要安全和较高的私密性，62.37% 的游客认为温泉目的地有度假氛围很重要，72.34% 的游客认为温泉旅游地具备豪华与尊贵的风格很重要，82.61% 的游客认为温泉旅游地应该能够缓解病痛，74.47% 的游客认为温泉旅游地需要有丰富的娱乐活动，73.12% 的游客认为温泉本身及周边历史文化很重要，86.02% 的游客认为温泉旅游地应该让游客更亲近自然（见表 4-23）。

表 4-23　温泉旅游地功能游客评价情况

评价指标	重要	一般	不重要
促进健康	78.95%	17.89%	3.16%
放松身心	83.16%	14.74%	2.11%
安全性和私密性	80.65%	13.98%	5.38%
度假氛围	62.37%	26.88%	10.75%
豪华与尊贵	72.34%	18.09%	9.57%
病痛的缓解	82.61%	14.13%	3.26%
娱乐活动丰富	74.47%	21.28%	4.26%
温泉本身及历史文化	73.12%	21.51%	5.38%
亲近自然	86.02%	11.83%	2.15%

6. 群体特征

根据调查结果，温泉旅游游客群体从性别结构来看，男性占比为 33.80%，女性占比为 66.20%（见图 4-60）。

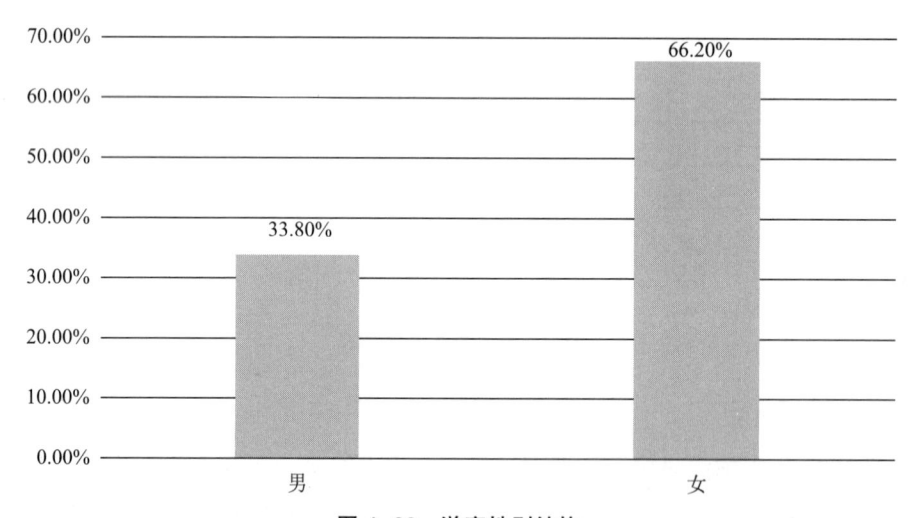

图 4-60　游客性别结构

从年龄结构来看：温泉旅游游客以 29~38 岁占比最高，比例为 29.79%；19~28 岁的温泉游客占比排在第二位，比例为 23.40%；39~48 岁的游客占比为 22.34%；49~58 岁的温泉游客占比为 18.09%；59 岁及以上的游客占比最低，比例为 6.38%（见图 4-61）。

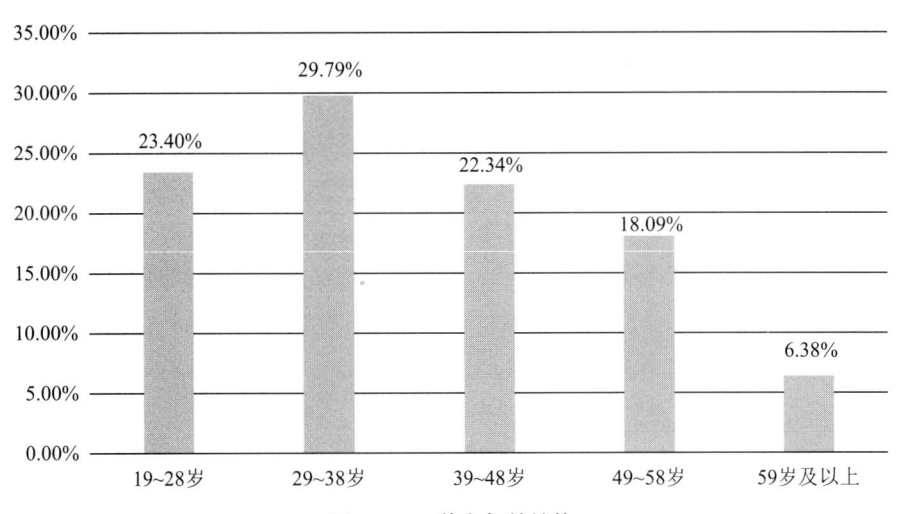

图 4-61　游客年龄结构

从受教育程度来看，大专/本科学历的游客占比最高，比例为51.65%，高中/中专及以下学历的游客占比为42.86%，硕士及以上学历的游客占比最低，比例为5.49%（见图4-62）。

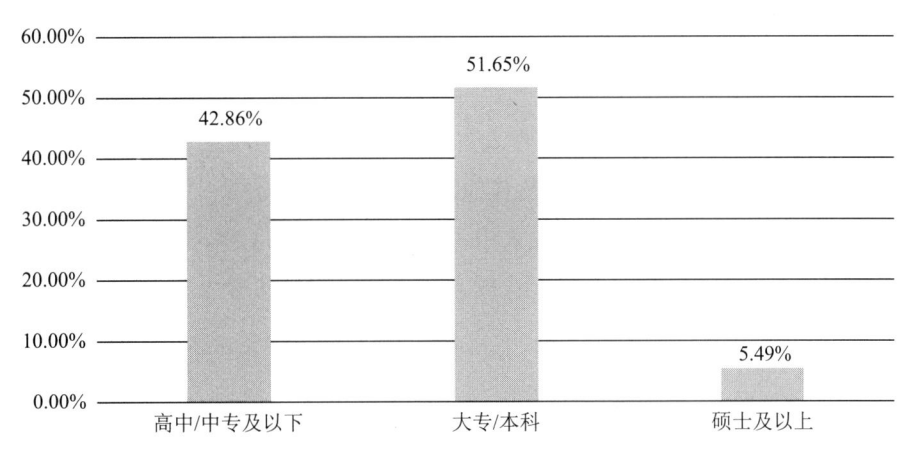

图 4-62　游客受教育程度

7. 温泉旅游游客的感知价值和满意度

根据调查结果，在有关游客对温泉旅游地满意度问题的回答中，73.91%的游客认为温泉旅游价格合理，95.65%的游客对酒店服务非常满意，78.02%的游客对温泉的综合配套设施非常满意，78.02%的温泉游客对温泉品质非常满意，81.32%的游客对抵达温泉旅游地的交通便利性非常满意，92.47%的温泉游客表示会向亲朋好友推荐温泉旅游，90.22%的游客表示愿意再次进行温泉旅游（见图4-63）。

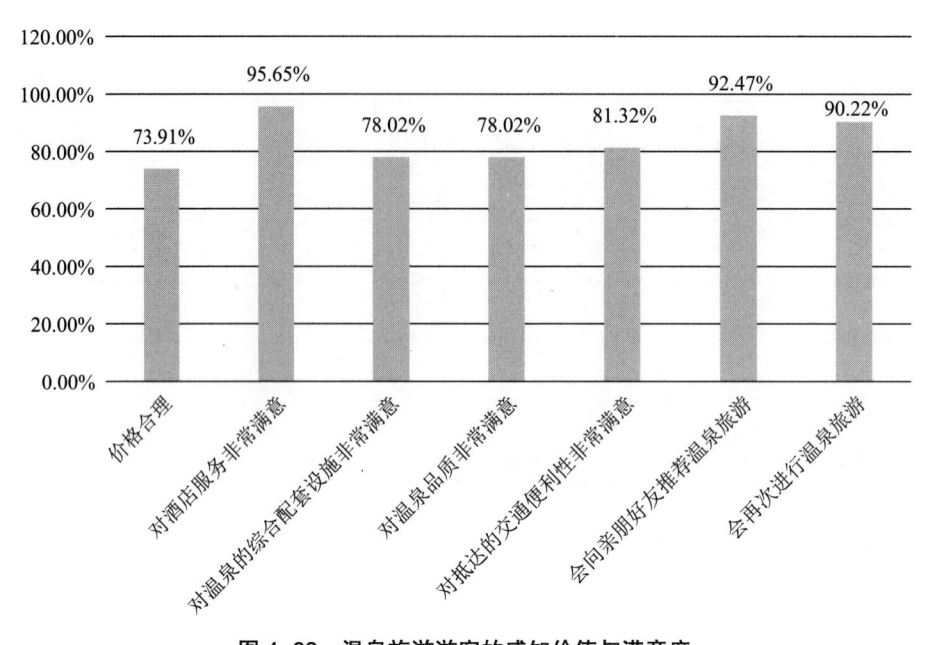

图 4-63 温泉旅游游客的感知价值与满意度

（三）温泉企业运营特征

1. 企业收入结构

东北地区温泉企业收入中，温泉收入占比 32.29%，客房收入占比 45.10%，餐饮收入占比 21.15%，其他（乐园、康养及其他消费项目）收入占比 1.46%。由统计可知，东北地区温泉企业的客房收入在总收入中占比最高，其次是温泉收入、餐饮收入。温泉收入和客房收入两项所占比例接近八成，其他（乐园、康养及其他消费项目）收入占比较低（见图 4-64）。

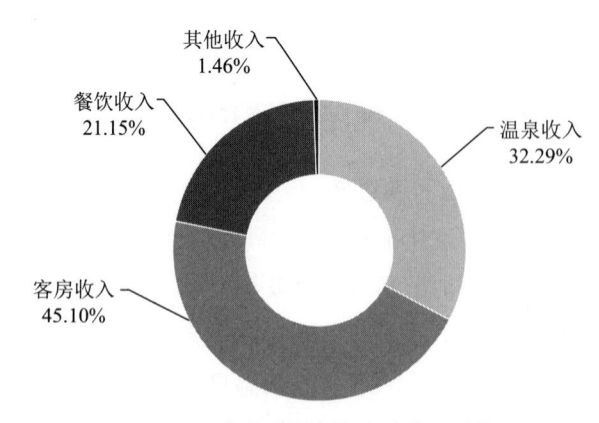

图 4-64 东北地区温泉企业收入结构

2. 过夜率

根据调查结果，2023年全年，东北地区的温泉企业接待过夜游客人数共968.69万人次。其中，黑龙江的温泉企业接待过夜游客89.37万人次，过夜率为8.34%，占该地区温泉接待总过夜人数的9.23%；吉林的温泉企业接待过夜游客197.75万人次，过夜率为10.28%，占该地区温泉接待总过夜人数的20.41%；辽宁的温泉企业接待过夜游客681.57万人次，过夜率为15.04%，占该地区温泉接待总过夜人数的70.36%。辽宁的年接待温泉旅游过夜人数在东北地区排名第一（见表4-24）。

表4-24 2023年东北地区温泉旅游过夜率统计

地区	接待过夜人数（万人次）	过夜率	地区占比
黑龙江	89.37	8.34%	9.23%
吉林	197.75	10.28%	20.41%
辽宁	681.57	15.04%	70.36%
总计	968.69	12.87%	100.00%

3. 更衣柜指数

根据调查结果，2023年全年，东北地区的温泉企业更衣柜总数达23.95万个，更衣柜指数为26.19，更衣柜使用率为86.11%（见表4-25）。

表4-25 2023年东北地区温泉企业更衣柜使用情况

项目	月均接待人数（万人次）	更衣柜数（万个）	更衣柜指数	更衣柜使用率
数值	627.26	23.95	26.19	86.11%

（四）温泉企业人力资源情况

1. 温泉企业人力资源结构

根据调查结果，东北地区温泉企业从业人员总数平均为175人。按部门划分，温泉管理部占比22.29%，餐饮部占比20.57%，后勤部占比16.00%，工程部占比10.29%，安保部占比9.71%，康体部占比8.00%，行政管理人员与客房部人员占比相当，为5.14%，其他部门占比2.86%（见图4-65）。

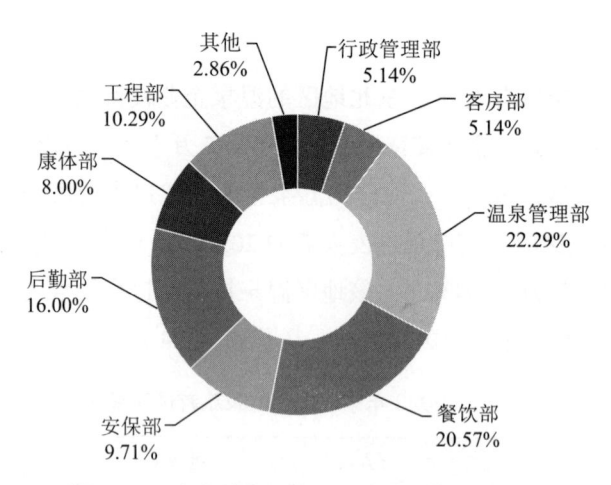

图 4-65　东北地区温泉企业人员部门构成情况

调查结果显示，2024 年东北地区温泉企业在职员工按层级结构划分，基层员工占在职员工总数的 94.80%，管理人员占在职员工总数的 5.20%（见图 4-66）。

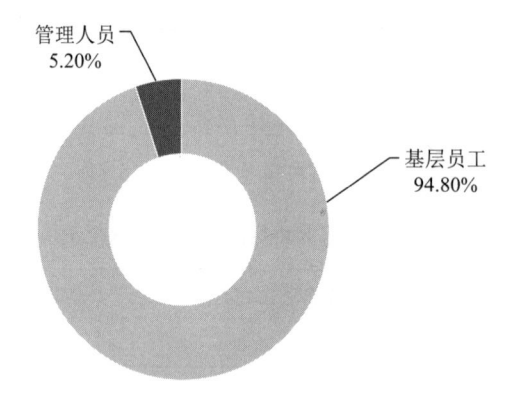

图 4-66　东北地区温泉企业管理人员与基层员工构成情况

调查结果显示，2024 年东北地区温泉企业在职员工中，女性占比 55.49%，男性占比 44.51%（见图 4-67）。

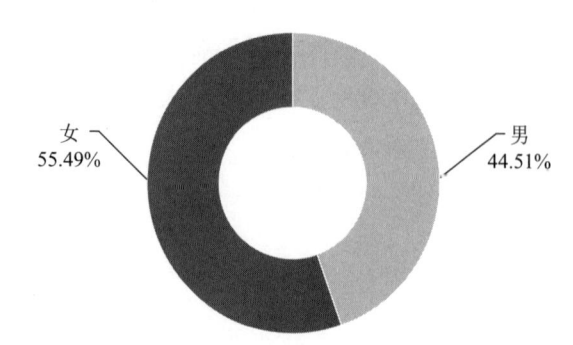

图 4-67　东北地区温泉企业员工性别比例

调查结果显示，2024年东北地区温泉企业在职员工年龄分布情况为：20~30岁的员工占比21.95%；31~40岁的员工占比34.15%，比重最大；41~50岁的员工占比31.71%；50岁以上的员工占比12.20%（见图4-68）。

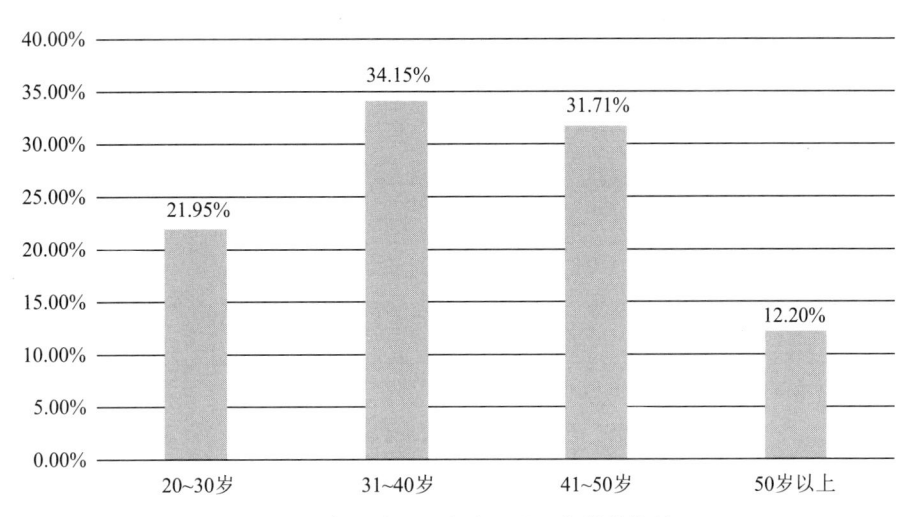

图4-68　东北地区温泉企业员工年龄结构情况

2. 温泉企业人力资源配置效率

调查结果显示：2024年东北温泉企业客房部员工数与客房数的比值为1∶10.78，表示东北地区的温泉企业平均每个员工服务10.78间客房；总员工数与项目总建筑面积的比值为1∶202.31，表示平均每个员工需要服务的建筑面积为202.31平方米；温泉部员工数与温泉泡池数量的比值为1∶2.49，表示平均每个员工需要服务2.49个温泉泡池（见表4-26）。

表4-26　2024年华北地区温泉企业人力资源配置情况

分类	客房部员工数/客房数	总员工数/项目总建筑面积	温泉部员工数/温泉池数量
比值	1∶10.78	1∶202.31	1∶2.49

3. 温泉企业员工满意度

调查结果显示，2024年东北地区温泉企业员工总体满意度均值为4.5，总体上比较满意。各分项满意度情况如下：薪资福利的满意度均值为4.1，为各项中的最低值，表示员工对此项的态度为不太满意；工作本身的满意度均值为4.4，表示员工对此项的态度较为满意；工作环境的满意度均值为4.4，表示员工对此项的态度较为满意；企业文化的满意度均值为4.4，表示员工对此项的态度较为满意；管理水平的满意度均值为4.3，表示员工对此项的态度较为满意；发展机会的满意度均值为4.35，表示员工对此项的态度较为满意。员工对于薪资福利、工作本身、工作环境、企业文化、管理水平和发展机会的满意度均值低于总体均值（见图4-69）。

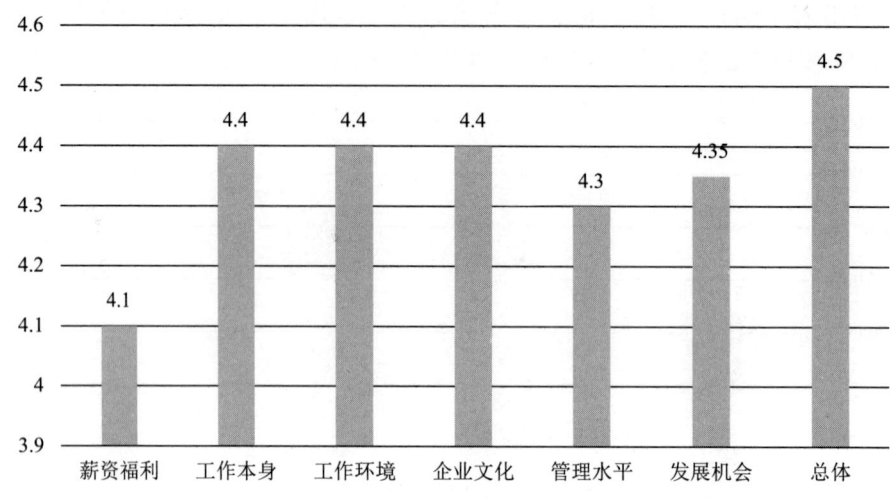

图4-69　东北地区温泉企业员工满意度情况

四、西北地区温泉旅游发展情况

（一）温泉旅游发展总体情况

1. 企业数量

据统计，2023年西北地区共有温泉企业186家，以温泉酒店为主要类型。其中，甘肃有温泉企业27家，占地区总量比重为14.52%，占全国总量比重为0.52%；宁夏有温泉企业7家，占地区总量比重为3.76%，占全国总量比重为0.14%；青海有温泉企业10家，占地区总量比重为5.38%，占全国总量比重为0.19%；陕西有温泉企业109家，占地区总量比重为58.60%，占全国总量比重为2.10%；新疆有温泉企业33家，占地区总量比重为17.74%，占全国总量比重为0.64%（见表4-27）。

表4-27　2023年西北地区温泉企业数量

地区	温泉企业数量（家）	地区占比	全国占比
甘肃	27	14.52%	0.52%
宁夏	7	3.76%	0.14%
青海	10	5.38%	0.19%
陕西	109	58.60%	2.10%
新疆	33	17.74%	0.64%
总计	186	100.00%	3.60%

2. 温泉旅游接待情况

根据2024年中国温泉旅游重点企业调查问卷结果，2023年全年，西北地区温泉企业接待总人数达1261.14万人次，占全国温泉企业接待总人数的2.17%。其中，甘肃的温泉企业接待游客总人数达183.07万人次，占西北地区总接待人数的14.52%，占全国接待总人数的0.31%；宁夏的温泉企业接待游客总人数达47.46万人次，占西北地区接待总人数的3.76%，占全国接待总人数的0.08%；青海的温泉企业接待游客总人数达67.80万人次，占西北地区接待总人数的5.38%，占全国接待总人数的0.12%；陕西的温泉企业接待游客总人数达739.06万人次，占西北地区接待总人数的58.60%，占全国接待总人数的1.27%；新疆的温泉企业接待游客总人数达223.75万人次，占西北地区接待总人数的 17.74%，占全国接待总人数的 0.38%。陕西、新疆、甘肃三个省（区）全年接待人数在整个西北地区排名前三（见表 4-28）。

表 4-28 2023 年西北地区温泉旅游接待情况

地区	接待总人数（万人次）	地区占比	全国占比
甘肃	183.07	14.52%	0.31%
宁夏	47.46	3.76%	0.08%
青海	67.80	5.38%	0.12%
陕西	739.06	58.60%	1.27%
新疆	223.75	17.74%	0.38%
总计	1261.14	100.00%	2.17%

根据调查结果：2023 年全年，西北地区的温泉企业接待旅行社游客 353.12 万人次，占该地区全年总接待人数的 28.00%；接待协议客户 227.01 万人次，占该地区全年总接待人数的 18.00%；接待本企业网站预订的游客 315.29 万人，占该地区全年总接待人数的 25.00%；接待现场购买的游客 138.73 万人次，占该地区全年总接待人数的 11.00%；接待 OTA（如携程网等）游客 126.11 万人次，占该地区全年总接待人数的 10.00%；接待其他渠道的游客 100.89 万人次，占该地区全年总接待人数的 8.00%（见表 4-29）。

表 4-29 2023 年西北地区温泉旅游游客类型情况

类型	旅行社	协议客户	本企业网站预订	现场购买	OTA	其他渠道
人数（万人次）	353.12	227.01	315.29	138.73	126.11	100.89
占比	28.00%	18.00%	25.00%	11.00%	10.00%	8.00%

根据调查结果，2023 年全年，西北地区的温泉企业总接待收入达 22.22 亿元，占全国温泉企业总接待收入的 1.23%。其中，甘肃的温泉企业接待收入为 2.99 亿元，占该地区温泉总接待收入的 13.46%，占全国温泉总接待收入的 0.17%；宁夏的温泉企业接待收入为 0.88 亿元，占该地区温泉总接待收入的 3.95%，占全国温泉总接待收入的 0.05%；青海的温泉企业接待收入为 1.14 亿元，占该地区温泉总接待收入的 5.11%，占全国温泉总接待收入的 0.06%；陕西的温泉企业接待收入达 13.66 亿元，占该地区温泉总接待收入的 61.49%，占全国温泉总接待收入的 0.76%；新疆的温泉企业接待收入为 3.55 亿元，占该地区温泉总接待收入的 15.99%，占全国温泉总接待收入的 0.20%。陕西、新疆、甘肃三省区的年温泉接待收入在西北地区排名前三（见表 4-30）。

表 4-30 2023 年西北地区温泉旅游接待收入情况

地区	接待总收入（亿元）	地区占比	全国占比
甘肃	2.99	13.46%	0.17%
宁夏	0.88	3.95%	0.05%
青海	1.14	5.11%	0.06%
陕西	13.66	61.49%	0.76%
新疆	3.55	15.99%	0.20%
总计	22.22	100.00%	1.23%

3. 温泉旅游价格情况

在温泉门票价格方面，西北地区平均温泉票价为 130.52 元，较全国平均温泉票价高 39.52 元。其中，甘肃平均温泉票价为 124.40 元，低出西北地区平均票价 6.12 元；宁夏平均温泉票价为 124.80 元，低出西北地区平均票价 5.72 元；青海平均温泉票价为 134.40 元，高出西北地区平均票价 3.88 元；陕西平均温泉票价为 162.20 元，高出西北地区平均票价 31.68 元；新疆平均温泉票价为 106.80 元，低出西北地区平均票价 23.72 元。

在客房价格方面，西北地区平均房价为 669.19 元，比全国平均房价高 64.88 元。其中，甘肃平均房价为 233.61 元，低出西北地区平均房价 435.57 元；宁夏平均房价为 478.75 元，低出西北地区平均房价 190.44 元；青海平均房价为 364.55 元，低出西北地区平均房价 304.64 元；陕西平均房价为 718.89 元，高出西北地区平均房价 49.71 元；新疆平均房价为 992.39 元，高出西北地区平均房价 323.20 元（见表 4-31）。

表 4-31 2023 年西北地区温泉旅游价格情况

地区	平均温泉票价（元）	平均房价（元）
甘肃	124.40	233.61
宁夏	124.80	478.75
青海	134.40	364.55
陕西	162.20	718.89
新疆	106.80	992.39
总计	130.52	669.19

（二）温泉旅游者特征

1. 温泉泡浴特征

根据 2024 年中国温泉旅游消费者抽样调查问卷结果，西北地区温泉游客中不确定年频次的游客群体占比为 16.24%，每年泡浴 1~3 次的游客比例为 26.90%，每年 4~6 次的温泉游客占比为 15.23%，每年泡浴温泉 7~9 次的温泉游客占比为 20.81%，每年泡浴 10 次及以上的游客比例为 20.81%（见图 4-70）。

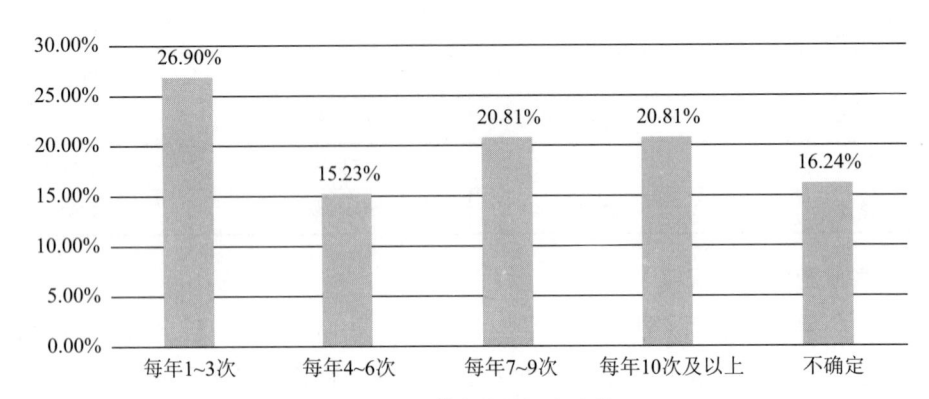

图 4-70 游客泡浴温泉次数

调查结果显示：西北地区温泉游客中每年 6~8 月泡浴的游客占比最高，为 29.25%；每年 3~5 月和 12 月~次年 2 月泡浴的游客群体分别占被调查总数的 25.30% 和 17.00%；9~11 月泡浴的游客占比为 12.65%；而不确定时段的温泉游客占比为 15.81%（见图 4-71）。

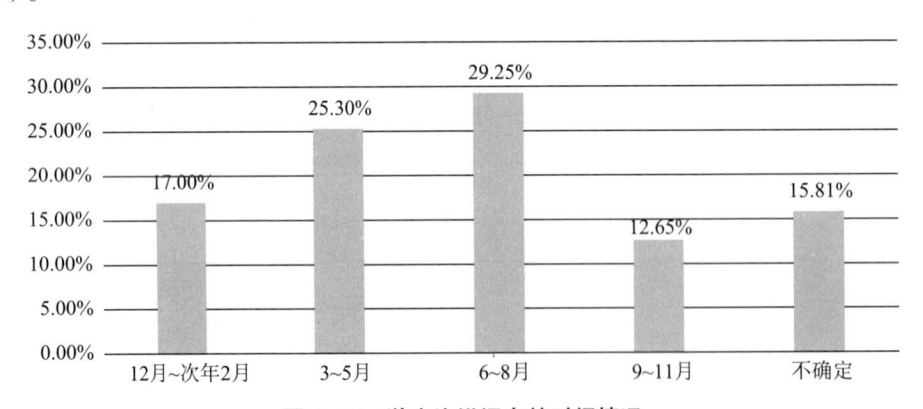

图 4-71 游客泡浴温泉的时间情况

2. 信息获取特征

调查结果显示：通过亲朋好友介绍获取温泉信息的游客占比最高，比例为 22.27%；其次是短视频平台，占比为 21.62%；通过大众点评/美团/携程等平台、公众号推送、户外广告和旅行社咨询获取信息的游客比例分别为 14.63%、13.10%、10.92% 和 9.83%；通过小红书等 App 获取信息的游客占比较低，为 5.24%；通过综艺节目获取信息的游客占比最低，比例为 0.87%；另外还有 1.53% 的游客通过其他渠道获取温泉信息（见图 4-72）。

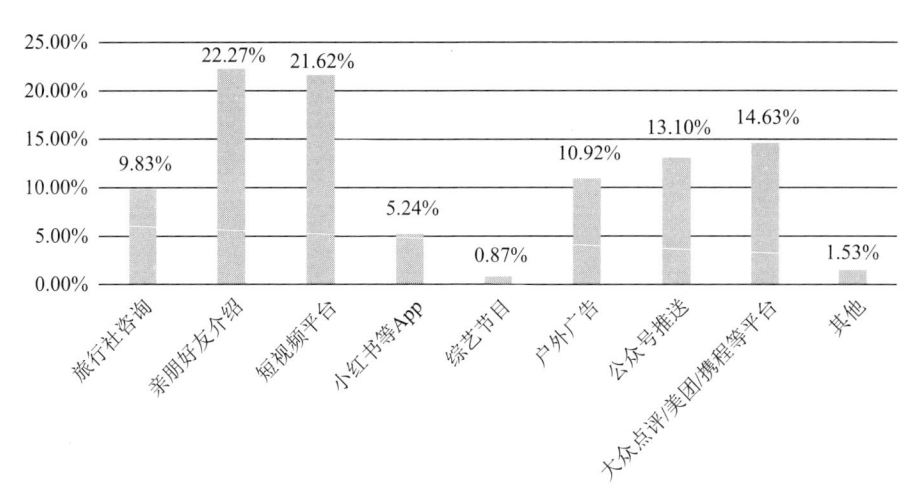

图 4-72 游客获取温泉信息的渠道

调查结果显示：通过第三方网络预订系统（携程网／艺龙网／美团等）购买本次温泉旅游产品的游客占比最高，比例为 23.72%；其次是通过亲友关系购买旅游产品，占比为 21.83%；通过现场购买、官网和旅行社渠道购买温泉旅游产品的游客比例分别为 19.14%、17.52% 和 13.21%；另外还有 4.58% 的游客通过其他渠道购买温泉旅游产品（见图 4-73）。

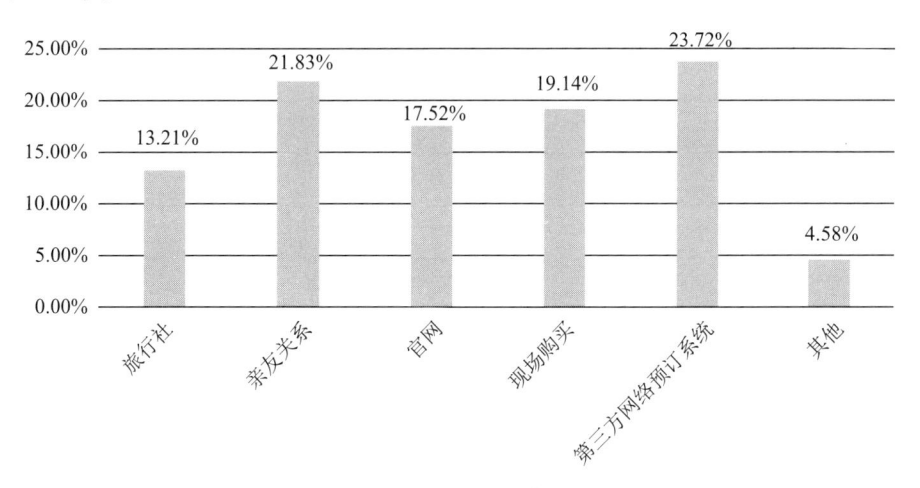

图 4-73 游客购买温泉产品的渠道

3. 游客出行特征

调查结果显示：游客通过自驾车到达温泉旅游地的占比最高，为 52.05%；其次是通过团队包车或大巴到达温泉旅游地，比例为 13.56%；通过公交或地铁到达温泉旅游地的比例为 11.67%；通过飞机和自行车到达温泉旅游地的比例接近，分别为 8.83% 和 8.52%；通过火车或高铁到达温泉旅游地的比例为 5.36%（见图 4-74）。

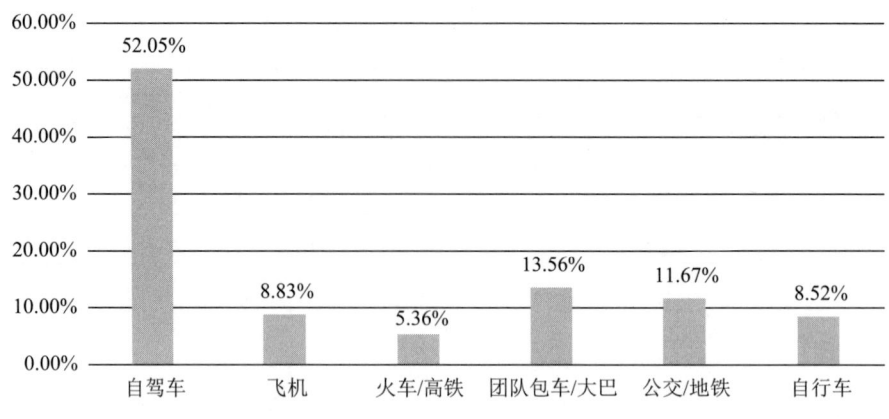

图 4-74　游客出行的交通方式

调查结果显示，游客与家人同行的占比最高，为 28.99%；其次是与好友同行，比例为 26.33%；情侣同行的游客比例为 18.93%；独自出行和与公司同事同行的游客比例分别为 11.24% 和 10.36%；与商务合作方同行的游客占比最低，为 4.14%（见图 4-75）。

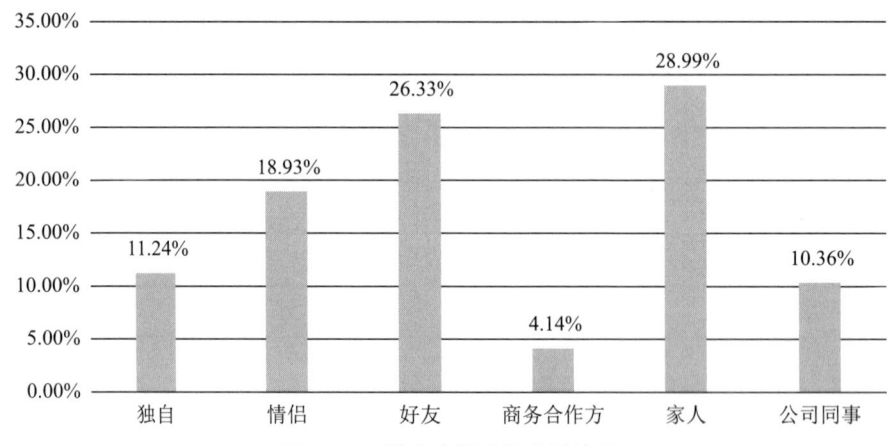

图 4-75　游客出行陪同人员情况

4. 产品偏好特征

调查结果显示，游客认为温泉项目必备的配套设施中：温泉泡池占比最高，为 13.49%；其次是自助餐厅，占比为 12.02%；水上乐园和健身房占比差距较小，分别为 8.99% 和 8.62%；儿童游乐场、理疗室和 SPA 水疗所占的比例分别为 7.43%、6.06% 和 5.05%；会议室、中餐厅和电影院所占的比例分别为 4.59%、4.40% 和 3.76%；KTV、体检中心、按摩室和棋牌室所占的比例分别为 3.67%、3.58%、3.49% 和 3.03%；其他配套设施占比均不超过 3%（见图 4-76）。

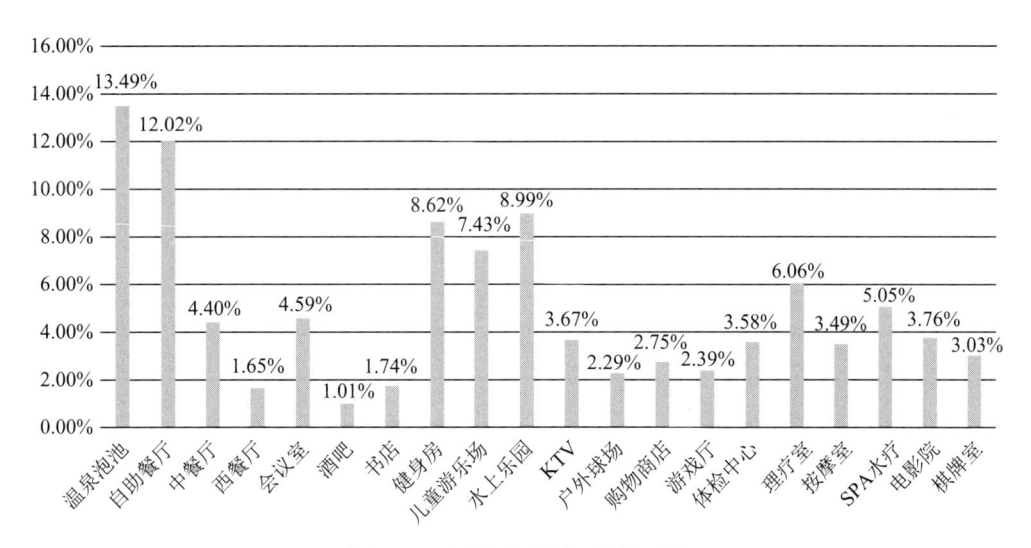

图 4-76　温泉项目配套设施偏好

调查结果显示，游客最喜欢体验的温泉产品中：自然环境中的温泉产品占比最高，为 15.61%；特色加料池（中药/花瓣/茶/酒/牛奶等）的占比较高，为 12.34%；温泉石板浴的占比为 10.15%；温泉泳池和私密温泉（室内）的占比接近，比例分别为 8.41% 和 8.30%；水疗池（冲击、泡泡、漩涡等）的占比为 7.31%；温泉鱼疗池、温泉水乐园和温泉 SPA 的占比接近，比例分别为 6.88%、6.77% 和 6.00%；温泉博物馆、温泉理疗项目、温泉美食（温泉蛋、温泉粥等）和温泉泥矿、温泉砂浴的占比分别为 3.93%、3.60%、3.60% 和 3.17%；裸汤（男女分开）和死海漂浮所占的比例较低，分别为 2.51% 和 0.98%（见图 4-77）。

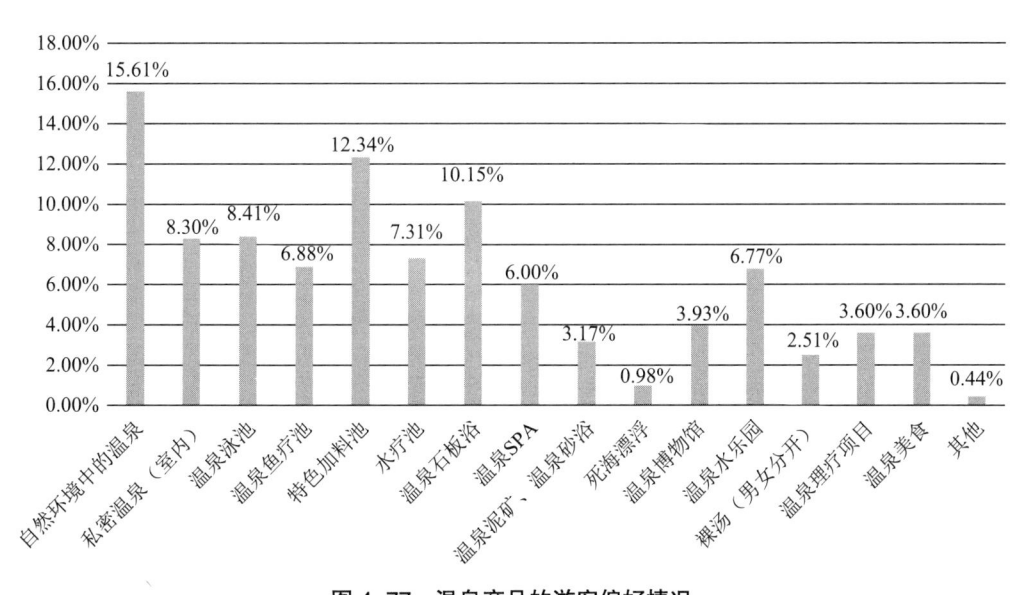

图 4-77　温泉产品的游客偏好情况

在有关游客在温泉项目地的停留时间问题的回答中，选择停留 1 天的游客占首位，超过一半的比例，达 61.42%；选择停留 2 天的游客占次位，比例为 27.92%；再者为选择停留 3 天的游客，比例为 7.61%；而选择停留 4~7 天的游客占比为 2.03%；选择停留 7 天以上的游客所占的比例最小，仅为 1.02%（见图 4-78）。

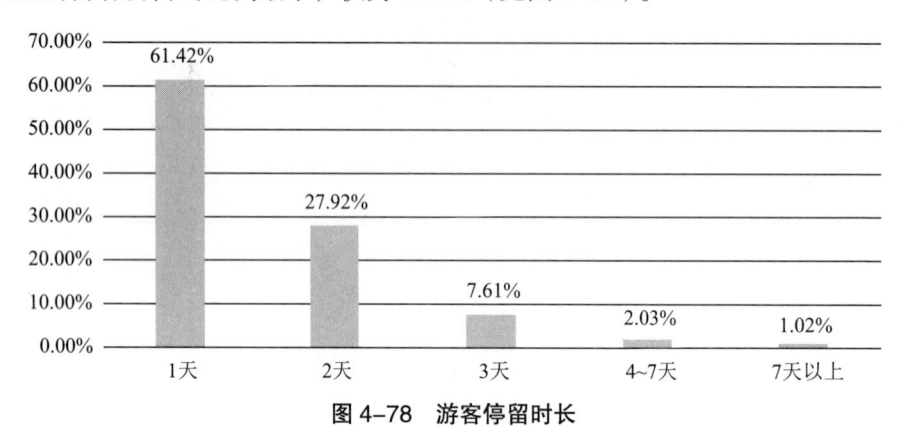

图 4-78　游客停留时长

在有关游客在温泉项目地的消费情况问题的回答中：游客的住宿消费占比最高，为 39.46%；游客的餐饮消费和交通消费位居其后，占比分别为 20.80% 和 14.27%；门票消费和周边农家乐消费占比分别为 8.02% 和 6.44%；娱乐项目和纪念品的消费占比较低，分别为 2.71% 和 1.12%；其他消费所占的比例为 7.18%（见图 4-79）。

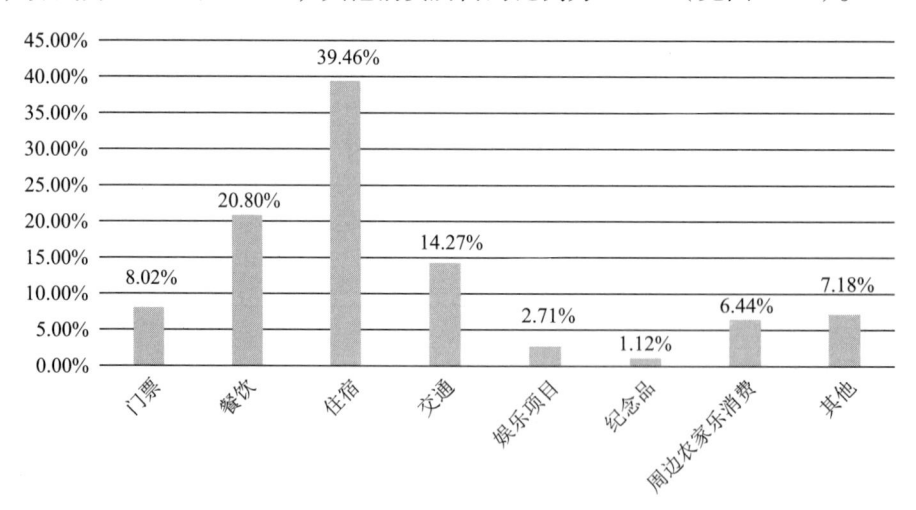

图 4-79　游客消费情况

5. 游客感知情况

在有关游客对温泉旅游地体验感问题的回答中，89.42% 的游客认为温泉旅游地应该促进健康；93.16% 的游客认为温泉旅游地应该能够放松身心；92.11% 的游客认为温泉旅游地应该注重安全性和私密性；94.12% 的游客认为温泉旅游地应该具有度假氛围；

84.49%的游客认为温泉旅游地应该豪华与尊贵；91.10%的游客认为温泉旅游地应该具备病痛的缓解功能；92.55%的游客认为温泉旅游地应该娱乐活动丰富；90.48%的游客认为温泉旅游地应该拥有温泉本身及周边的历史文化；93.19%的游客认为温泉旅游地应该让游客亲近自然（见表4-32）。

表4-32 温泉旅游地功能游客评价情况

评价指标	重要	一般	不重要
促进健康	89.42%	10.58%	0%
放松身心	93.16%	6.84%	0%
安全性和私密性	92.11%	7.89%	0%
度假氛围	94.12%	5.88%	0%
豪华与尊贵	84.49%	14.97%	0.53%
病痛的缓解	91.10%	6.28%	2.62%
娱乐活动丰富	92.55%	7.45%	0%
温泉本身及周边的历史文化	90.48%	8.99%	0.53%
亲近自然	93.19%	6.81%	0%

6. 群体特征

根据调查结果，从性别结构来看，男性占比为40.56%，女性占比为59.44%（见图4-80）。

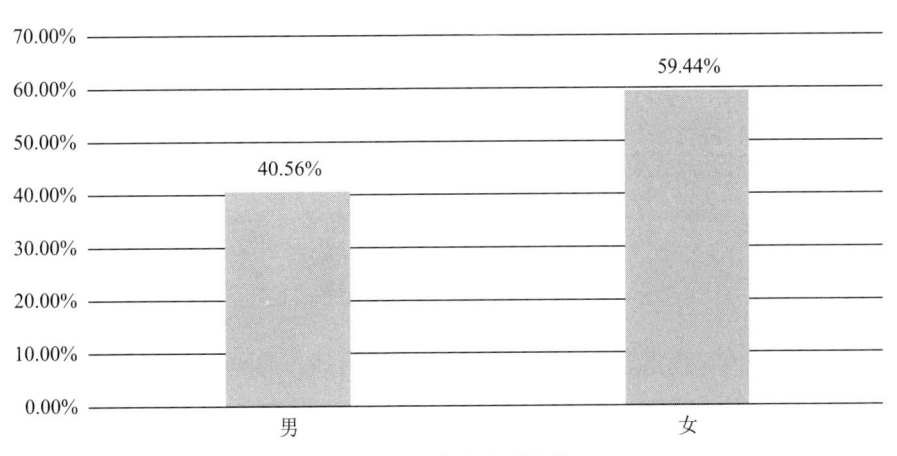

图4-80 游客性别结构

从年龄结构来看：温泉旅游游客以29~38岁的游客居多，占比30.73%；其次是19~28岁和39~48岁的游客，占比分别为29.17%和24.48%；49~58岁的游客占比11.46%；59岁及以上和18岁及以下的游客占比较小，比例分别为2.60%和1.56%（见

图 4-81）。

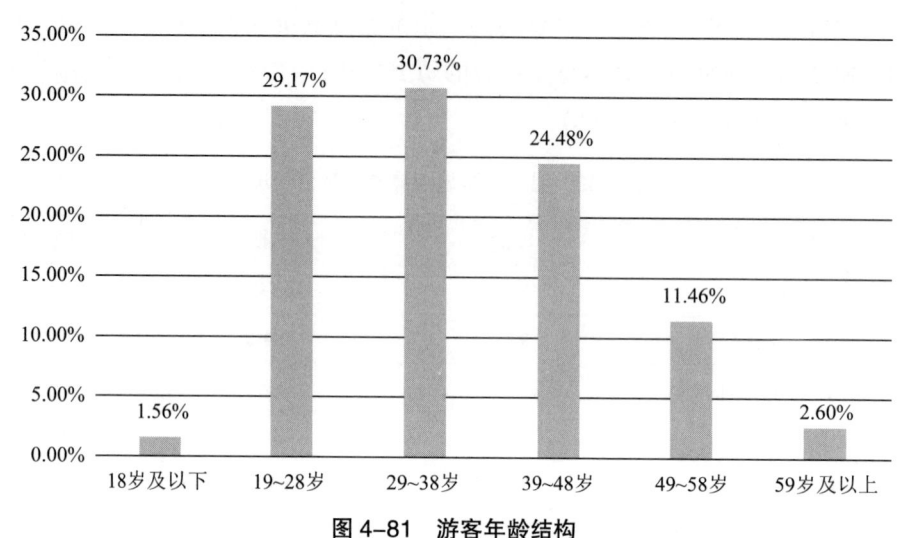

图 4-81 游客年龄结构

从受教育程度来看：大专/本科学历游客占比最高，比例为 54.30%；高中/中专及以下学历的游客占比为 38.71%；硕士及以上学历的游客占比 6.99%（见图 4-82）。

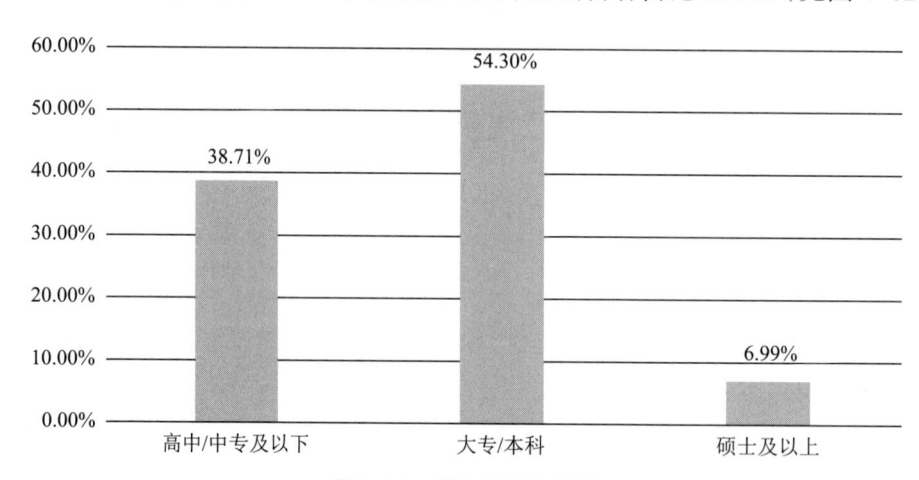

图 4-82 游客受教育程度

从职业结构来看：游客群体中公司职员的占比最高，为 40.53%；其次为自由职业/个体经营者，占比为 36.32%；公务员/事业单位人员占比 7.89%；企业中高层管理者/私企老板占比为 7.37%；军人占比最低，为 1.58%（见图 4-83）。

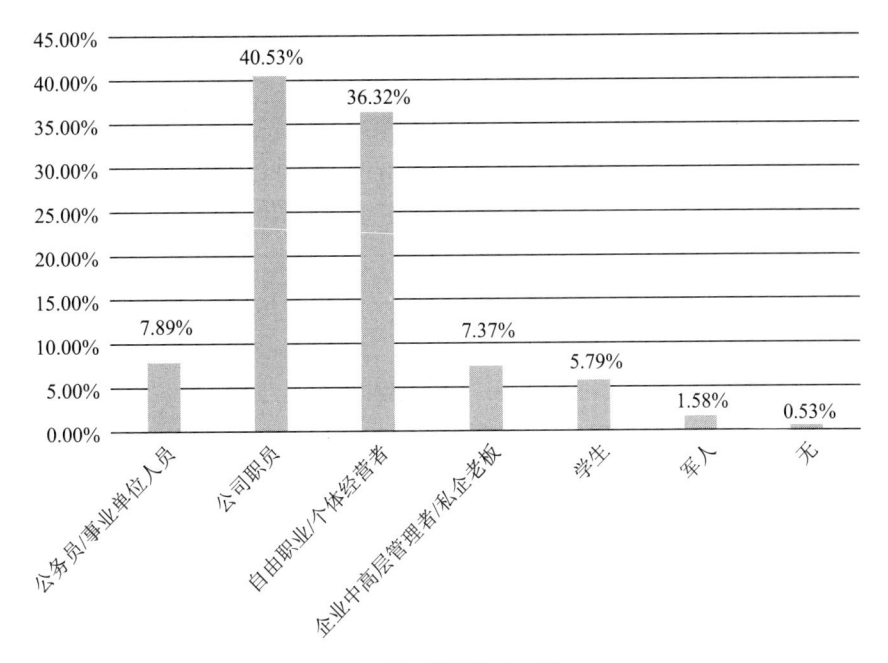

图 4-83　游客职业结构

从收入情况来看：游客群体中月收入 4000 元及以下的占比最高，为 36.65%；其次为月收入 4001~6000 元的游客，比例为 28.80%；月收入在 6001~8000 元的游客占比为 26.70%；月收入在 8001~10000 元的游客占比为 4.71%；月收入在 10000 元以上的游客占比为 3.14%（见图 4-84）。

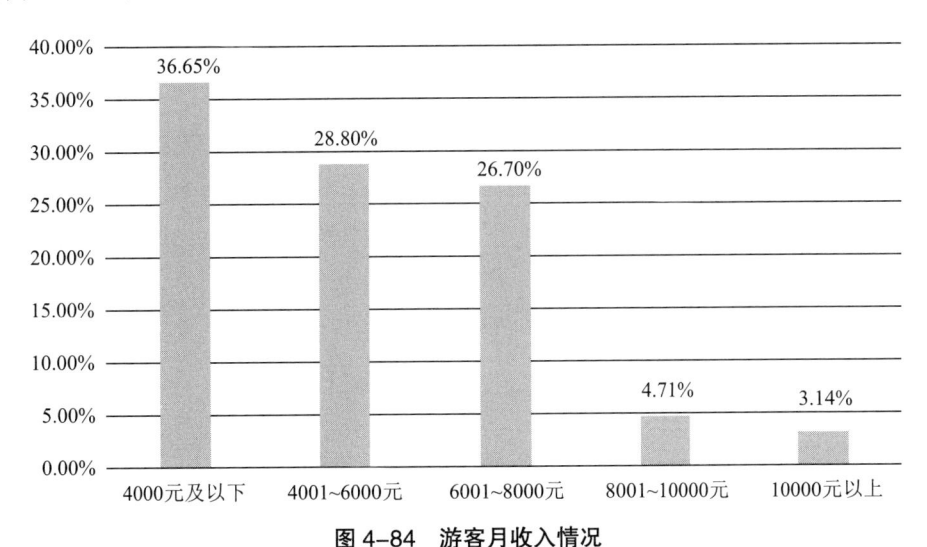

图 4-84　游客月收入情况

从婚姻状况来看：游客群体中已婚有小孩的占比最高，为 49.48%；已婚无小孩的游客占比为 28.87%；未婚游客占比为 20.62%（见图 4-85）。

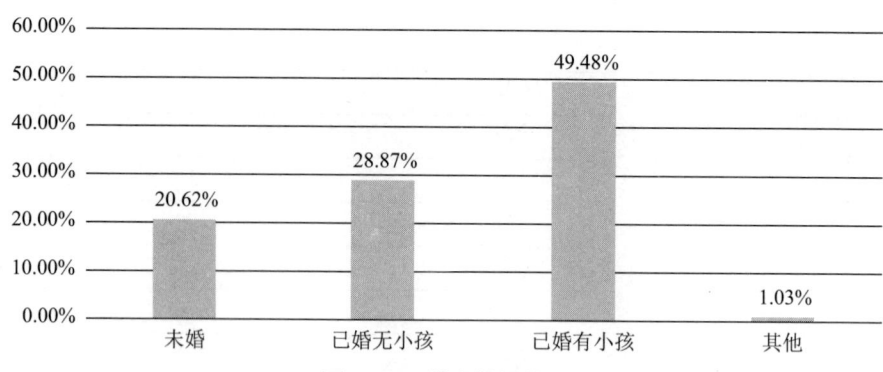

图 4-85　游客婚姻状况

7. 温泉旅游游客的感知价值与满意度

根据调查结果，在有关游客对温泉旅游地印象问题的回答中，89.69% 的游客认为温泉旅游价格合理，91.01% 的游客对酒店服务非常满意，93.12% 的游客对温泉的综合配套设施非常满意，94.71% 的游客对温泉品质非常满意，86.91% 的游客对抵达的交通便利性非常满意，95.79% 的游客表示会向亲朋好友推荐温泉旅游，94.87% 的游客表示会再次进行温泉旅游（见图 4-86）。

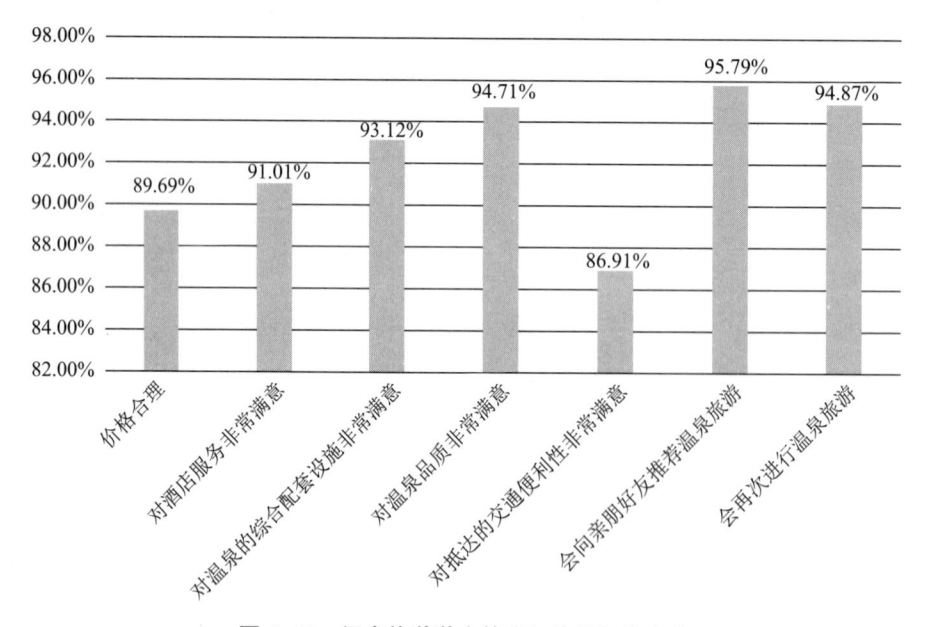

图 4-86　温泉旅游游客的感知价值与满意度

（三）温泉企业运营特征

1. 企业收入结构

西北地区温泉企业收入中，温泉收入占比为 24.80%，客房收入占比为 42.00%，餐饮收入占比为20.10%，会议收入占比为1.20%，其他收入（乐园、康养及其他消费项目）占比为11.90%。西北地区温泉企业的客房收入在总收入中占比最高，其次分别是温泉收入、餐饮收入、其他收入和会议收入。客房收入和温泉收入两项占总收入的六成以上，会议收入占比相对较低（见图4-87）。

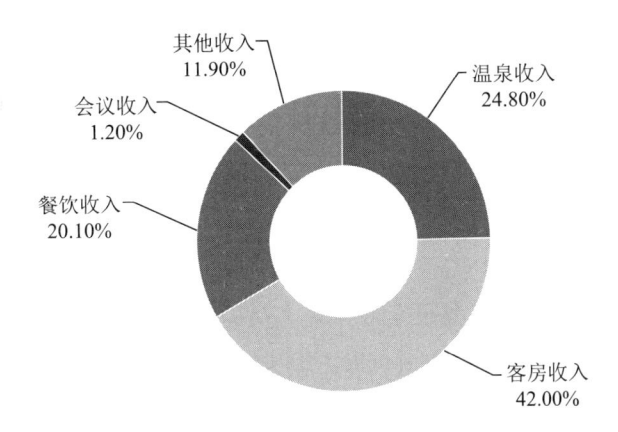

图4-87 西北地区温泉企业收入结构

2. 过夜率

根据调查结果，2023年全年，西北地区的温泉企业接待过夜游客共614.78万人次。其中，甘肃的温泉企业接待过夜游客38.37万人次，过夜率为20.96%，占该地区温泉接待过夜总人数的6.24%；宁夏的温泉企业接待过夜游客5.43万人次，过夜率为11.45%，占该地区温泉接待过夜总人数的0.88%；青海的温泉企业接待过夜游客8.55万人次，过夜率为12.61%，占该地区温泉接待过夜总人数的1.39%；陕西的温泉企业接待过夜游客509.87万人次，过夜率为68.99%，占该地区温泉接待过夜总人数的82.94%；新疆的温泉企业接待过夜游客52.56万人次，过夜率为23.49%，占该地区温泉接待过夜总人数的8.55%。陕西省的年接待过夜人数在西北地区排名最高（见表4-33）。

表4-33 2023年西北地区温泉旅游过夜率统计

地区	接待过夜人数（万人次）	过夜率	地区占比
甘肃	38.37	20.96%	6.24%
宁夏	5.43	11.45%	0.88%
青海	8.55	12.61%	1.39%
陕西	509.87	68.99%	82.94%
新疆	52.56	23.49%	8.55%
总计	614.78	48.75%	100.00%

3. 更衣柜指数

根据调查结果，2023年全年，西北地区的温泉企业更衣柜总数达28.12万个，更衣柜指数为3.74，更衣柜使用率为12.29%（见表4-34）。

表4-34　2023西北地区更衣柜指数

项目	月接待人数（万人次）	更衣柜数（万个）	更衣柜指数	更衣柜使用率
数量	105.10	28.12	3.74	12.29%

（四）温泉企业人力资源状况

1. 温泉企业人力资源结构

根据调查结果，西北地区温泉企业从业人员总数平均为125人。按部门划分：温泉管理部员工占比最高，为21.93%；前厅部和客房部员工占比相差不大，比例分别为14.04%和13.16%；餐饮部员工占比12.28%；销售部员工和财务部员工占比接近，分别为7.89%和7.02%；工程部员工占比6.14%；人力资源部员工占比5.26%；采购部员工占比3.51%；后勤与卫生部员工占比2.63%；其他部门员工占比1.75%（见图4-88）。

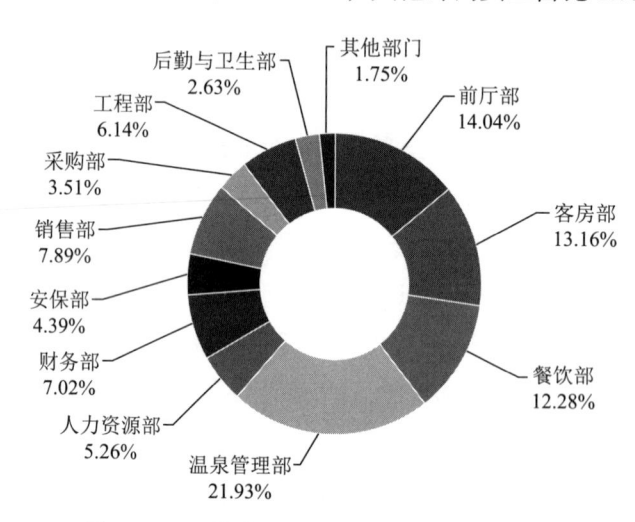

图4-88　西北地区温泉企业人员部门构成情况

按层级结构划分，基层员工占在职员工总数的61.29%，管理人员占在职员工总数的38.71%（见图4-89）。

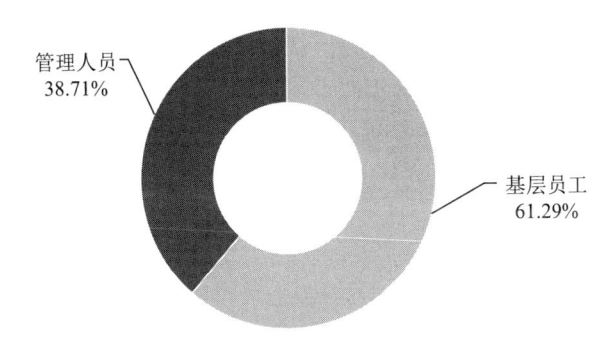

图 4-89　西北地区温泉企业管理人员与基层员工构成情况

调查结果显示，2024 年西北地区温泉企业员工中，女性占比 57.14%，男性占比 42.86%（见图 4-90）。

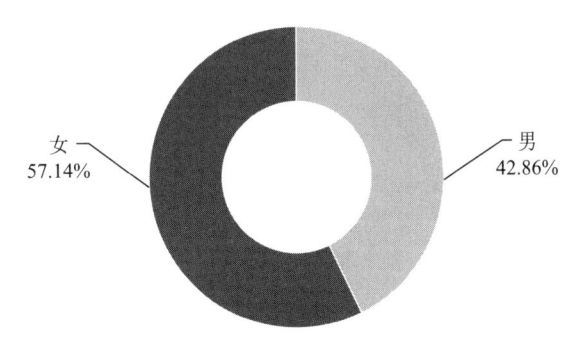

图 4-90　西北地区温泉企业员工性别比例

调查结果显示，2024 年西北地区温泉企业在职员工年龄分布情况为：31~40 岁的员工占比为 40.82%，20~30 岁的员工占比为 28.57%，41~50 岁的员工占比为 24.49%，50 岁以上员工占比为 4.08%，20 岁以下的员工占比为 2.04%（见图 4-91）。

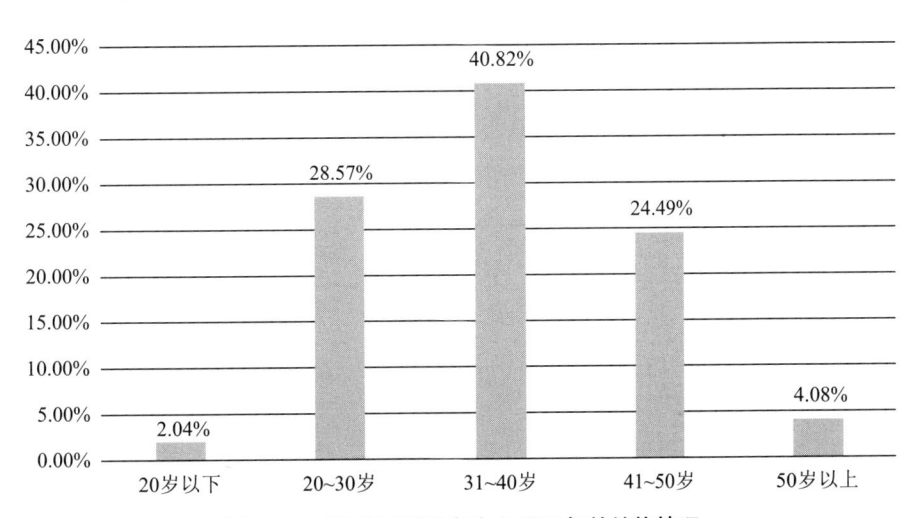

图 4-91　西北地区温泉企业员工年龄结构情况

2. 温泉企业人力资源情况

从员工工资情况来看，西北地区温泉企业中月收入在 2000 元及以下的员工数量占本地区员工总数的 1.85%；16.67% 的员工工资在 2001~3000 元；64.81% 的员工工资在 3001~4000 元；11.11% 的员工工资在 4001~5000 元；5.56% 的员工工资在 5000 元以上（见图 4-92）。

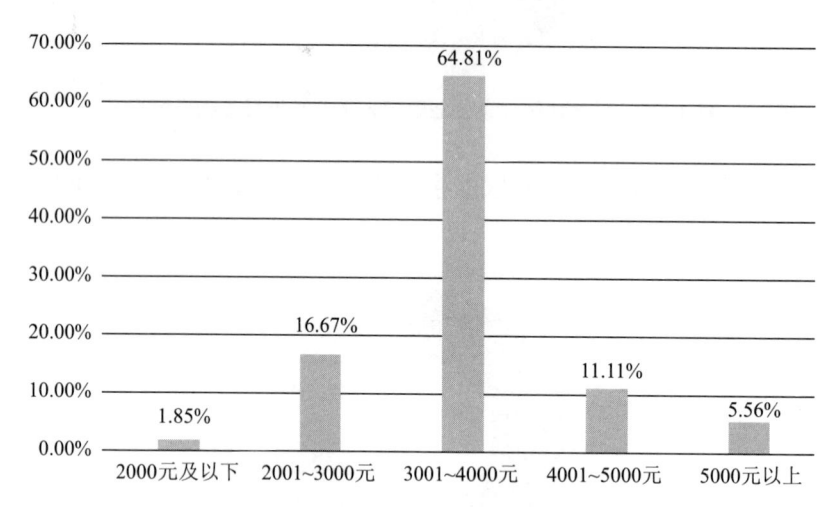

图 4-92 西北地区温泉企业员工薪酬情况

从基层员工工资情况来看，西北地区温泉企业中月收入在 2000 元及以下的员工数量占本地区基层员工总数的 3.13%；25.00% 的基层员工工资在 2001~3000 元；62.50% 的基层员工工资在 3001~4000 元；6.25% 的基层员工工资在 4001~5000 元；3.13% 的基层员工工资在 5000 元以上（见图 4-93）。

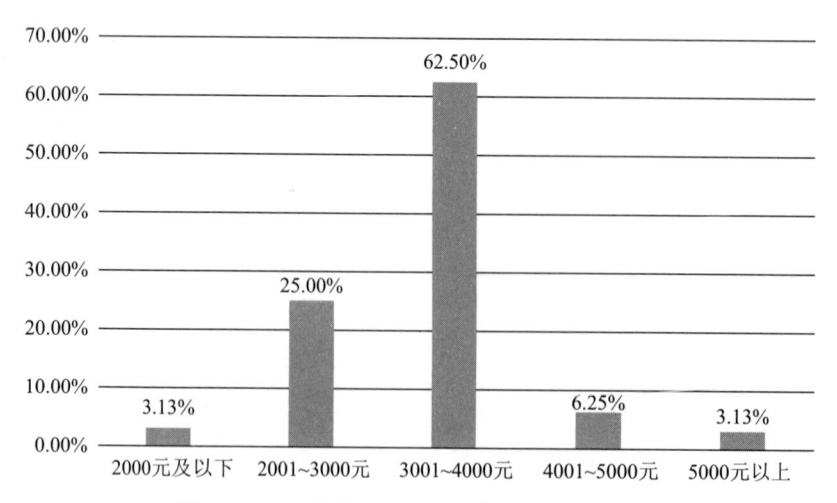

图 4-93 西北地区温泉企业基层员工薪酬情况

3. 温泉企业人力资源配置效率

调查结果显示：客房部员工数与客房数的比值为 1∶8.02，表示西北地区的温泉企业平均每个员工服务 8.02 间客房；总员工数与项目总建筑面积的比值为 1∶452.8，表示平均每个员工需要服务的建筑面积为 452.8 平方米；温泉部员工数与温泉泡池数量的比值为 1∶1.97，表示平均每个员工需要服务 1.97 个温泉泡池（见表 4-35）。

表 4-35 西北地区温泉企业人力资源配置情况

分类	客房部员工数/客房数	总员工数/项目总建筑面积	温泉部员工数/温泉池数量
比值	1∶8.02	1∶452.8	1∶1.97

4. 温泉企业员工满意度

调查结果显示：2024 年西北地区温泉企业员工总体满意度均值为 4.26，总体上比较满意。各分项满意度情况如下：薪资福利的满意度均值为 4.12，表示员工对此项的态度为较满意；工作本身的满意度均值为 4.17，表示员工对此项的态度为较满意；工作环境的满意度均值为 4.11，表示员工对此项的态度为较满意；企业文化的满意度均值为 4.15，表示员工对此项的态度为较满意；发展机会的满意度均值为 4.09，表示员工对此项的态度为较满意（见图 4-94）。

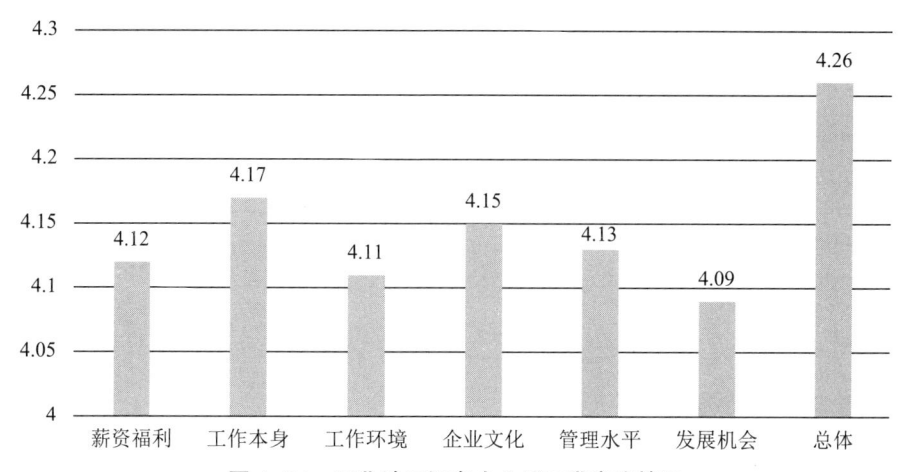

图 4-94 西北地区温泉企业员工满意度情况

五、西南地区温泉旅游发展情况

（一）温泉旅游发展总体情况

1. 企业数量

据统计，2023 年西南地区共有温泉企业 1174 家，以温泉酒店为主要类型。其中，贵州有温泉企业 78 家，占地区总量比重为 6.64%，占全国总量比重为 1.51%；四川有温泉企业 551 家，占地区总量比重为 46.93%，占全国总量比重为 10.65%；西藏有温泉企业 21 家，占地区总量比重为 1.79%，占全国总量比重为 0.41%；云南有温泉企业 478 家，占地区总量比重为 40.72%，占全国总量比重为 9.24%；重庆有温泉企业 46 家，占地区总量比重为 3.92%，占全国总量比重为 0.89%（见表 4-36）。

表 4-36　2023 年西南地区温泉企业数量情况

地区	温泉企业数量（家）	占地区比重	占全国比重
贵州	78	6.64%	1.51%
四川	551	46.93%	10.65%
西藏	21	1.79%	0.41%
云南	478	40.72%	9.24%
重庆	46	3.92%	0.89%
总计	1174	100.00%	21.81%

2. 温泉旅游接待情况

根据 2024 年中国温泉旅游重点企业调查问卷结果，2023 年全年，西南地区温泉企业接待总人数达 4557.47 万人次，占全国温泉企业接待总人数的 7.84%。其中，贵州的温泉企业接待游客总人数达 302.80 万人次，占西南地区接待总人数的 6.64%，占全国接待总人数的 0.52%；四川的温泉企业接待游客总人数达 2138.98 万人次，占西南地区接待总人数的 46.93%，占全国接待总人数的 3.68%；西藏的温泉企业接待游客总人数达 81.52 万人次，占西南地区接待总人数的 1.79%，占全国接待总人数的 0.14%；云南的温泉企业接待游客总人数达 1855.60 万人，占西南地区接待总人数的 40.72%，占全国接待总人数的 3.19%；重庆的温泉企业接待游客总人数达 178.57 万人，占西南地区接待总人数的 3.92%，占全国接待总人数的 0.31%。四川、云南、贵州三个省全年接待人数在整个西南地区排名前三（见表 4-37）。

表 4-37　2023 年西南地区温泉企业接待情况

地区	接待总人数（万人次）	地区占比	全国占比
贵州	302.80	6.64%	0.52%
四川	2138.98	46.93%	3.68%
西藏	81.52	1.79%	0.14%
云南	1855.60	40.72%	3.19%
重庆	178.57	3.92%	0.31%
总计	4557.47	100.00%	7.84%

根据调查结果，2023 年全年，西南地区的温泉企业接待旅行社游客 1921.89 万人次，占该地区全年接待总人数的 42.17%；接待协议客户游客 454.04 万人次，占该地区全年接待总人数的 9.96%；接待本企业网站预订的游客 68.93 万人次，占该地区全年接待总人数的 1.51%；接待现场购票游客 395.59 万人次，占该地区全年接待总人数的 8.68%；接待 OTA 游客 418.38 万人次，占该地区全年接待总人数的 9.18%；接待其他渠道游客 718.71 万人次，占该地区全年接待总人数的 15.77%（见表 4-38）。

表 4-38　2023 年西南地区温泉旅游游客类型情况

类型	旅行社	协议客户	本企业网站预订	现场购票	OTA	其他渠道
人数（万人次）	1921.89	454.04	68.93	395.59	418.38	718.71
占比	42.17%	9.96%	1.51%	8.68%	9.18%	15.77%

根据调查结果，2023 年全年，西南地区的温泉企业总接待收入达 555.14 亿元，占全国温泉企业总接待收入的 30.72%。其中，贵州的温泉企业接待收入达 37.66 亿元，占该地区温泉总接待收入的 6.78%，占全国温泉总接待收入的 2.08%；四川的温泉企业接待收入达 262.68 亿元，占该地区温泉总接待收入的 47.32%，占全国温泉总接待收入的 14.54%；西藏的温泉企业接待收入达 8.70 亿元，占该地区温泉总接待收入的 1.57%，占全国温泉总接待收入的 0.48%；云南的温泉企业接待收入达 223.87 亿元，占该地区温泉总接待收入的 40.33%，占全国温泉总接待收入的 12.39%；重庆的温泉企业接待收入达 22.22 亿元，占该地区温泉总接待收入的 4.00%，占全国温泉总接待收入的 1.23%。四川、云南、贵州三省的年温泉接待收入在西南地区排名前三（见表 4-39）。

表 4-39　2023 年西南地区温泉旅游接待收入情况

地区	接待总收入（亿元）	地区占比	全国占比
贵州	37.66	6.78%	2.08%
四川	262.68	47.32%	14.54%
西藏	8.70	1.57%	0.48%
云南	223.87	40.33%	12.39%
重庆	22.22	4.00%	1.23%
总计	555.14	100.00%	30.72%

3. 温泉旅游价格情况

在温泉门票价格方面，西南地区平均温泉票价为 114.88 元。其中，贵州平均温泉票价为 126.4 元，高出西南地区平均票价 11.52 元；四川平均温泉票价为 94.4 元，低出西南地区平均票价 20.48 元；西藏平均温泉票价为 110.6 元，低出西南地区平均票价 4.28 元；云南平均温泉票价为 81 元，低出西南地区平均票价 33.88 元；重庆平均温泉票价为 162 元，高出西南地区平均票价 47.12 元。

在客房价格方面，西南地区平均房价为 531.79 元，比全国平均房价低 72.52 元。其中，贵州平均房价为 430.72 元，低出西南地区平均房价 101.07 元；四川平均房价为 557.19 元，高出西南地区平均房价 25.40 元；西藏平均房价为 367.86 元，低出西南地区平均房价 163.93 元；云南平均房价为 519.02 元，高出西南地区平均房价 12.77 元；重庆平均房价为 606.41 元，高出西南地区平均房价 74.62 元（见表 4-40）。

表 4-40　2023 年西南地区温泉旅游价格情况

地区	平均温泉票价（元）	平均房价（元）
贵州	126.40	430.72
四川	94.40	557.19
西藏	110.60	367.86
云南	81.00	519.02
重庆	162.00	606.41
总计	114.88	531.79

（二）温泉旅游者特征

1. 温泉泡浴特征

根据调查结果，在确定每年温泉泡浴次数的情况下：每年泡浴温泉 1~3 次的游客占比最高，为 24.86%；每年 4~6 次的游客紧随其后，占比为 22.59%；每年 7~9 次的游客占比为 16.62%；每年 10 次及以上的游客占比为 16.05%；仍有一部分游客每年温泉泡浴次数具有不确定性，占比 19.89%（见图 4-95）。

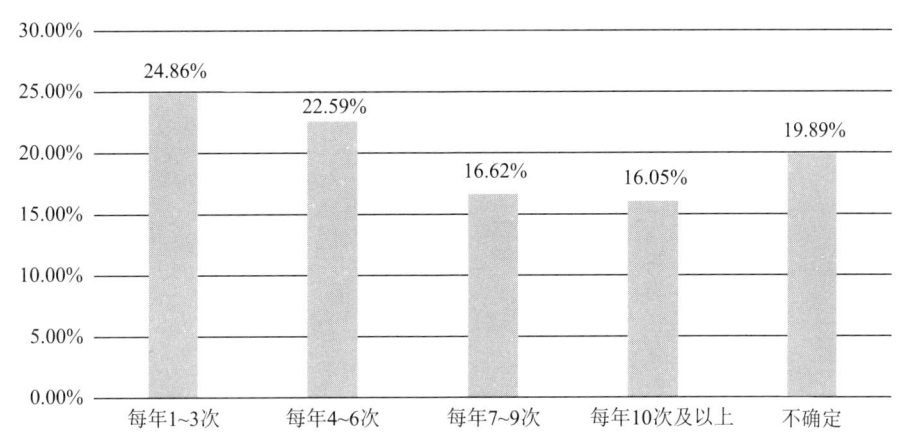

图 4-95　游客泡浴温泉次数

调查结果显示：西南地区温泉游客中每年 12 月～次年 2 月泡浴的游客群体占比为 29.33%；每年 3~5 月泡浴的游客群体占比为 17.06%；每年 9~11 月泡浴的游客群体占比为 15.83%；每年 6~8 月泡浴的游客占比最小，比例为 9.57%；不确定时段的温泉游客占比为 28.22%（见图 4-96）。

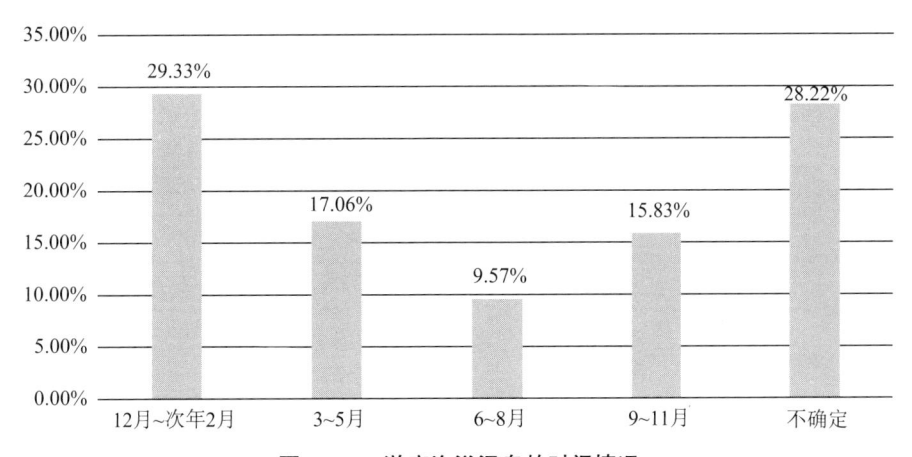

图 4-96　游客泡浴温泉的时间情况

2. 信息获取特征

调查结果显示：通过亲朋好友介绍获取信息的游客占比最高，为 21.78%；其次是大众点评、美团和携程等平台，游客占比为 22.37%；通过短视频平台、公众号推送和旅行社咨询获取信息的游客占比分别为 17.11%、13.78% 和 11.41%；通过小红书等

App、户外广告以及综艺节目获取信息的游客占比分别为 7.11%、2.81% 和 0.89%（见图 4-97）。

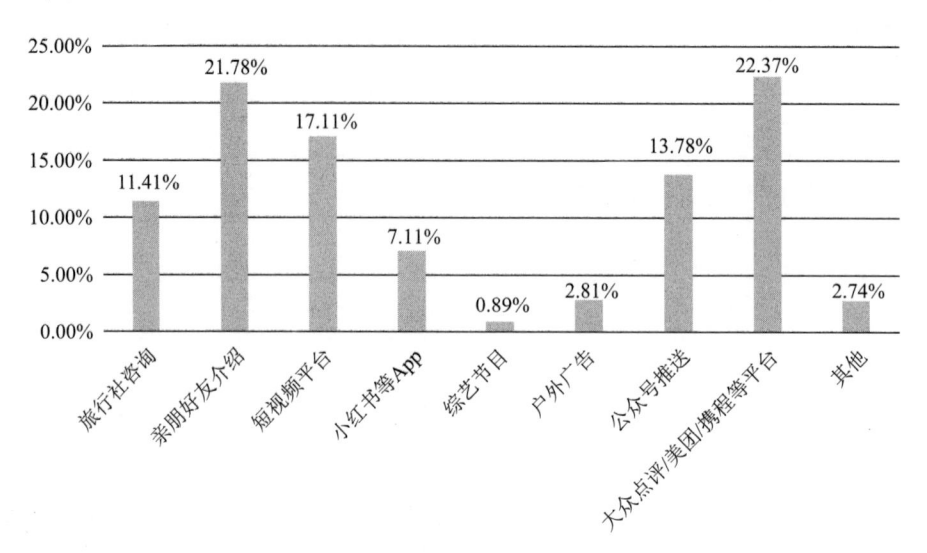

图 4-97 游客获取酒店信息渠道

调查结果显示：通过第三方网络预订系统（携程网/艺龙网/美团等）购买温泉旅游产品的游客占比最高，为 28.87%；其次是通过官网预订温泉旅游的游客，占比为 20.99%；通过亲友关系、现场和旅行社购买温泉旅游产品的游客占比分别为 17.93%、15.37% 和 12.02%；另外还有 4.83% 的游客通过其他途径购买温泉旅游产品（见图 4-98）。

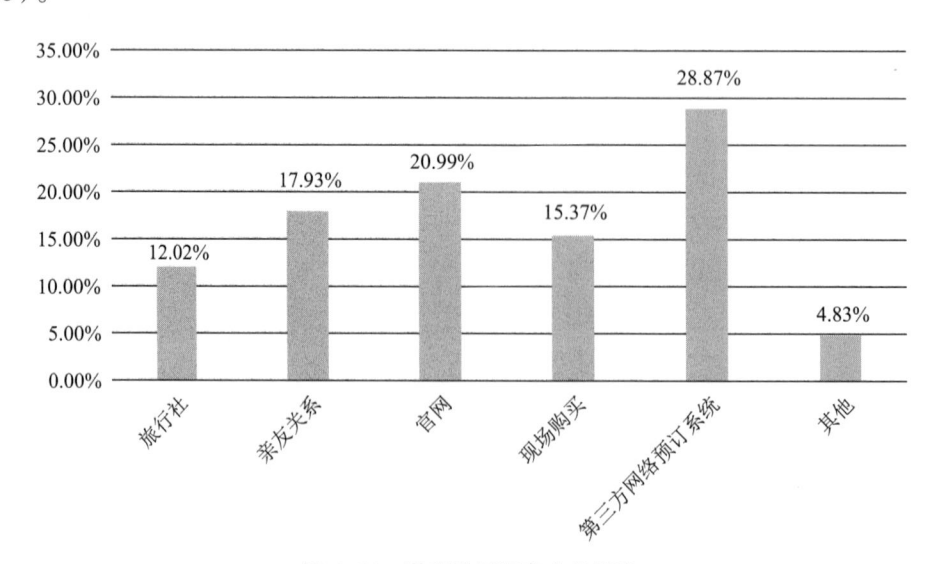

图 4-98 游客购买温泉产品渠道

3. 游客出行特征

调查结果显示：游客通过自驾车到达温泉旅游地的比例最高，为61.58%；其次是通过飞机到达温泉旅游地，比例为10.81%；通过公交/地铁和团队包车/大巴到达温泉旅游地的比例相差不大，分别为9.92%和9.80%；通过火车/高铁到达本次温泉旅游地的比例为5.34%；游客通过自行车到达温泉旅游地的占比最低，为2.54%（见图4-99）。

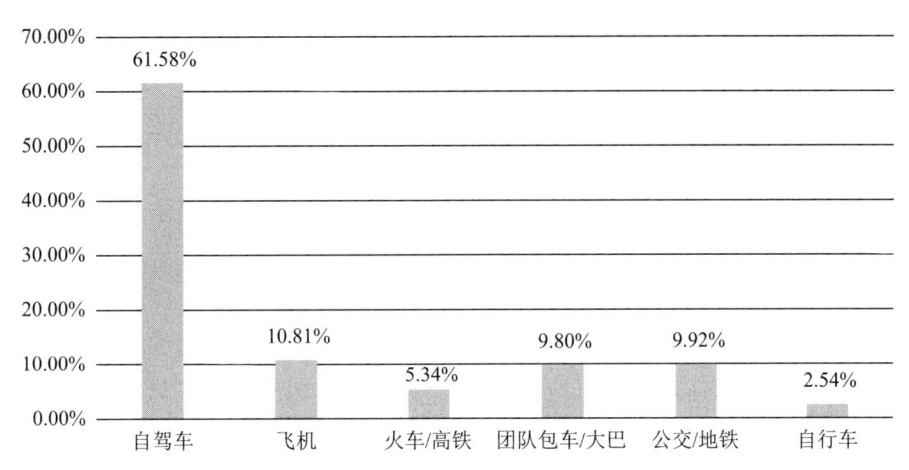

图4-99　游客出行主要交通方式

调查结果显示：游客与好友同行的占比最高，为32.53%；其次是与家人同行，占比为28.52%；情侣同行和公司同事同行的游客占比分别为13.40%和11.34%；独自出行的游客占比为9.62%；与商务合作方同行的游客占比最低，为4.58%（见图4-100）。

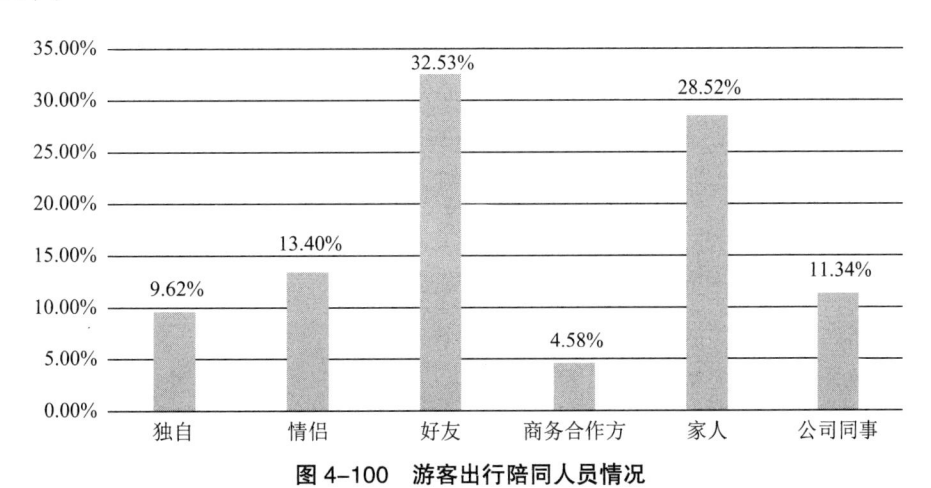

图4-100　游客出行陪同人员情况

4. 产品偏好特征

调查结果显示，游客认为温泉项目必备的配套设施中：温泉泡池占比最高，为14.13%；其次是自助餐厅，占比为9.63%；水上乐园、SPA水疗和儿童游乐场的占比差距较小，比例分别为7.45%、7.33%和7.11%；按摩室、健身房和理疗室的占比接近，比例分别为6.90%、6.80%和6.14%；中餐厅、电影院、西餐厅和游戏厅所占的比例分别为5.78%、3.28%、3.16%和3.00%；体检中心、KTV、购物商店、酒吧和会议室的占比接近，比例分别为2.93%、2.74%、2.66%、2.45%和2.26%；户外球场和书店的占比较低，比例分别为1.64%和0.93%（见图4-101）。

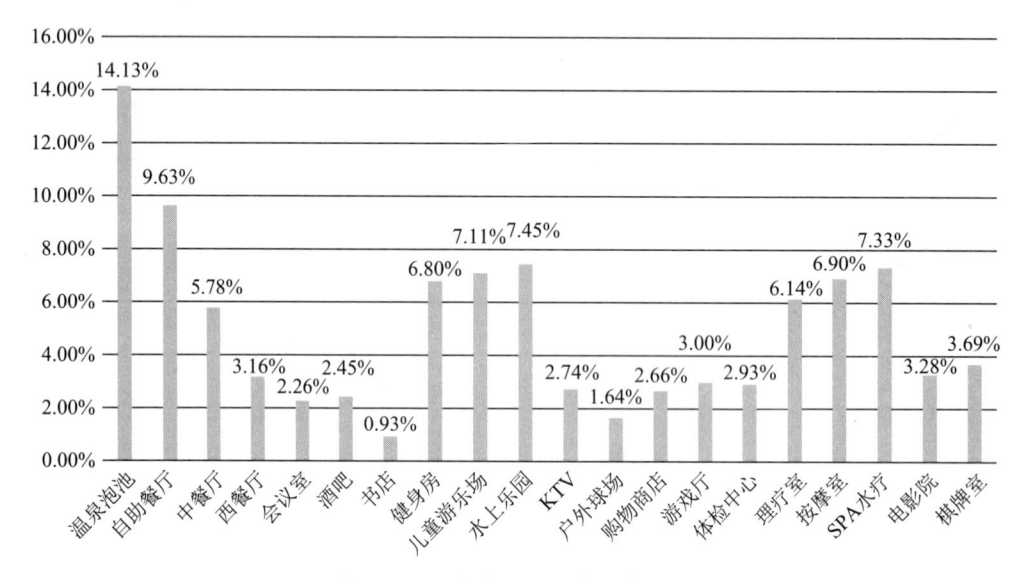

图4-101 温泉项目必备配套设施

调查结果显示，游客最喜欢体验的温泉产品中：自然环境中的温泉产品占比最高，为13.92%；其次是特色加料池（中药/花瓣/茶/酒/牛奶等），比例为11.30%；温泉泳池和水疗池（冲击、泡泡、漩涡等）的占比接近，比例分别为9.00%和8.34%；温泉SPA、温泉石板浴和温泉美食（温泉蛋、温泉粥等）的占比相差不大，比例分别为7.72%、7.18%和7.03%；私密温泉（室内）、温泉水乐园、温泉鱼疗池和温泉泥矿、温泉砂浴的比例分别为6.35%、5.89%、5.58%和5.30%；温泉理疗项目和温泉博物馆所占的比例分别为4.56%和3.27%；死海漂浮和裸汤（男女分开）所占的比例较低，分别为2.22%和2.08%（见图4-102）。

调查结果显示，在有关游客在温泉项目地停留时间问题的回答中：选择停留1天和2天的游客较多，比例分别为35.89%和35.45%；其次为选择停留三天的游客，比例为17.87%；再次为选择停留4~7天的游客，占比为7.09%；选择停留7天以上的游

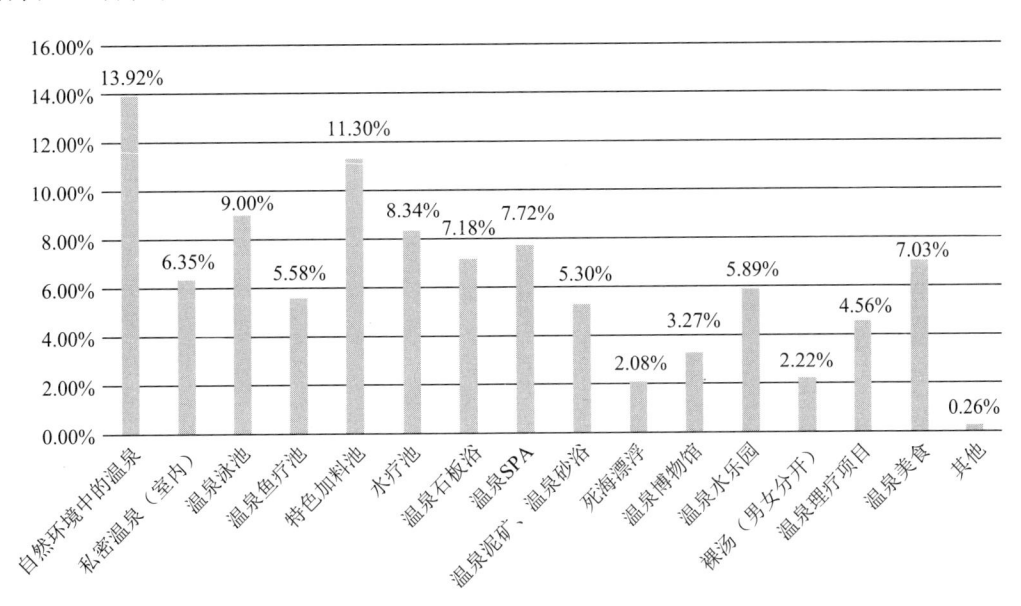

客占比最低，仅为3.69%（见图4-103）。

图4-102 温泉产品的游客偏好情况

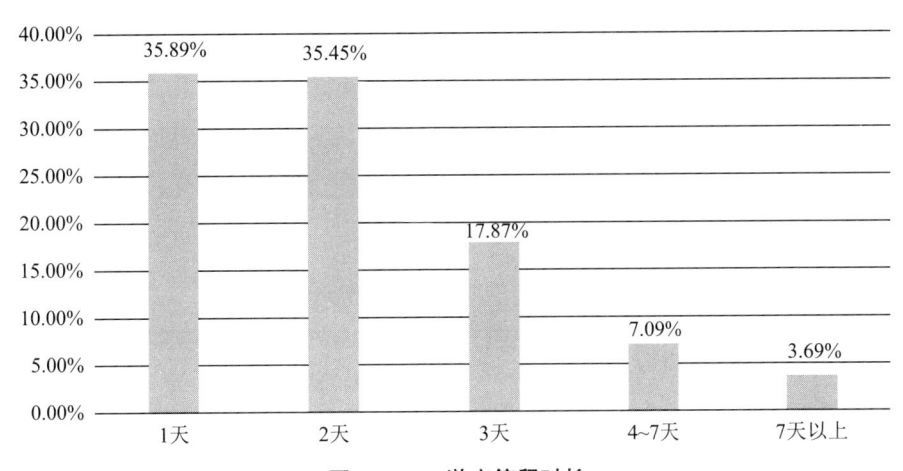

图4-103 游客停留时长

根据调查结果，在有关游客在温泉项目地消费情况问题的回答中游客的住宿消费占比最高，为36.98%；其次为交通消费，占比为19.16%；再次是餐饮消费，占比为11.82%；娱乐项目消费和周边农家乐消费所占比重相差不大，分别为8.73%和7.86%；门票消费和纪念品消费所占比重较低，分别为4.84%和4.07%；另外，其他消费所占的比例为6.56%（见图4-104）。

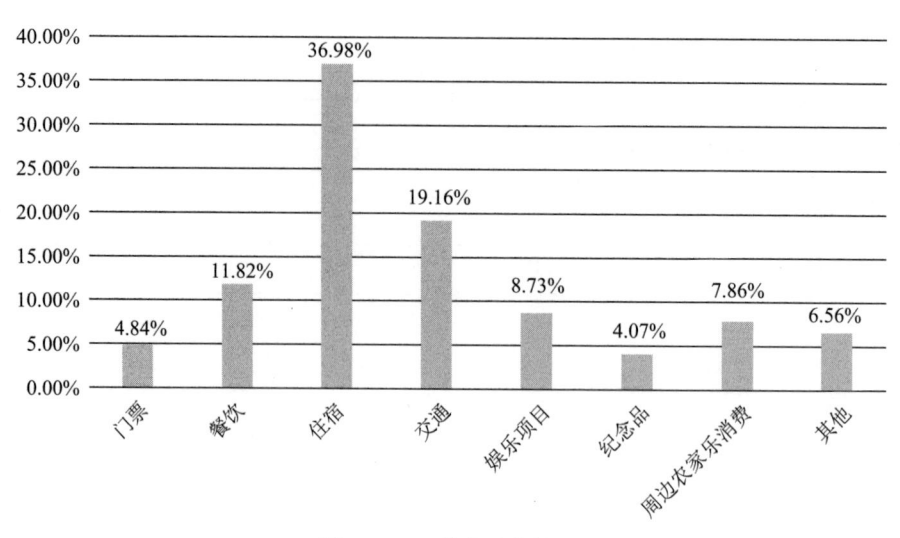

图 4-104　游客消费情况

5. 游客感知情况

根据调查结果：在有关游客对温泉旅游地体验感的问题当中，88.73% 的游客认为温泉旅游地应该促进健康；91.73% 的游客认为温泉旅游地应该能够放松身心；91.70% 的游客认为温泉旅游地应该注重安全性和私密性；88.57% 的游客认为温泉旅游地应该具有度假氛围；83.17% 的游客认为温泉旅游地应该豪华与尊贵；86.25% 的游客认为温泉旅游地应该具备病痛的缓解功能；88.45% 的游客认为温泉旅游地应该娱乐活动丰富；85.00% 的游客认为温泉旅游地应该拥有温泉本身及周边的历史文化；91.97% 的游客认为温泉旅游地应该让游客亲近自然（见表 4-41）。

表 4-41　温泉旅游地功能游客评价情况

评价指标重要性	重要	一般	不重要
促进健康	88.73%	10.27%	1.00%
放松身心	91.73%	7.42%	0.86%
安全性和私密性	91.70%	7.01%	1.29%
度假氛围	88.57%	9.43%	2.00%
豪华与尊贵	83.17%	13.55%	3.28%
病痛的缓解	86.25%	11.89%	1.86%
娱乐活动丰富	88.45%	9.84%	1.71%
温泉本身及周边的历史文化	85.00%	12.86%	2.14%
亲近自然	91.97%	7.03%	1.00%

6. 群体特征

根据调查结果：从性别结构来看，男性占比为47.19%，女性占比为52.81%（见图4-105）。

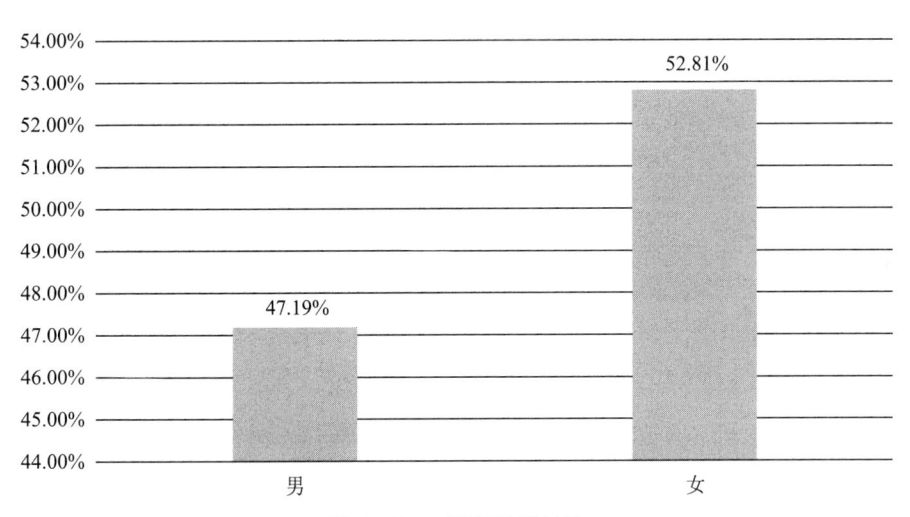

图4-105 游客性别结构

从年龄结构来看：温泉旅游游客以29~38岁的最多，占比32.90%；其次是19~28岁和39~48岁，占比分别为29.04%和22.03%；49~58岁的游客占比11.16%；59岁及以上和18岁及以下的游客占比较低，分别为3.72%和1.14%（见图4-106）。

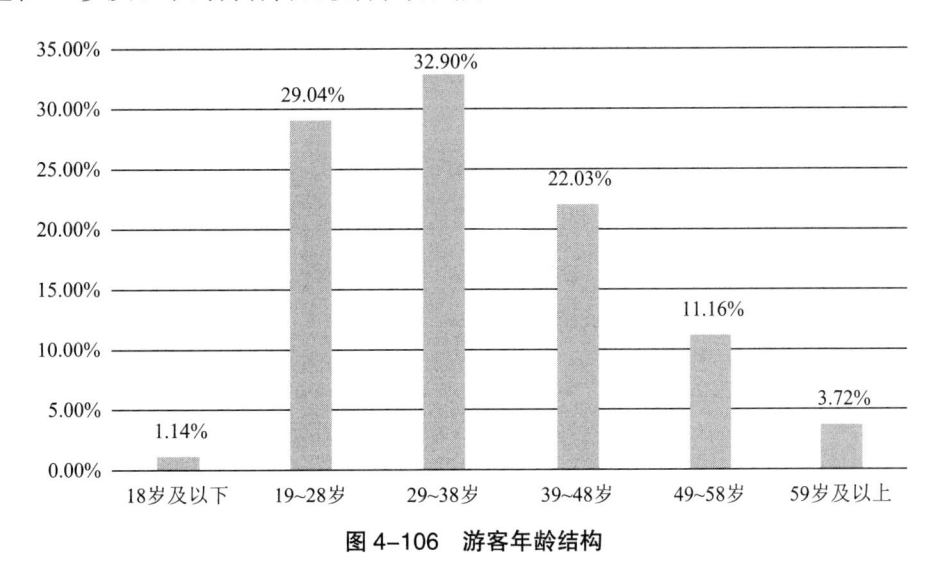

图4-106 游客年龄结构

从受教育程度来看：大专/本科学历的游客占比最高，为63.96%；高中/中专及以下学历的游客占比为25.26%；硕士及以上学历的游客占比10.78%（见图4-107）。

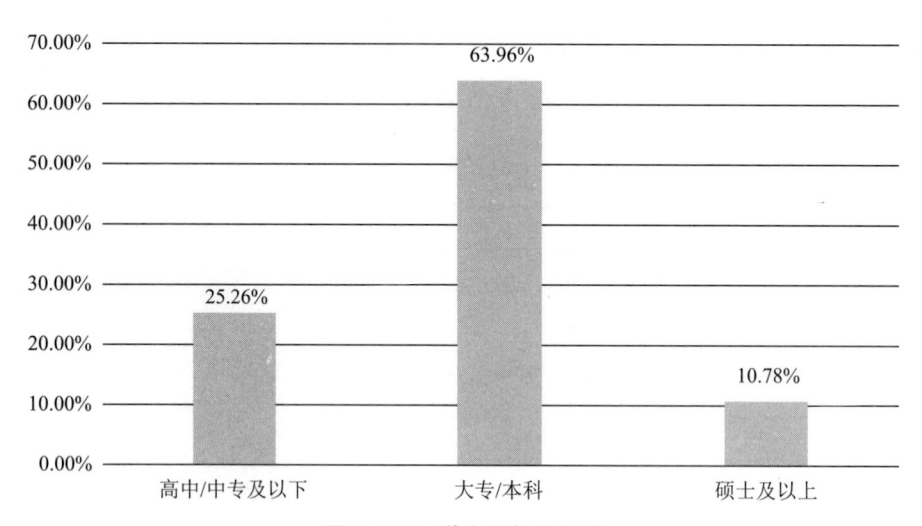

图 4-107　游客受教育程度

从职业结构来看：游客群体中公司职员的占比最高，为 34.89%；其次为自由职业 / 个体经营者，比例为 33.22%；公务员 / 事业单位人员和企业中高层管理者 / 私企老板的占比接近，分别为 10.85% 和 10.52%；学生和军人的占比较低，分别为 3.67% 和 0.50%（见图 4-108）。

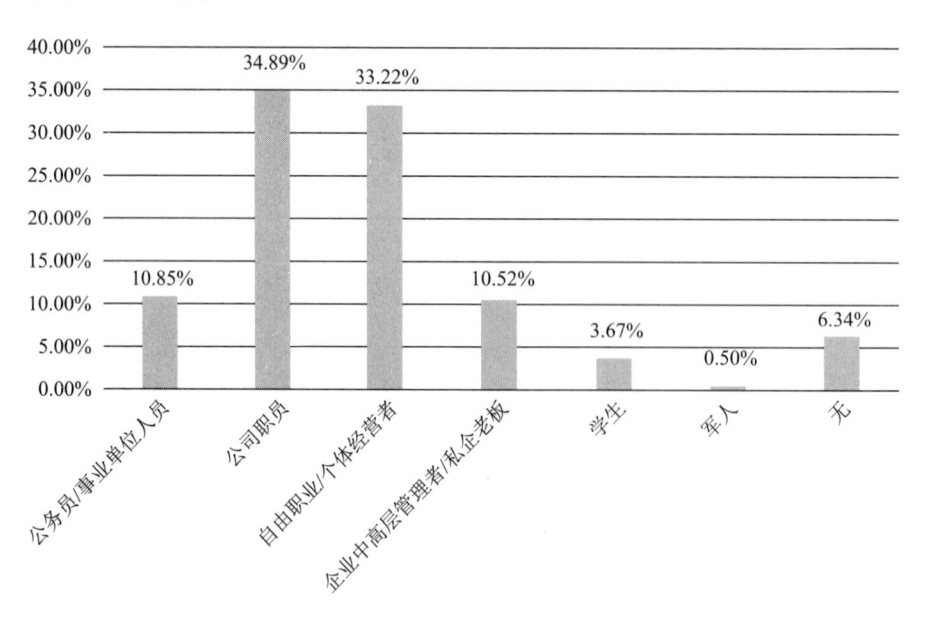

图 4-108　游客职业结构

从收入情况来看：游客群体中月收入在 6001~8000 元的占比最高，比例为 28.76%；其次为月收入 4001~6000 元，占比为 27.58%；月收入在 8001~10000 元的游客占比为 15.57%；月收入在 10000 元以上的游客占比为 14.72%；月收入在 4000 元及以下的游

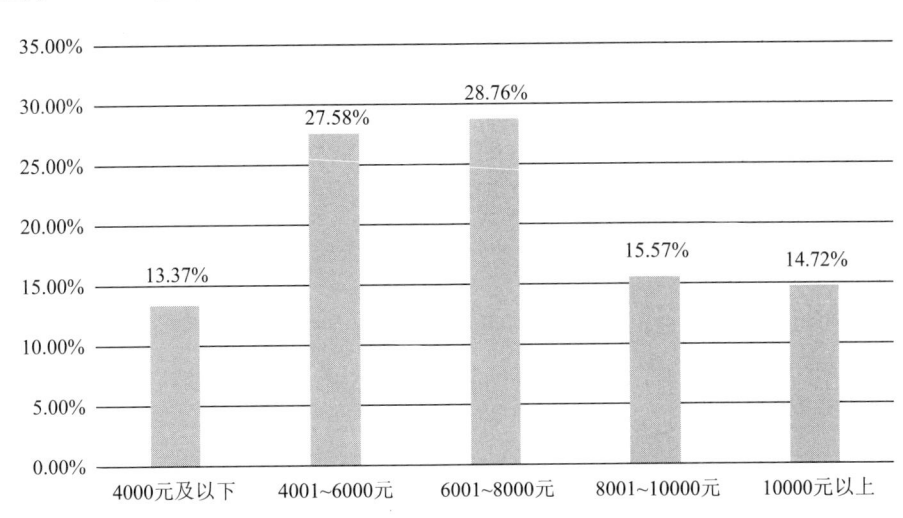

客占比为 13.37%（见图 4-109）。

图 4-109 游客月收入情况

从婚姻状况来看：游客群体中已婚有小孩的占比最多，比例为 53.58%；未婚游客占被调查游客的 27.99%；已婚无小孩的游客占比为 14.33%（见图 4-110）。

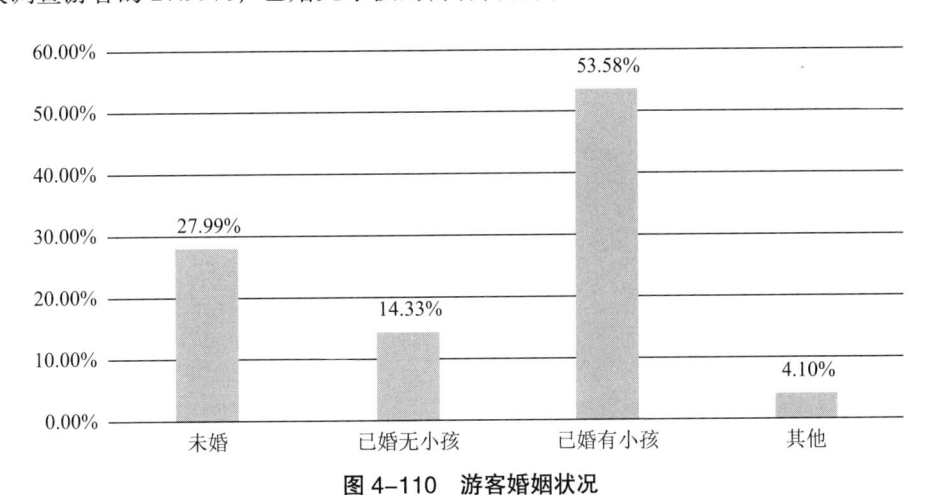

图 4-110 游客婚姻状况

7. 温泉旅游游客的感知价值与满意度

根据 2024 年中国温泉旅游重点企业员工满意度调研问卷结果，在有关游客对温泉旅游地印象问题的回答中，81.97% 的游客认为温泉旅游价格合理，90.26% 的游客对酒店服务非常满意，91.13% 的游客对温泉的综合配套设施非常满意，91.70% 的游客对温泉品质非常满意，86.80% 的游客对抵达的交通便利性非常满意，91.14% 的游客表示会向亲朋好友推荐温泉旅游，92.11% 的游客表示会再次进行温泉旅游（见图 4-111）。

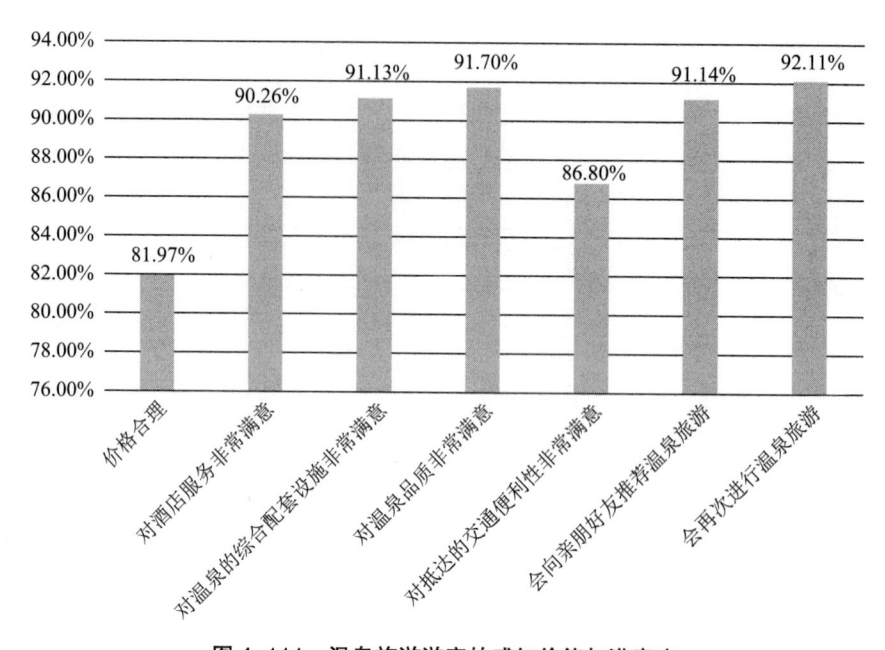

图 4-111　温泉旅游游客的感知价值与满意度

（三）温泉企业运营特征

1. 企业收入结构

西南地区温泉企业收入中，温泉收入占比为 23.87%，客房收入占比为 46.72%，餐饮收入占比为 20.02%，会议收入占比为 0.58%，其他收入（乐园、康养及其他消费项目）占比为 8.81%。由统计可知，西南地区温泉企业的客房收入在总收入中占比最高，其次分别是温泉收入、餐饮收入、其他收入和会议收入（见图 4-112）。

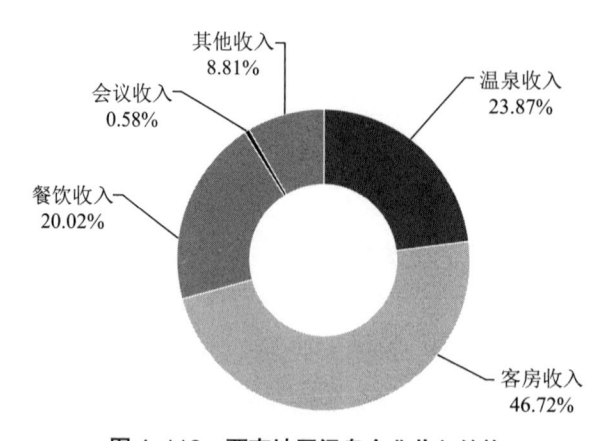

图 4-112　西南地区温泉企业收入结构

2.过夜率

根据调查结果,2023年全年,西南地区的温泉企业接待过夜人数共3248.93万人次。其中,贵州的温泉企业接待过夜游客144.98万人次,过夜率为47.88%,占该地区温泉接待总过夜人数的4.46%;四川的温泉企业接待过夜游客1648.99万人次,过夜率为77.09%,占该地区温泉接待总过夜人数的50.75%;西藏的温泉企业接待过夜游客35.97万人次,过夜率为44.13%,占该地区温泉接待总过夜人数的1.11%;云南的温泉企业接待过夜游客1337.06万人次,过夜率为72.06%,占该地区温泉接待总过夜人数的41.15%;重庆的温泉企业接待过夜游客81.92万人次,过夜率为45.88%,占该地区温泉接待总过夜人数的2.52%。四川和云南的年接待过夜人数在西南地区排前两位(见表4-42)。

表4-42　2023年西南地区温泉旅游过夜率统计

地区	接待过夜人数(万人次)	过夜率	地区占比
贵州	144.98	47.88%	4.46%
四川	1648.99	77.09%	50.75%
西藏	35.97	44.13%	1.11%
云南	1337.06	72.06%	41.15%
重庆	81.92	45.88%	2.52%
总计	3248.93	71.29%	100.00%

3.更衣柜指数

根据调查结果,2023年全年,西南地区温泉企业更衣柜总数达76.05万个,更衣柜指数为4.99,更衣柜使用率为16.42%(见表4-43)。

表4-43　2023年西南地区更衣柜指数

项目	月接待人数(万人次)	更衣柜数(万个)	更衣柜指数	更衣柜使用率
数量	379.79	76.05	4.99	16.42%

(四)温泉企业人力资源状况

1.温泉企业人力资源结构

根据调查结果,西南地区温泉企业从业人员总数平均为270人。按部门划分:客房部员工和温泉部员工占比相差不大,分别为21.56%和21.25%;餐饮部员工和前厅部员工占比也接近,分别为14.38%和13.13%;销售部员工和后勤与卫生部员工的占比相同，为5.63%；工程部员工占比5.00%；财务部员工占比2.81%；安保部员工占比2.19%；人力资源部员工占比1.88%；采购部员工占比1.56%；其他部门员工占比5.00%（见图4-113）。

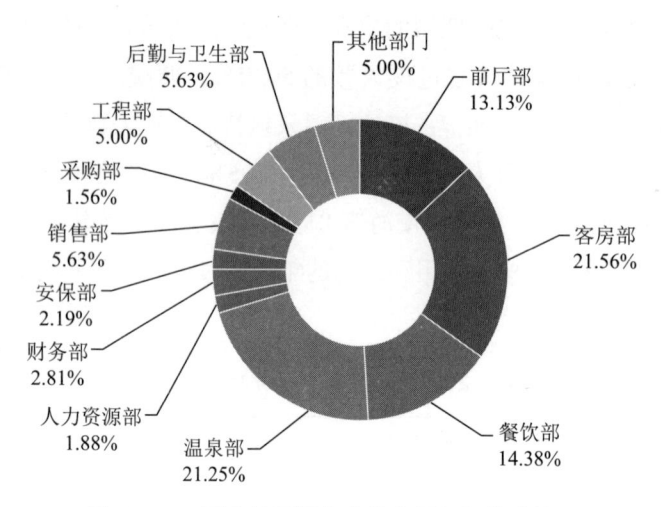

图4-113 西南地区温泉企业人员部门构成情况

调查结果显示：2024年西南地区温泉企业员工中，女性占比69.39%，男性占比30.61%（见图4-114）。

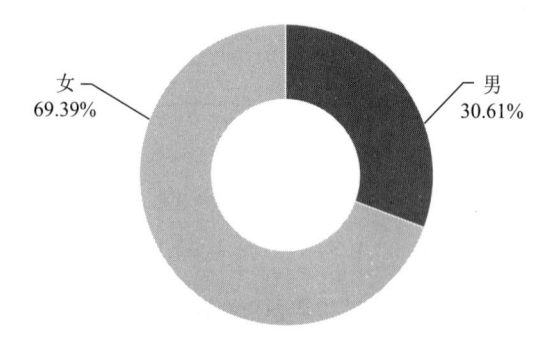

图4-114 西南地区温泉企业员工性别比例

调查结果显示：2024年西南地区温泉企业在职员工年龄分布情况为：31~40岁的员工占比为43.18%；20~30岁的员工占比为28.69%；41~50岁的员工占比为19.60%；50岁以上和20岁以下的员工占比相同，比例为4.26%（见图4-115）。

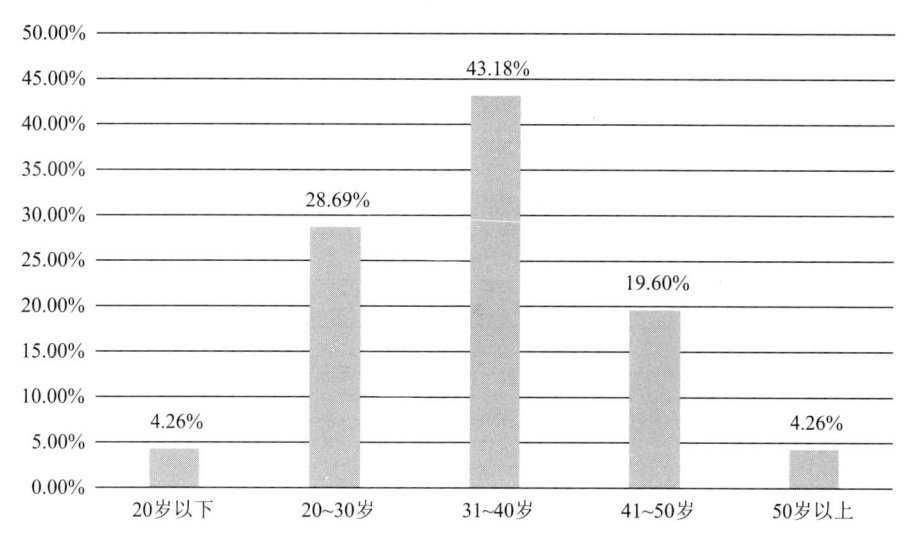

图 4-115 西南地区温泉企业员工年龄结构情况

2. 温泉企业人力资源情况

从员工工资分配来看：西南地区温泉企业中月收入在2000元及以下的员工数量占本地区员工总数的11.73%；38.27%的员工工资在2001~3000元；28.70%的员工工资在3001~4000元；13.89%的员工工资在4001~5000元；7.41%的员工工资在5000元以上（见图4-116）。

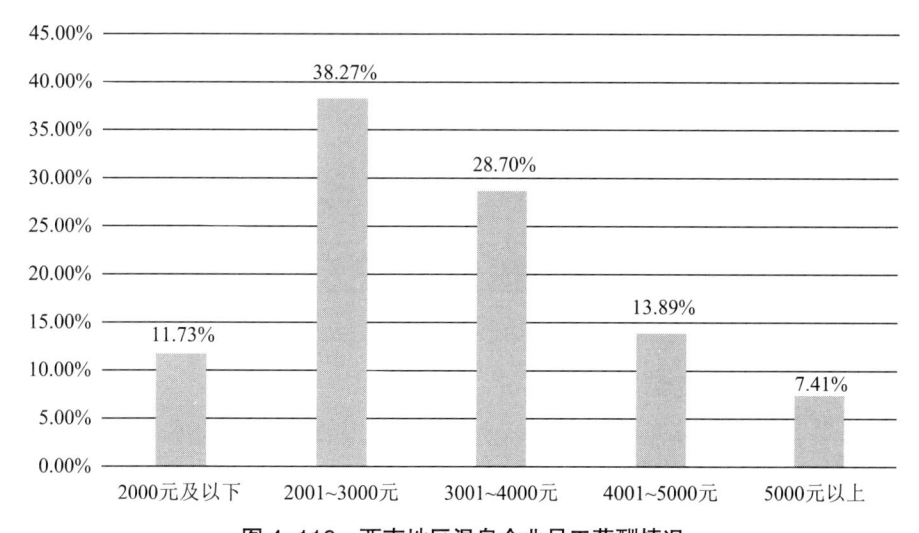

图 4-116 西南地区温泉企业员工薪酬情况

从基层员工工资分配来看：西南地区温泉企业中月收入在2000元及以下的员工数量占本地区基层员工总数的33.04%；46.43%的基层员工工资在2001~3000元；17.86%的基层员工工资在3001~4000元；1.79%的基层员工工资在4001~5000元；0.89%的基

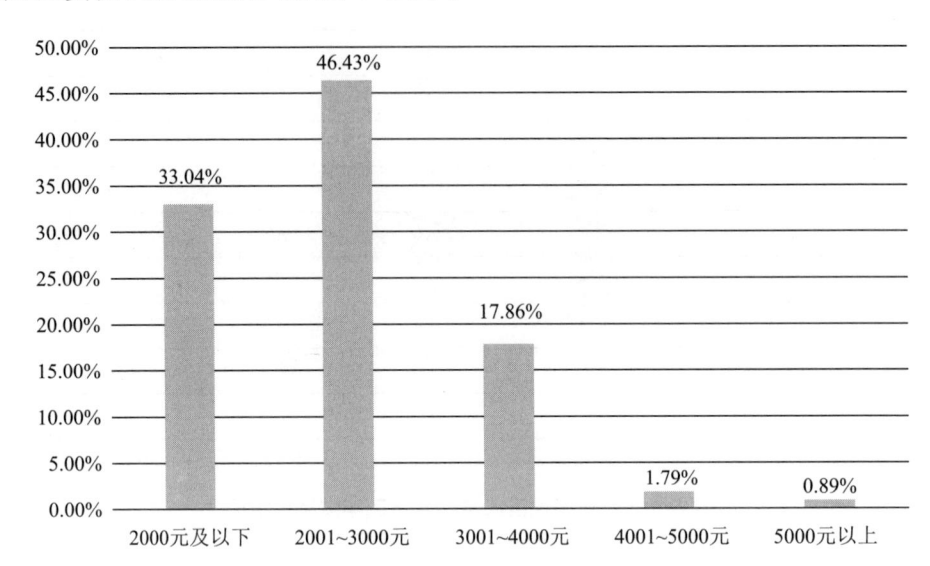

层员工工资在 5000 元以上（见图 4-117）。

图 4-117 西南地区温泉企业基层员工薪酬情况

3. 温泉企业人力资源配置效率

调查结果显示：客房部员工数与客房数的比值为 1∶2.86，表示西南地区的温泉企业平均每个员工服务 2.86 间客房，这一比值较 2021 年（1∶6.13）有所提高；总员工数与项目总建筑面积的比值为 1∶112.43，表示平均每个员工需要服务的建筑面积为 112.43 平方米，这一比值较 2021 年（1∶462.54）有所提高；温泉部员工数与温泉池数量的比值为 1∶0.95，表示平均每个员工需要服务 0.95 个温泉泡池，这一数值较 2021 年（1∶1.17）有所提高（见表 4-44）。

表 4-44 西南地区温泉企业人力资源配置情况

分类	客房部员工数/客房数	总员工数/项目总建筑面积	温泉部员工数/温泉池数量
比值	1∶2.86	1∶112.43	1∶0.95

4. 温泉企业员工满意度

调查结果显示：2024 年西南地区温泉企业员工总体满意度均值为 4.26，总体上比较满意。各分项满意度情况如下：薪资福利的满意度均值为 3.84，表示员工对此项的态度为一般；工作本身的满意度均值为 4.10，表示员工对此项的态度为较满意；工作环境的满意度均值为 4.14，表示员工对此项的态度较为满意；企业文化的满意度均值为 4.28，表示员工对此项的态度较为满意；管理水平的满意度均值为 4.10，表示员工对此项的态度较为满意；发展机会的满意度均值为 4.12，表示员工对此项的态度较为满意。其中，员工对于薪资福利、工作本身、工作环境、管理水平、发展机会的满意度均值低于总体均值（见图4-118）。

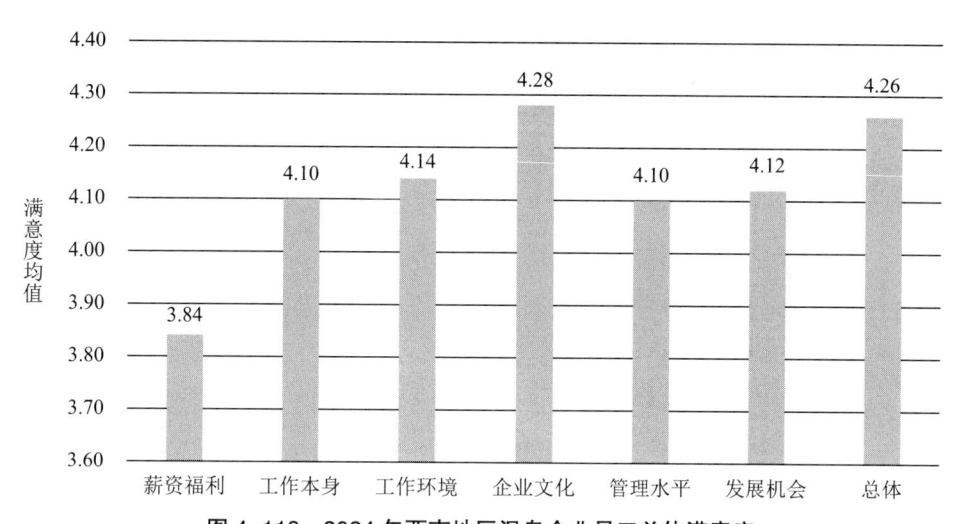

图 4-118　2024 年西南地区温泉企业员工总体满意度

六、中南地区[①]温泉旅游发展情况

（一）温泉旅游发展总体情况

1. 企业数量

据统计，2023年中南地区共有温泉企业1715家，以温泉酒店为主。其中，广东有温泉企业1302家，占地区总量比重为75.92%，占全国总量比重为25.17%；广西有温泉企业44家，占地区总量比重为2.57%，占全国总量比重为0.85%；海南有温泉企业50家，占地区总量比重为2.92%，占全国总量比重为0.97%；河南有温泉企业188家，占地区总量比重为10.96%，占全国总量比重为3.63%；湖北有温泉企业72家，占地区总量比重为4.20%，占全国总量比重为1.39%；湖南有温泉企业59家，占地区总量比重为3.44%，占全国总量比重为1.14%（见表4-45）。

表4-45　2023年中南地区温泉企业数量情况

地区	温泉企业数量（家）	地区占比	全国占比
广东	1302	75.92%	25.17%
广西	44	2.57%	0.85%
海南	50	2.92%	0.97%
河南	188	10.96%	3.63%
湖北	72	4.20%	1.39%
湖南	59	3.44%	1.14%
总计	1715	100.00%	33.16%

2. 温泉旅游接待情况

根据2024年中国温泉旅游重点企业调查问卷结果，2023年全年，中南地区温泉企业总接待人数达25072.64万人次，占全国温泉企业接待总人数的43.11%。其中，广东的温泉企业接待游客总人数达19441.46万人次，占中南地区接待总人数的77.54%，占全国接待总人数的33.43%；广西的温泉企业接待游客总人数达607.07万人次，占中南

[①] 中南地区指华中地区和华南地区。

地区接待总人数的2.42%，占全国接待总人数的1.04%；海南的温泉企业接待游客总人数达689.85万人次，占中南地区接待总人数的2.75%，占全国接待总人数的1.19%；河南的温泉企业接待游客总人数达2593.83万人次，占中南地区接待总人数的10.35%，占全国接待总人数的4.46%；湖北的温泉企业接待游客总人数达993.38万人次，占中南地区接待总人数的3.96%，占全国接待总人数的1.71%；湖南的温泉企业接待游客总人数达747.05万人次，占中南地区接待总人数的2.98%，占全国接待总人数的1.28%。广东省全年接待人数在整个中南地区排首位（见表4-46）。

表4-46 2023年中南地区温泉旅游接待情况

地区	接待总人数（万人次）	地区占比	全国占比
广东	19441.46	77.54%	33.43%
广西	607.07	2.42%	1.04%
海南	689.85	2.75%	1.19%
河南	2593.83	10.35%	4.46%
湖北	993.38	3.96%	1.71%
湖南	747.05	2.98%	1.28%
总计	25072.64	100.00%	43.11%

根据调查结果：2023年全年，中南地区的温泉企业接待旅行社游客9276.88万人次，占该地区全年接待总人数的37.00%；接待协议客户2757.99万人次，占该地区全年接待总人数的11.00%；接待本企业网站预订的游客2883.35万人次，占该地区全年接待总人数的12.00%；接待现场购票的游客1504.36万人次，占该地区全年接待总人数的6.00%；接待OTA（如携程网等）游客5014.53万人次，占该地区全年接待总人数的20.00%；接待其他渠道的游客3635.53万人次，占该地区全年接待总人数的15.00%（见表4-47）。

表4-47 2023年中南地区温泉旅游游客类型情况

类型	旅行社	协议客户	本企业网站预订	现场购票	OTA	其他渠道
人数（万人次）	9276.88	2757.99	2883.35	1504.36	5014.53	3635.53
占比	37.00%	11.00%	12.00%	6.00%	20.00%	15.00%

根据调查结果：2023年全年，中南地区的温泉企业总接待收入达724.04亿元，占全国温泉企业总接待收入的40.07%。其中，广东的温泉企业接待收入达535.09亿元，占该地区温泉总接待收入的73.90%，占全国温泉总接待收入的29.61%；广西的温泉企业接待收入达18.22亿元，占该地区温泉总接待收入的2.52%，占全国温泉总接待收入

的 1.01%；海南的温泉企业接待收入达 26.17 亿元，占该地区温泉总接待收入的 3.61%，占全国温泉总接待收入的 1.45%；河南的温泉企业接待收入达 81.30 亿元，占该地区温泉总接待收入的 11.23%，占全国温泉总接待收入的 4.50%；湖北的温泉企业接待收入达 34.82 亿元，占该地区温泉接待总收入的 4.81%，占全国温泉总接待收入的 1.93%；湖南的温泉企业接待收入达 28.43 亿元，占该地区温泉总接待收入的 3.93%，占全国温泉总接待收入的 1.57%。广东的年温泉接待收入在中南地区排首位（见表 4-48）。

表 4-48 2023 年中南地区温泉旅游接待收入情况

地区	接待总收入（亿元）	地区占比	全国占比
广东	535.09	73.90%	29.61%
广西	18.22	2.52%	1.01%
海南	26.17	3.61%	1.45%
河南	81.30	11.23%	4.50%
湖北	34.82	4.81%	1.93%
湖南	28.43	3.93%	1.57%
总计	724.04	100.00%	40.07%

3. 温泉旅游价格情况

在温泉门票价格方面，中南地区平均温泉票价为 127.2 元，较全国平均温泉票价高 36.2 元。其中，河南平均温泉票价为 119.75 元，低出中南地区平均票价 7.45 元；湖北平均温泉票价为 105.75 元，低出中南地区平均票价 21.45 元；湖南平均温泉票价为 153 元，高出中南地区平均票价 25.8 元；广西平均温泉票价为 90.25 元，低出中南地区平均票价 36.95 元；广东平均温泉票价为 153.5 元，高出中南地区平均票价 26.3 元；海南平均温泉票价为 141 元，高出中南地区平均票价 13.8 元。

在客房价格方面，中南地区平均房价为 577.34 元，比全国平均房价低 26.97 元。其中，河南平均房价为 246.32 元，低出中南地区平均房价 331.02 元；湖北平均房价为 436.47 元，低出中南地区平均房价 140.86 元；湖南平均房价为 602.69 元，高出中南地区平均房价 25.36 元；广西平均房价为 300.66 元，低出中南地区平均房价 276.68 元；广东平均房价为 647.85 元，高出中南地区平均房价 70.81 元；海南平均房价为 402.17 元，低出中南地区平均房价 175.17 元（见表 4-49）。

表 4-49 2023 年中南地区温泉旅游价格情况

地区	平均温泉票价（元）	平均房价（元）
广东	153.5	647.85
广西	90.25	300.66

续表

地区	平均温泉票价（元）	平均房价（元）
海南	141	402.17
河南	119.75	246.32
湖北	105.75	436.47
湖南	153.00	602.69
总计	127.2	577.34

（二）温泉旅游者特征

1. 温泉泡浴特征

根据2024年中国温泉旅游消费者抽样调查问卷结果，中南地区温泉游客中不确定年频次的占比为23.70%，每年泡浴1~3次的游客占比为30.19%，每年4~6次的温泉游客占比为19.81%，每年泡浴温泉7~9次的温泉游客占比为12.99%，每年泡浴10次及以上的游客比例为13.31%（见图4-119）。

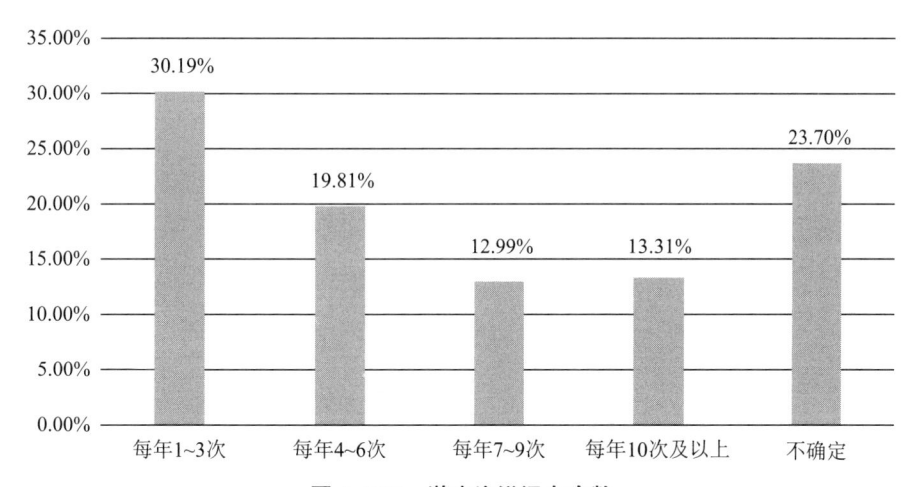

图4-119 游客泡浴温泉次数

调查结果显示：中南地区温泉游客中每年12月~次年2月泡浴的游客群体占比为31.20%；每年3~5月和9~11月泡浴的游客占比分别为16.71%和15.60%；每年6~8月泡浴的游客占比最小，为5.57%；不确定时段的温泉游客占比为30.92%（见图4-120）。

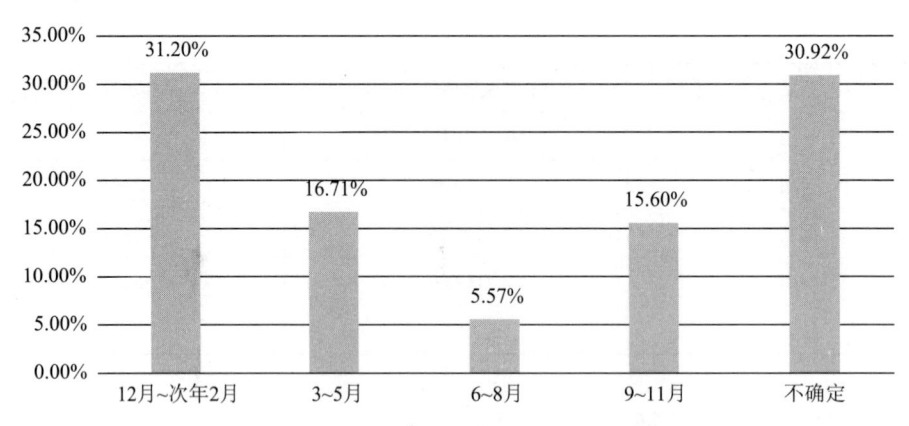

图 4-120　游客泡浴温泉的时间情况

2. 信息获取特征

调查结果显示：通过大众点评/美团/携程等平台获取信息的游客占比最高，比例为 23.50%；其次是通过亲朋好友占比为 20.58%；通过旅行社咨询、短视频平台和公众号推送获取信息的游客占比接近，分别为 14.75%、14.21% 和 13.30%；通过小红书等 App 和户外广告获取信息的游客占比较低，分别为 7.47% 和 2.00%；通过综艺节目获取信息的游客占比最低，仅为 0.91%；另外还有 3.28% 的游客通过其他渠道获取温泉信息（见图 4-121）。

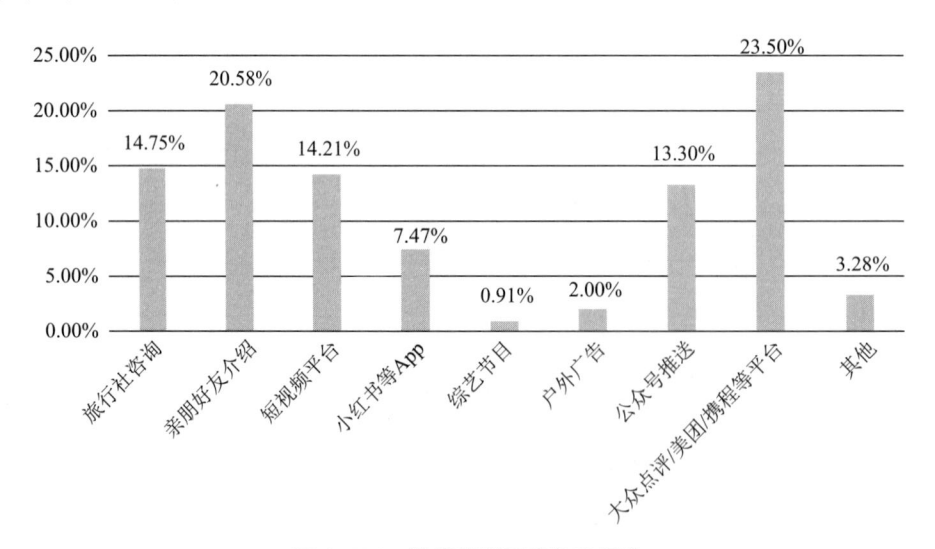

图 4-121　游客获取酒店信息渠道

调查结果显示：通过第三方网络预订系统（携程网/艺龙网/美团等）购买温泉产品的游客占比最高，为 30.58%；通过官网、亲友关系和旅行社购买温泉产品的游客比例接近，分别为 17.63%、17.41% 和 16.07%；通过现场购买温泉产品的游客占比较低，

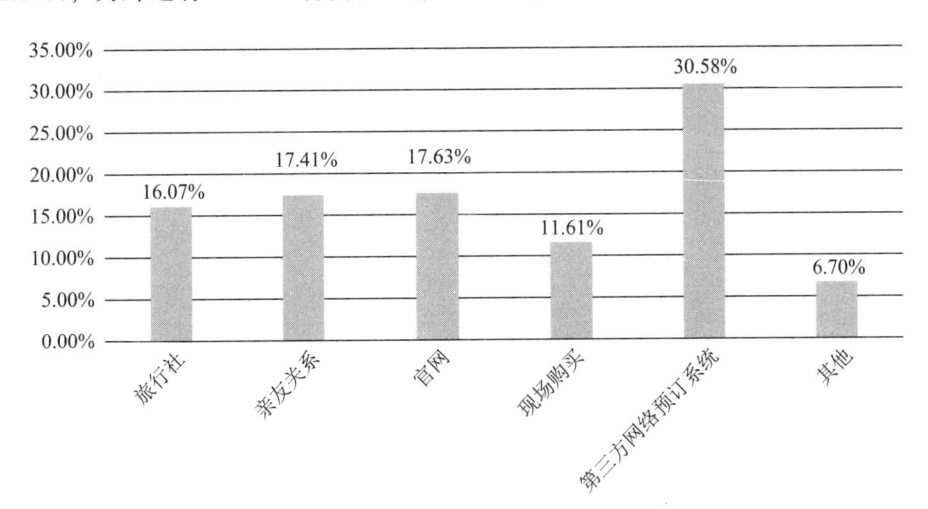

为 11.61%；另外还有 6.70% 的游客通过其他途径购买温泉产品（见图 4-122）。

图 4-122 游客购买温泉产品的渠道

3. 游客出行特征

调查结果显示，游客通过自驾车到达温泉旅游地的占比最高，比例为 71.85%；通过团队包车/大巴到达温泉旅游地的比例为 14.08%；通过公交/地铁和飞机到达温泉旅游地的比例分别为 4.40% 和 4.11%；通过火车/高铁到达温泉旅游地的比例为 3.81%；游客通过自行车到达温泉旅游地的占比最低，占比仅为 1.76%（见图 4-123）。

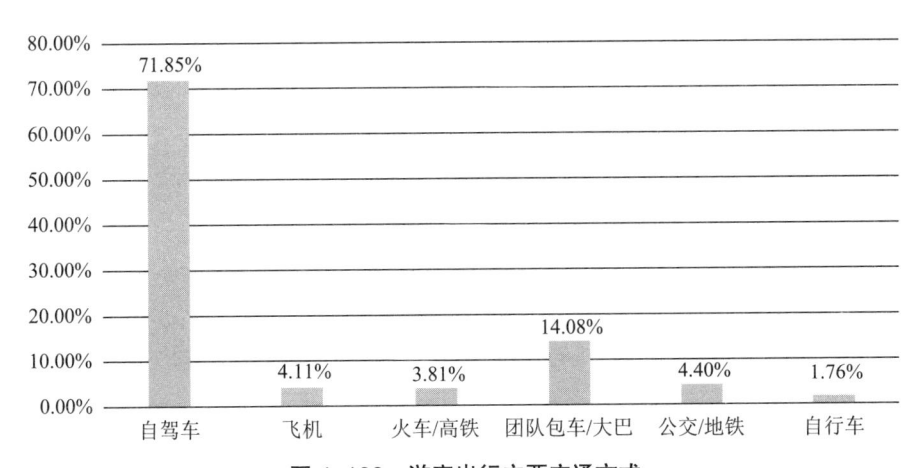

图 4-123 游客出行主要交通方式

调查结果显示：游客与好友同行的占比最高，为 33.67%；其次是与家人同行，占比为 28.06%；情侣同行和公司同事同行的游客比例分别为 14.03% 和 12.76%；独自出行的游客比例为 7.65%；与商务合作方同行的游客占比最低，比例为 3.83%（见图 4-124）。

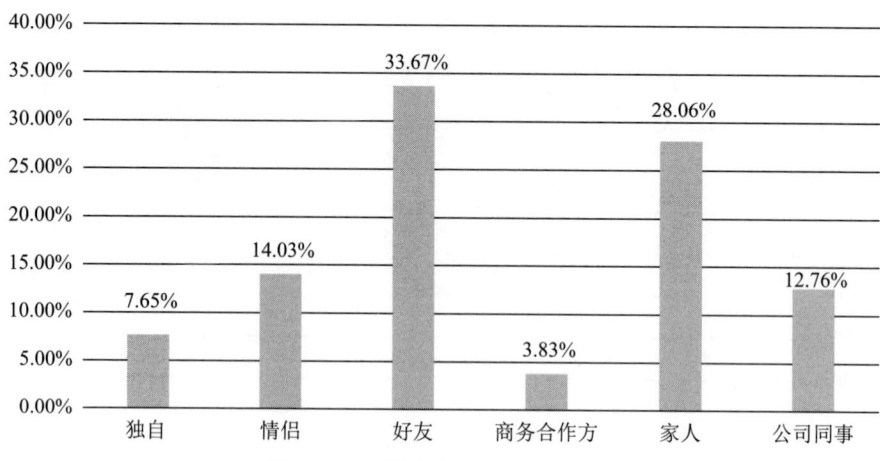

图 4-124　游客出行陪同人员情况

4. 产品偏好特征

调查结果显示，游客认为温泉项目必备的配套设施中：温泉泡池占比最大，为12.20%；自助餐厅和水上乐园占比差距较小，分别为8.80%和8.09%；健身房、儿童游乐场和SPA水疗的占比接近，分别为7.28%、7.00%和6.72%；按摩室、中餐厅和理疗室的占比接近，分别为5.87%、5.82%和5.53%；棋牌室和西餐厅的占比相同，比例为3.55%；游戏厅、电影院、体检中心、酒吧和KTV所占的比例分别为3.97%、3.50%、3.31%、3.22%和3.12%；购物商店、户外球场和会议室的占比较低，比例分别为2.98%、2.37%和2.32%；书店所占的比例最小，仅为0.80%（见图4-125）。

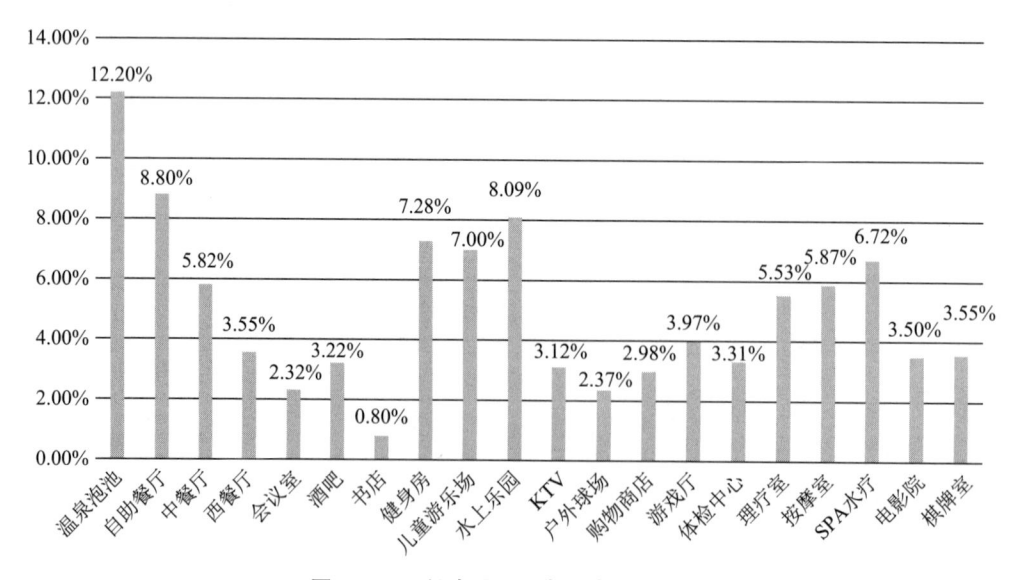

图 4-125　温泉项目必备配套设施情况

调查结果显示，在游客最喜欢体验的温泉产品中：自然环境中的温泉产品占比最高，为12.32%；特色加料池（中药/花瓣/茶/酒/牛奶等）占比较高，为10.47%；水疗池（冲击、泡泡、漩涡等）和温泉石板浴的占比接近，分别为8.50%和8.10%；温泉泳池和温泉SPA的占比分别为7.92%和7.63%；温泉水乐园和温泉美食（温泉蛋、温泉粥等）的占比相同，均为6.54%；私密温泉（室内）和温泉泥矿、温泉砂浴的占比也相同，为6.42%；温泉鱼疗池、温泉理疗项目和温泉博物馆所占的比例分别为5.73%、4.68%和3.88%；裸汤（男女分开）和死海漂浮所占的比例较低，分别为2.43%和2.26%（见图4-126）。

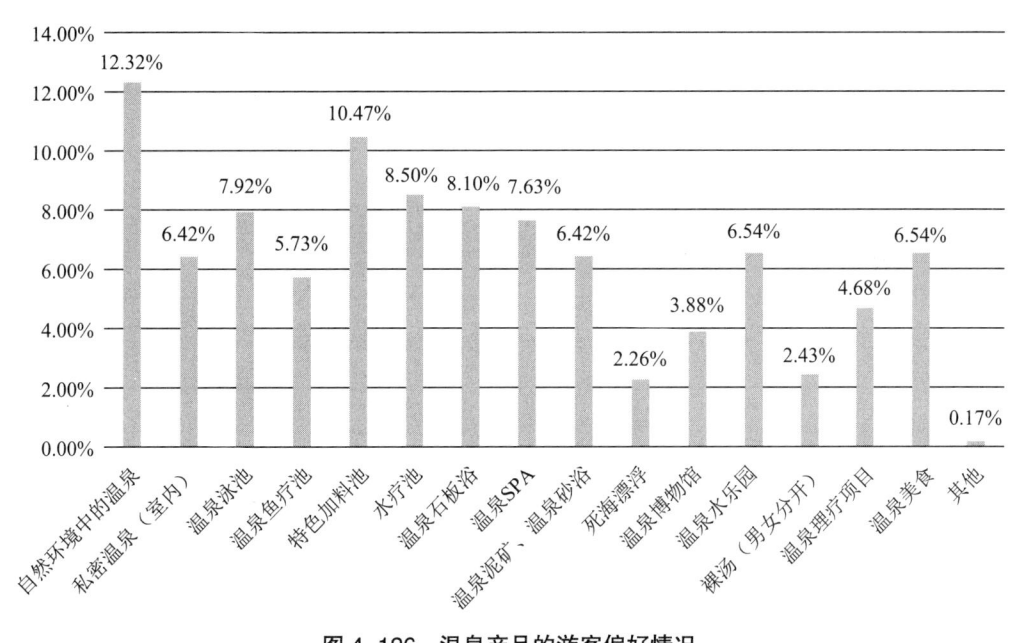

图4-126 温泉产品的游客偏好情况

调查结果显示，在有关游客在温泉项目地的停留时间问题的回答中：选择停留2天的游客占首位，接近一半的比例，达49.51%；选择停留1天的游客占次位，比例为29.84%；再者为选择停留3天的游客，占比为15.08%；选择停留4~7天的游客占比为3.28%；选择停留7天以上的游客所占的比例最低，仅为2.30%（见图4-127）。

调查结果显示，在有关游客在温泉项目地的消费情况问题当中：游客的住宿消费占比最高，为43.71%；游客的餐饮消费和交通消费所占比重相差不大，位居其后，分别为18.28%和16.15%；周边农家乐消费和门票消费的所占比重接近，分别为6.81%和6.79%；娱乐项目和纪念品的消费所占比重较低，分别为2.86%和0.95%；另外，其他消费所占的比例为6.60%（见图4-128）。

图 4-127　游客停留时长

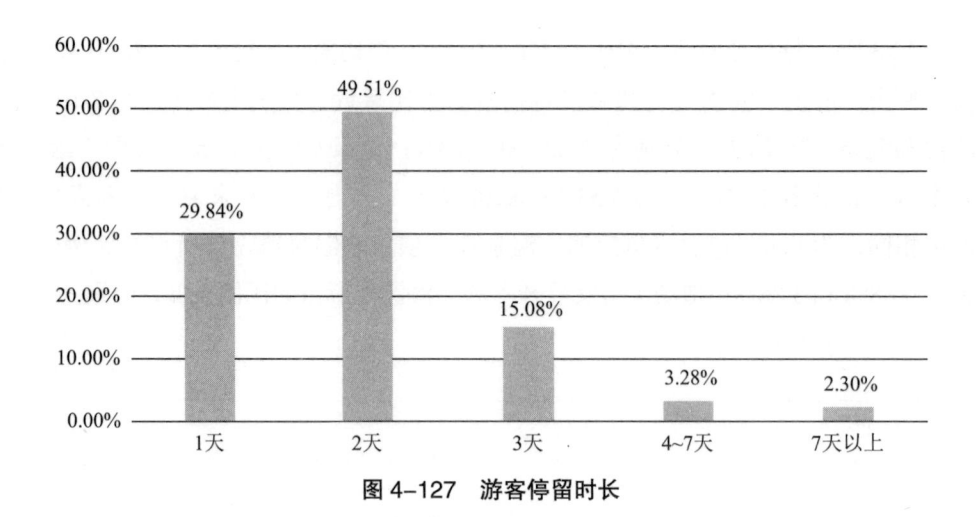

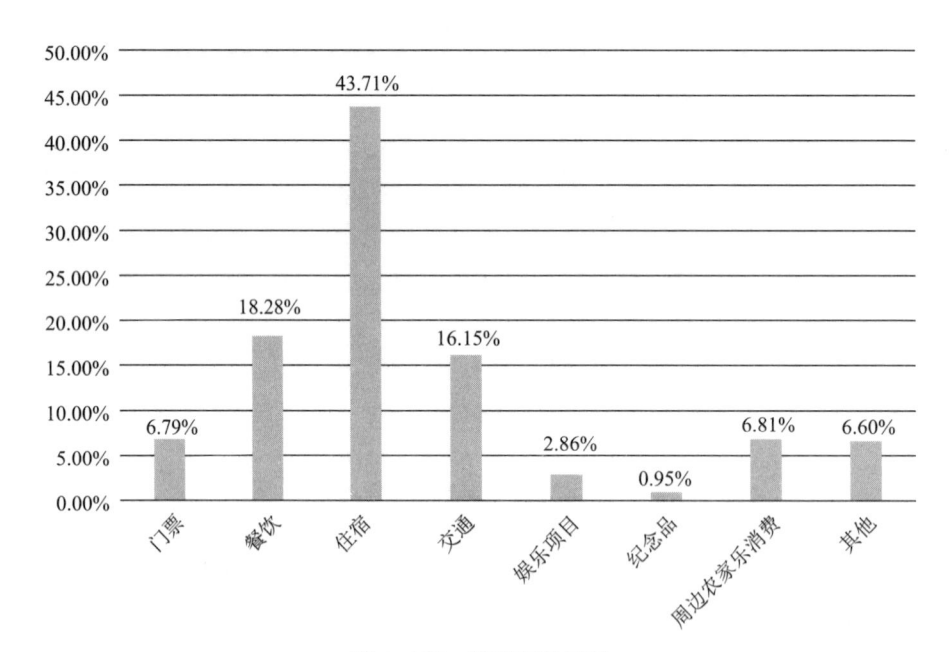

图 4-128　游客消费情况

5. 游客感知情况

调查结果显示，在有关游客对温泉旅游地体验感问题的回答中：89.11% 的游客认为温泉旅游地应该要促进健康；93.73% 的游客认为温泉旅游地应该能够放松身心；93.71% 的游客认为温泉旅游地应该注重安全性和私密性；92.74% 的游客认为温泉旅游地应该具有度假氛围；83.83% 的游客认为温泉旅游地应该豪华与尊贵；86.47% 的游客认为温泉旅游地应该具备病痛的缓解功能；90.43% 的游客认为温泉旅游地应该娱乐活动丰富；88.12% 的游客认为温泉旅游地应该拥有温泉本身及周边的历史文化；92.72%

的游客认为温泉旅游地应该让游客亲近自然（见表 4-50）。

表 4-50 温泉旅游地功能游客评价情况

评价指标	重要	一般	不重要
促进健康	89.11%	10.89%	0
放松身心	93.73%	5.94%	0.33%
安全性和私密性	93.71%	5.96%	0.33%
度假氛围	92.74%	6.27%	0.99%
豪华与尊贵	83.83%	15.18%	0.99%
病痛的缓解	86.47%	12.87%	0.66%
娱乐活动丰富	90.43%	8.91%	0.66%
温泉本身及周边的历史文化	88.12%	11.55%	0.33%
亲近自然	92.72%	6.95%	0.33%

6. 群体特征

调查结果显示：从性别结构来看，男性占比为 49.24%，女性占比为 50.76%（图 4-129）。

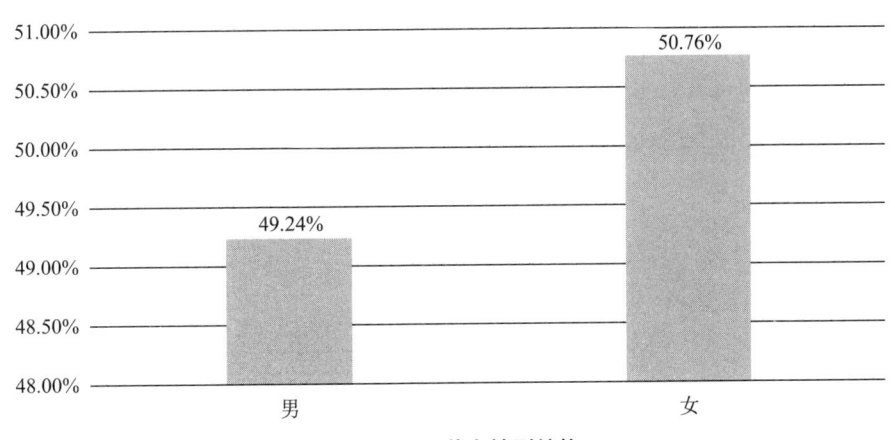

图 4-129 游客性别结构

从年龄结构来看：温泉旅游游客以 29~38 岁的游客最多，占比 32.89%；其次是 19~28 岁和 39~48 岁的游客，占比分别为 28.29% 和 25.00%；49~58 岁的游客占比 9.87%；59 岁及以上和 18 岁及以下的游客占比较低，分别为 2.63% 和 1.32%（见图 4-130）。

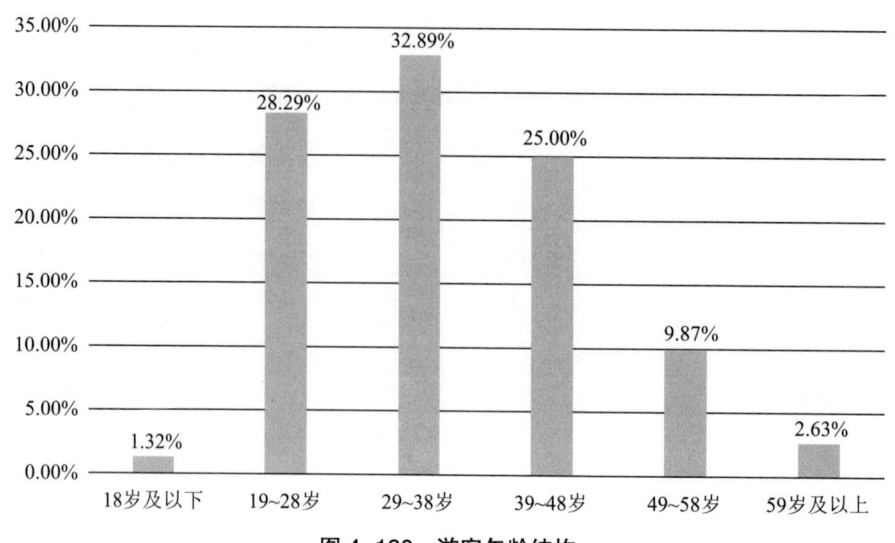

图 4-130　游客年龄结构

从受教育程度来看：大专/本科学历的游客占比最多，为 60.54%；高中/中专及以下学历的游客占比为 31.77%；硕士及以上学历的游客占比 7.69%（见图 4-131）。

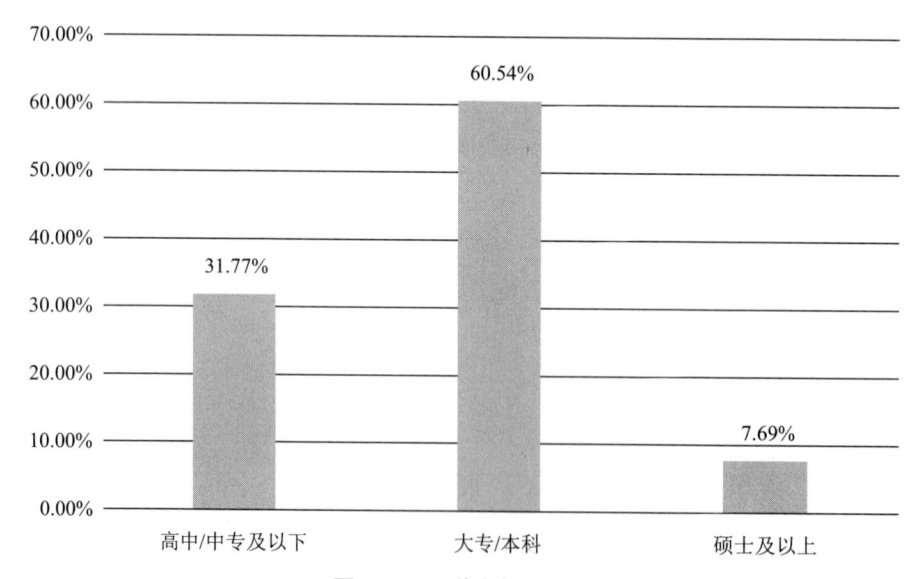

图 4-131　游客教育背景

从职业结构来看：游客群体中自由职业和个体经营者占比最高，比例为 36.16%；其次为公司职员，比例为 34.20%；企业中高层管理者/私企老板占比为 10.10%；公务员/事业单位人员占比 6.51%；军人占比最低，为 0.33%（见图 4-132）。

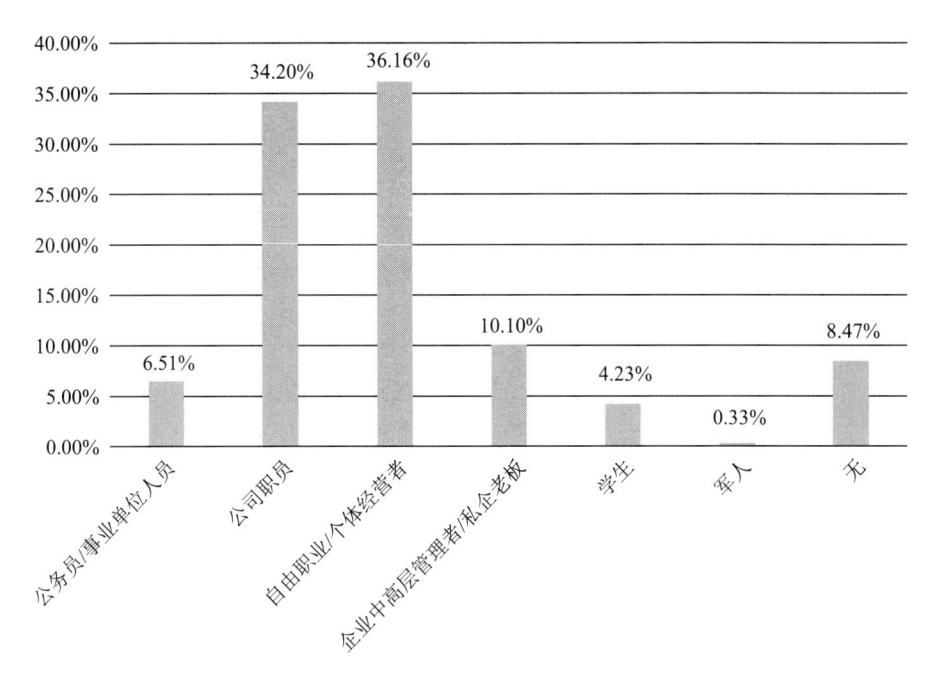

图 4-132　游客职业结构

从月收入情况来看：游客群体中月收入 6001~8000 元占比最高，为 32.24%；其次为月收入 4001~6000 元，占比为 28.95%；月收入在 4000 元及以下的游客占比为 15.13%；月收入在 8001~10000 元的游客占比为 13.16；月收入在 10000 元以上的游客占比为 10.53%（见图 4-133）。

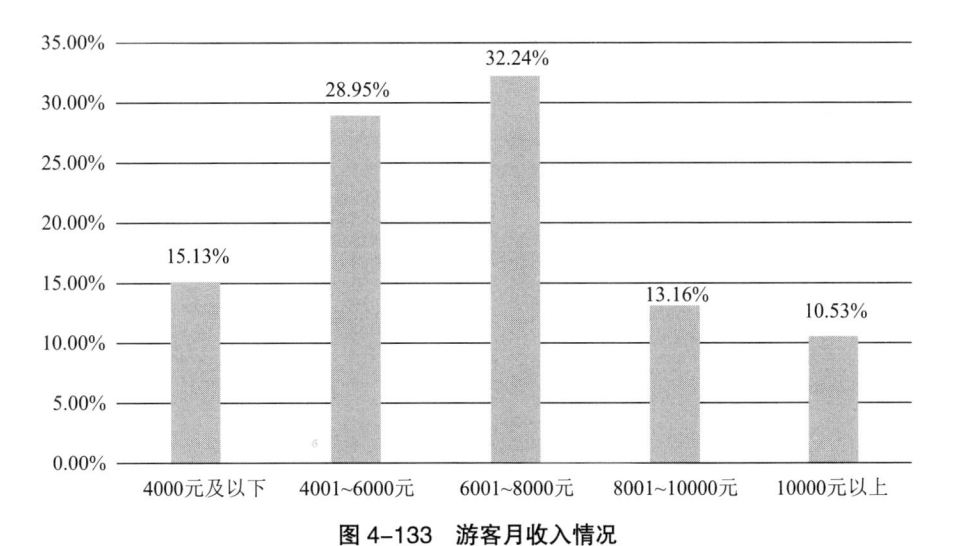

图 4-133　游客月收入情况

从婚姻状况来看：游客群体中已婚有小孩的占比最高，比例为 54.30%；未婚游客占被调查游客的 28.15%；已婚无小孩的游客占比为 12.91%（见图 4-134）。

图 4-134 游客婚姻状况

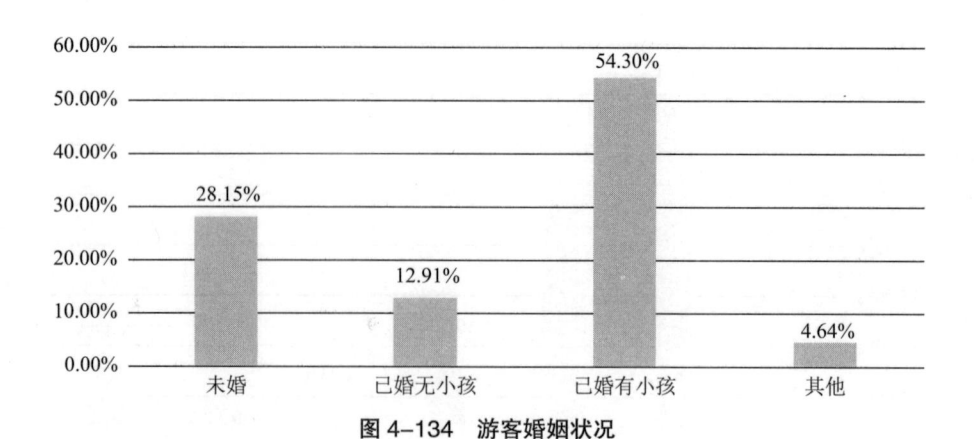

7. 温泉旅游游客的感知价值与满意度

调查结果显示：在有关游客对温泉旅游地印象问题的回答中，80.53%的游客认为温泉旅游价格合理，88.78%的游客对酒店服务非常满意，93.40%的游客对温泉的综合配套设施非常满意，95.05%的游客对温泉品质非常满意，83.50%的游客对抵达的交通便利性非常满意，91.42%的游客表示会向亲朋好友推荐温泉旅游，93.05%的游客表示会再次进行温泉旅游（见图4-135）。

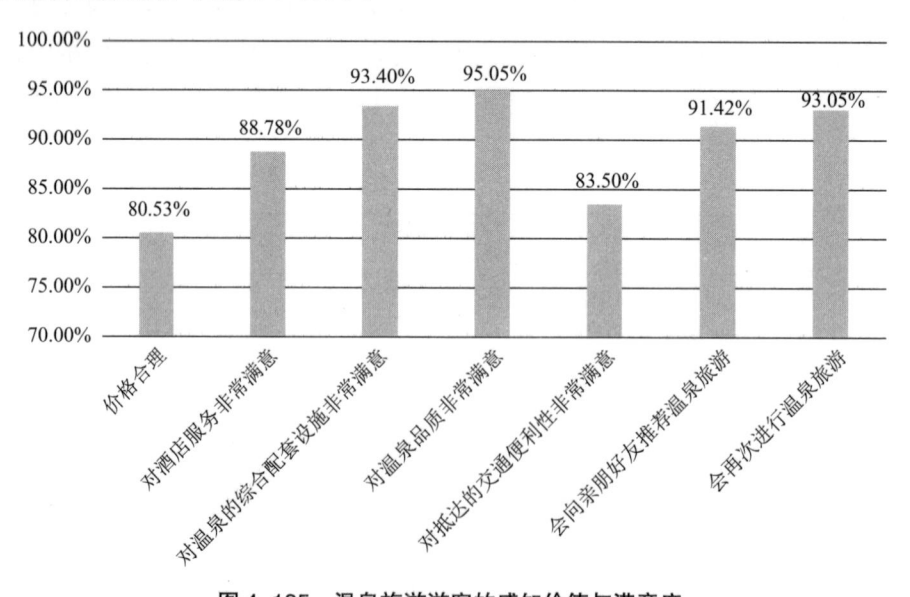

图 4-135 温泉旅游游客的感知价值与满意度

（三）温泉企业运营特征

1. 企业收入结构

中南地区温泉企业收入中，温泉收入占比为15.18%，客房收入占比为58.70%，餐饮收入占比为21.50%,会议收入占比为2.44%,其他收入(乐园、康养及其他消费项目)占比为2.16%。由此可知,中南地区温泉企业的客房收入在总收入中占比最高,客房收入和餐饮收入两项占总收入的八成,温泉收入、会议收入和其他收入占比相对较低(见图4-136)。

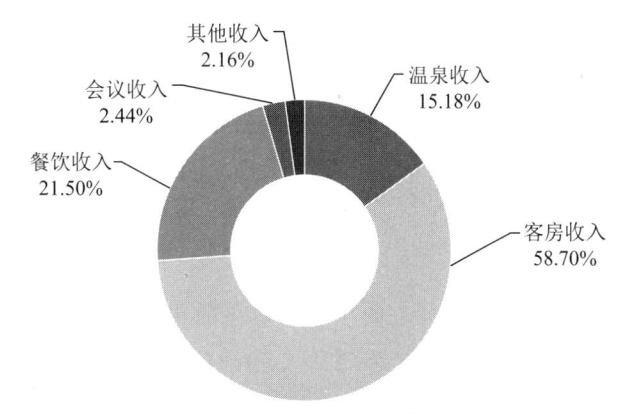

图4-136 中南地区企业收入结构

2. 过夜率

根据调查结果,2023年全年,中南地区的温泉企业接待过夜人数共25072.64万人次。其中,广东的温泉企业接待过夜游客19441.46万人次,过夜率为82.72%,占该地区温泉接待总过夜人数的77.54%;广西的温泉企业接待过夜游客607.07万人次,过夜率为63.90%,占该地区温泉接待总过夜人数的2.42%;海南的温泉企业接待过夜游客689.85万人次,过夜率为62.93%,占该地区温泉接待总过夜人数的2.75%;河南的温泉企业接待过夜游客2593.83万人次,过夜率为56.11%,占该地区温泉接待总过夜人数的10.35%;湖北的温泉企业接待过夜游客993.38万人次,过夜率为44.15%,占该地区温泉接待总过夜人数的3.96%;湖南的温泉企业接待过夜游客747.05万人次,过夜率为42.55%,占该地区温泉接待总过夜人数的2.98%(见表4-51)。

表4-51 2023年中南地区温泉旅游过夜率统计

地区	接待过夜人数(万人次)	过夜率	地区占比
广东	16082.04	82.72%	84.13%
广西	387.94	63.90%	2.03%
海南	434.10	62.93%	2.27%
河南	1455.28	56.11%	7.61%
湖北	438.59	44.15%	2.29%
湖南	317.86	42.55%	1.66%
总计	19115.82	76.24%	100.00%

3. 更衣柜指数

根据调查结果，2023年全年，中南地区的温泉企业更衣柜总数达172.13万个，更衣柜指数为12.14，更衣柜使用率为39.91%（见表4-52）。

表4-52 2023年中南地区更衣柜指数

项目	月接待人数（万人次）	更衣柜数（万个）	更衣柜指数	更衣柜使用率
数量	2089.39	172.13	12.14	39.91%

（四）温泉企业人力资源状况

1. 温泉企业人力资源结构

根据调查结果，中南地区温泉企业从业人员总数平均为400人。按部门划分，温泉部员工占比最高，为17.90%；客房部员工和前厅部员工占比相差不大，分别为14.79%和14.40%；餐饮部员工占比10.89%；销售部员工占比8.95%；后勤与卫生部员工占比6.61%；工程部员工占比6.23%；财务部员工占比4.28%；人力资源部员工占比3.11%；采购部员工占比1.95%；其他部门员工占比5.84%（见图4-137）。

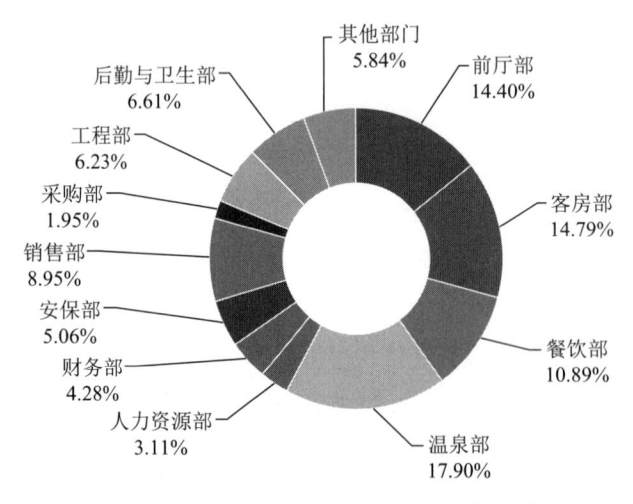

图4-137 中南地区温泉企业人员部门构成情况

按层级结构划分：基层员工占在职员工总数的67.20%，管理人员占在职员工总数的32.80%（见图4-138）。

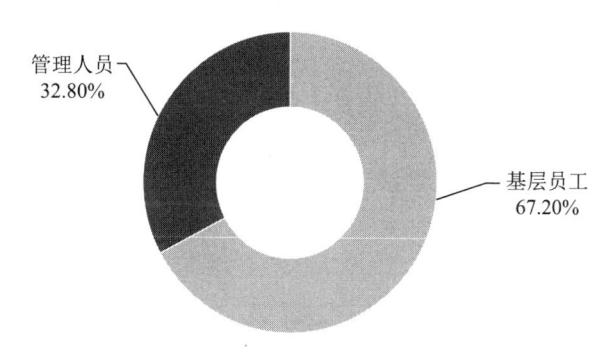

图 4-138　中南地区温泉企业管理人员与基层员工构成情况

调查结果显示：2024 年中南地区温泉企业员工中，女性占比 57.88%，男性占比 42.12%（见图 4-139）。

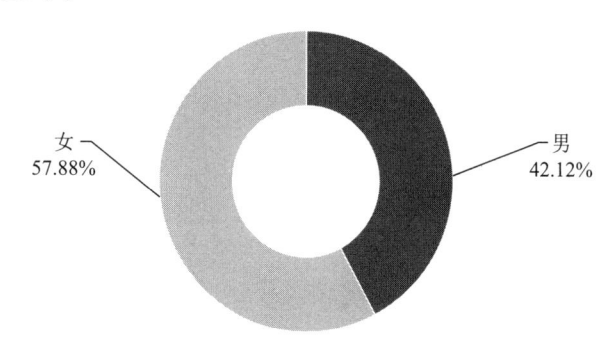

图 4-139　中南地区温泉企业员工性别比例

调查结果显示：2024 年中南地区温泉企业在职员工年龄分布情况为：31~40 岁的员工占比为 39.31%；20~30 岁员工占比为 34.83%；41~50 岁员工占比为 16.21%；50 岁以上员工占比为 4.83%；20 岁以下员工占比为 4.83%（见图 4-140）。

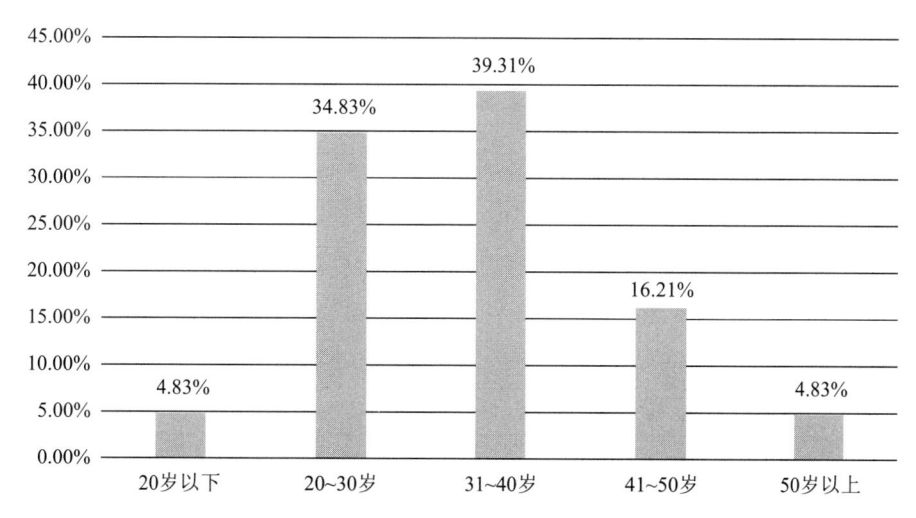

图 4-140　中南地区温泉企业员工年龄结构情况

2. 温泉企业人力资源情况

从员工工资分配来看：中南地区温泉企业中月收入在 2000 元及以下的员工数量占本地区员工总数的 0.78%；29.02% 的员工工资在 2001~3000 元；41.18% 的员工工资在 3001~4000 元；19.61% 的员工工资在 4001~5000 元；9.41% 的员工工资在 5000 元以上（见图 4-141）。

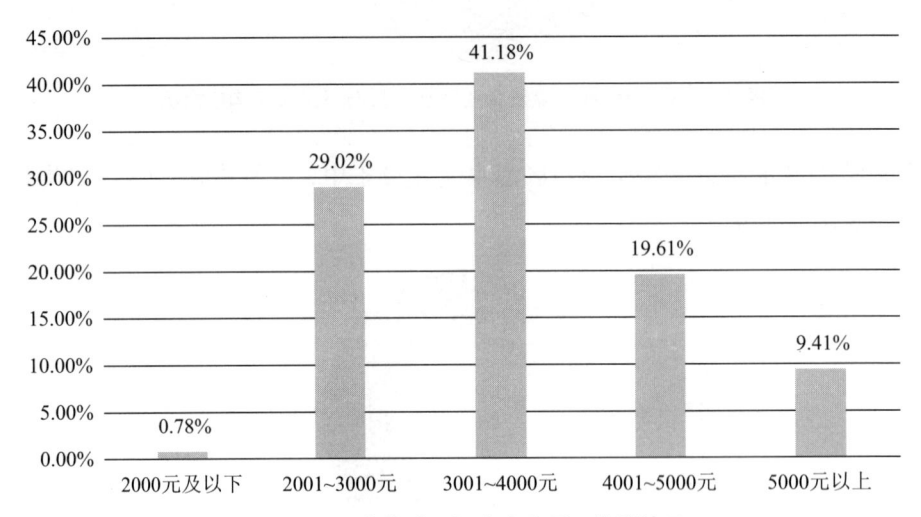

图 4-141 中南地区温泉企业员工薪酬情况

从基层员工工资分配来看，中南地区温泉企业中月收入在 2000 元及以下的员工数量占本地区基层员工总数的 0.79%；29.13% 的基层员工工资在 2001~3000 元；40.94% 的基层员工工资在 3001~4000 元；19.69% 的基层员工工资在 4001~5000 元；9.45% 的基层员工工资在 5000 元以上（见图 4-142）。

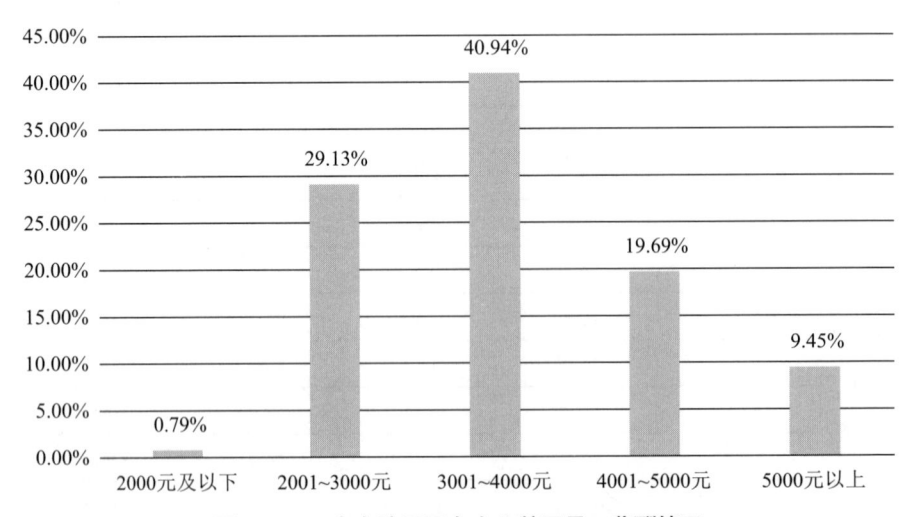

图 4-142 中南地区温泉企业基层员工薪酬情况

3. 温泉企业人力资源配置效率

调查结果显示：客房部员工数与客房数的比值为1∶8.79，表示中南地区的温泉企业平均每个员工服务8.79间客房，这一比值较2021年（1∶14.1）有所提高；总员工数与项目总建筑面积的比值为1∶363.07，表示平均每个员工需要服务的建筑面积为363.07平方米，这一比值较2021年（1∶140.95）有所降低；温泉部员工数与温泉泡池数量的比值为1∶1.22，表示平均每个员工需要服务1.22个温泉泡池，这一数值较2021年（1∶0.9）有所降低（见表4-53）。

表4-53 中南地区温泉企业人力资源配置情况

分类	客房部员工数/客房数	总员工数/项目总建筑面积	温泉部员工数/温泉池数量
比值	1∶8.79	1∶363.07	1∶1.22

4. 温泉企业员工满意度

调查结果显示，2024年中南地区温泉企业员工总体满意度均值为3.97，总体上比较满意。各分项满意度情况如下：薪资福利的满意度均值为3.63，表示员工对此项的态度为一般；工作本身的满意度均值为4.03，表示员工对此项的态度为较满意；工作环境的满意度均值为4.07，表示员工对此项的态度较为满意；企业文化的满意度均值为3.98，表示员工对此项的态度较为满意；管理水平的满意度均值为3.72，表示员工对此项的态度一般；发展机会的满意度均值为3.96，表示员工对此项的态度为满意。其中，员工对于薪资福利、管理水平、发展机会的满意度均值低于总体均值（见图4-143）。

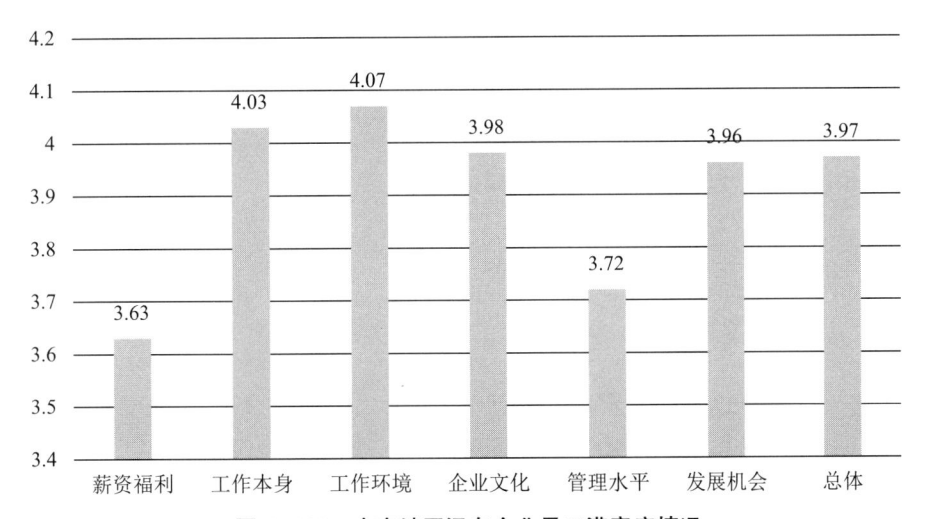

图4-143 中南地区温泉企业员工满意度情况

第五章

中国温泉康养目的地发展质量综合评估

一、评估指标体系建设

温泉康养旅游是以温泉这一独特的自然资源为核心载体的康养旅游产品,其吸引力因素由作为核心自然资源的温泉水和当地所能提供的多种服务共同组成,尤其是温泉旅游产品所能提供的疗养价值和休闲、放松身心功能。因此对于温泉康养目的地的评估应主要考虑两个方面。

一是综合性。评估体系应覆盖多个维度,包括温泉资源本身、经济效益、社会文化影响和可持续发展等方面,通过整合不同指标,可以全面反映目的地温泉产业的发展状况,确保各类相关因素得到综合考虑。

二是突出温泉旅游中的康养要素。这一部分应关注:温泉项目的开发质量,包括温泉产品的丰富性、服务水平、设施完善度、环境保护;当地居民的生活质量,包括人口结构、医疗卫生设施条件等。

表 5-1 中国温泉康养目的地发展质量综合评估县域指标体系

一级指标层	二级指标层	计算方法	指标性质	指标权重
地热水资源禀赋	县域温泉数量(个)	—	+	2.45%
	最大温泉流量(m³/d)	—	+	14.86%
	温泉温度(℃)	—	+	5.78%
	温泉 pH 值	—	+	10.20%
	温泉矿化度	—	+	13.78%
县域经济竞争力	人均可支配收入(元)	—	+	0.99%
	居民价格消费指数(CPI)	—	—	3.97%
环境质量	空气质量指数(AQI)	—	—	0.42%
	生态环境质量指数(EQI)	—	+	1.00%
	人体舒适度指数	公式(1.1)	+	3.88%

续表

一级指标层	二级指标层	计算方法	指标性质	指标权重
温泉旅游发展质量	旅游荣誉评定	国家级旅游景区数量	+	1.47%
	温泉泉质评定	优质珍稀温泉与优质温泉数量	+	12.10%
	温泉酒店性价比	温泉酒店星级/价格	+	4.64%
	携程网站游客评分	—	+	5.05%
	温泉基础设施水平	区域温泉企业数量	+	8.07%
康养生活质量	人口死亡率（%）	—	—	0.64%
	80岁以上人口占比（%）	—	+	1.58%
	医疗卫生机构床位数（张）	—	+	4.21%
	卫生人员数量（人）	—	+	4.92%

注："—"表示二级指标数据不用计算，可由资料得出。

公式1.1：I（人体舒适度指数）$= (1.8 \times T + 32) - 0.55 \times (1 - \frac{H}{100}) \times (1.8 \times T - 26) - 3.2 \times \sqrt{V}$，其中：$T$为平均温度（℃）、$H$为平均相对湿度、$V$为平均风速。

二、指标数据来源

地热水资源禀赋指标数据来源于《中国地热志》，温泉泉质评定选自中国旅游协会温泉旅游分会发布的全国温泉旅游泉质等级评定网上公示名单，社会经济发展数据来源于各个县市区统计年鉴（2023年）和社会经济发展公报，气象数据来源于国家气象科学数据中心，环境统计数据来源于各个地区的《生态环境状况公报》，温泉酒店数据来源于携程网站（2023年），旅游景区数据来源于中国文化和旅游部公布的景区名录。

三、评估方法

采用层次分析法（AHP）对温泉企业数量全国前100的县级行政区域进行综合评估。在计算结果前，对所有二级指标进行量纲化处理。

（1）建立层次结构模型。指标体系分为两层结构，要构建多个不同的层次指标模型。一级指标的目标层为中国温泉康养目的地发展质量评价，准则层为五个一级指标层。二级指标分为五个不同的层次结构模型，分别进行模型构建。

（2）构造判断矩阵。邀请专家对各个层次模型进行两两比较打分，得到不同的判断矩阵。

（3）计算特征向量，并进行层次排序。

（4）对结果进行一致性检验。

四、评估结果

全国排名前 100 的县域康养目的地分布广泛，但在广东、浙江、四川、云南呈现出较为集中的趋势。

表 5-2 中国温泉康养目的地发展质量综合评估前 100 名

排名	省区市	市州	县市区	总分
1	云南省	保山市	腾冲市	43.66
2	云南省	西双版纳傣族自治州	景洪市	41.17
3	广东省	江门市	台山市	41.00
4	广东省	河源市	源城区	40.48
5	广东省	清远市	英德市	39.74
6	四川省	甘孜藏族自治州	康定市	39.23
7	四川省	雅安市	雨城区	39.06
8	广东省	惠州市	龙门县	38.42
9	广东省	梅州市	丰顺县	38.29
10	广东省	清远市	清新区	37.95
11	广东省	清远市	清城区	36.44
12	广东省	江门市	恩平市	36.29
13	云南省	昆明市	安宁市	36.17
14	江苏省	南京市	浦口区	35.00
15	浙江省	杭州市	淳安县	34.61
16	广东省	河源市	和平县	34.58
17	广东省	广州市	从化区	34.30

续表

排名	省区市	市州	县市区	总分
18	福建省	漳州市	长泰区	34.28
19	福建省	福州市	连江县	34.18
20	福建省	福州市	晋安区	33.70
21	广东省	惠州市	惠东县	33.49
22	广东省	珠海市	斗门区	33.22
23	江西省	九江市	庐山市	32.63
24	广东省	清远市	佛冈县	32.50
25	湖南省	长沙市	宁乡市	32.40
26	广东省	河源市	东源县	32.29
27	北京市	—	朝阳区	32.27
28	云南省	德宏傣族景颇族自治州	瑞丽市	32.21
29	湖北省	咸宁市	咸安区	31.84
30	广东省	韶关市	曲江区	31.68
31	北京市	—	海淀区	31.08
32	浙江省	金华市	武义县	30.29
33	广东省	韶关市	新丰县	30.04
34	云南省	红河哈尼族彝族自治州	弥勒市	29.82
35	广东省	惠州市	惠阳区	29.56
36	四川省	成都市	都江堰市	29.25
37	四川省	宜宾市	长宁县	29.11
38	云南省	昆明市	西山区	28.91
39	福建省	福州市	鼓楼区	28.36
40	上海市	—	浦东新区	27.85
41	广东省	惠州市	博罗县	27.25
42	北京市	—	丰台区	26.91
43	山东省	青岛市	黄岛区	26.55
44	江苏省	南京市	江宁区	26.18
45	广东省	河源市	紫金县	25.86
46	北京市	—	昌平区	25.86
47	广东省	阳江市	阳西县	24.97

续表

排名	省区市	市州	县市区	总分
48	浙江省	湖州市	德清县	24.93
49	浙江省	湖州市	安吉县	24.66
50	云南省	昆明市	官渡区	24.31
51	山东省	青岛市	即墨区	24.04
52	江苏省	无锡市	宜兴市	23.90
53	山东省	青岛市	崂山区	23.77
54	江苏省	常州市	溧阳市	23.77
55	江苏省	苏州市	吴中区	23.48
56	广东省	韶关市	南雄市	23.33
57	云南省	丽江市	古城区	23.07
58	广东省	江门市	新会市	22.97
59	北京市	—	大兴区	22.97
60	陕西省	西安市	长安区	22.74
61	四川省	成都市	崇州市	22.53
62	广西壮族自治区	南宁市	兴宁区	22.42
63	浙江省	湖州市	吴兴区	22.40
64	云南省	大理白族自治州	大理市	22.26
65	福建省	福州市	永泰县	22.20
66	浙江省	杭州市	临安区	22.13
67	浙江省	湖州市	南浔区	22.02
68	河北省	秦皇岛市	昌黎县	21.67
69	江西省	宜春市	袁州区	21.46
70	四川省	成都市	彭州市	21.45
71	吉林省	延边朝鲜族自治州	安图县	21.38
72	海南省	三亚市	天涯区	21.24
73	四川省	阿坝藏族羌族自治州	九寨沟县	20.88
74	广东省	惠州市	惠城区	20.79
75	四川省	甘孜藏族自治州	泸定县	20.75
76	浙江省	杭州市	桐庐县	20.74
77	四川省	乐山市	峨眉山市	20.60

续表

排名	省区市	市州	县市区	总分
78	吉林省	白山市	抚松县	20.39
79	北京市	—	怀柔区	20.31
80	安徽省	合肥市	庐江县	20.03
81	北京市	—	延庆区	20.03
82	北京市	—	门头沟区	19.77
83	贵州省	安顺市	西秀区	19.74
84	福建省	福州市	仓山区	19.58
85	四川省	眉山地区	洪雅县	19.48
86	安徽省	黄山市	黄山区	19.35
87	辽宁省	大连市	金州区	19.27
88	广东省	广州市	增城区	19.11
89	辽宁省	营口市	鲅鱼圈区	19.04
90	北京市	—	密云区	18.94
91	湖南省	郴州市	汝城县	18.86
92	四川省	阿坝藏族羌族自治州	理县	18.75
93	四川省	成都市	大邑县	18.39
94	辽宁省	营口市	盖州市	18.38
95	海南省	海口市	秀英区	18.16
96	河北省	张家口市	怀来县	17.09
97	辽宁省	本溪市	本溪满族自治县	16.82
98	新疆维吾尔自治区	博尔塔拉蒙古自治州	温泉县	16.53
99	山西省	忻州市	忻府区	15.47
100	陕西省	宝鸡市	眉县	15.44

第六章
温泉产业发展典型案例

案例说明

温泉旅游作为旅游业的重要组成部分，正经历着前所未有的变革与发展。近年来，人们生活质量的提升和消费模式的转变使温泉旅游市场呈现出了蓬勃的发展态势与鲜明的新趋势。温泉旅游作为一种融休闲、养生、娱乐为一体的度假方式，越来越受到广大消费者的喜爱，温泉旅游市场正呈现出多元化、个性化的特点。未来，随着相关政策的推进实施、消费者需求的不断变化以及技术的进一步创新发展，温泉旅游行业将迎来更加广阔的发展前景和更多的发展机遇。广东熹乐谷温泉度假区、北京西山城市温泉乐园、福建福州福龙泉澡堂和江西明月山在温泉旅游行业中具有显著的代表性，在各自发展过程中展现出了突出的特点和优势，它们的经验能够为温泉行业的发展提供有益的启示和借鉴。

案例一：

聚焦低龄亲子微度假市场的温泉旅游综合体
——广东清远熹乐谷亲子微度假温泉典型案例

（一）温泉亲子微度假市场的兴起

随着国家社会经济发展进入新阶段，许多行业都面临着不同程度的转型需求。2018年后，温泉行业粗放式发展阶段结束。面对高质量发展的要求，温泉行业呈现出从标准化向个性化、从服务个人到服务家庭、从定位高端向抓住中产、从体验经济到文化经济的变化特征。党的"十九大"报告指出，我国社会主要矛盾已经转化为人民日益增长的美好生活需要和不平衡不充分的发展之间的矛盾。对人民美好生活的全方位满足，其中一个重要方面就是精神生活的满足。旅游是丰富人民精神生活的重要方式，温泉旅游的发展要适应现阶段人民的需要，要服务于构建人民的美好生活。

近年来，人们的出行方式和消费习惯正在发生变化，文旅消费模式悄然改变，呈现出出游半径缩小、出游频次增加、出游方式多样的特点，周边游、短途游更受游客青睐。《"十四五"旅游业发展规划》明确提出要为城乡居民微度假、微旅游创造条件。旅游休闲化转向的背景下，融"日常生活"与"休闲度假"为一体的旅游度假区蓬勃发展。新媒体时代的到来让温泉旅游产品的销售有了更为广泛的渠道，温泉企业的获客渠道改变，不再依赖于旅行社提供客源。"线上种草，线下推广"的整合营销模式让温泉企业在客源选择方面占据主动地位，也让客源的年龄阶段更加集中于"80后""90后"人群，这一客户群体亲子游需求较为旺盛，亲子旅游市场呈现向好态势。这些变化深刻影响着温泉旅游市场的发展走向，让亲子微度假成了温泉行业发展的重要趋势。

（二）跳出温泉说温泉：产业转型下的业态创新

熹乐谷温泉度假区隶属广州勤天集团，位于广东省的温泉之乡——清远市佛冈镇汤塘镇，距离广州市中心仅80千米。该地拥有天然温泉资源，地理位置优越，能够辐射影响多个重要客源城市，开发温泉度假项目具备得天独厚的优势。

传统温泉景区往往局限于温泉本身，它们通常将发展的重心过多地放在了温泉水质的优化、温泉设施的完善以及温泉疗养的功效上，而忽视了温泉旅游体验的多元化拓展与游客综合需求的深度挖掘。这种单一化发展模式限制了温泉景区的吸引力与持续发展的潜力，导致温泉景区提供的旅游体验趋于同质化，难以满足游客日益增长的个性化与多元化需求。

在此背景下，熹乐谷温泉度假区自建设以来便致力于温泉旅游模式的创新与深化。熹乐谷通过精准定位低龄亲子市场，不仅保留了温泉作为核心吸引物的功能，更将"安静、自在、年轻、艺术"的生活理念融入亲子微度假体验之中，实现了温泉旅游的多元化发展。熹乐谷亲子微度假模式的构建来源于两大核心因素。

其一，是受到董事长王硕朋先生早年海外生活经历的启发。新西兰自然资源丰富，每当忙碌的工作结束之后，他都会带着家人与外国朋友一同出游，驱车一两小时，前往附近的火山温泉、海滩和森林放松身心。同时，他发现大多数当地家庭也选择这样的方式度过周末。人们泡温泉舒缓疲劳，在海滩上漫步聆听海浪，或在森林中徒步呼吸新鲜空气。王硕朋先生意识到，这种亲子微度假模式，对于现代都市家庭来说，是一种宝贵的放松和充电方式，在国内推广类似出游模式应该具有广阔的市场前景。

其二，是预见到随着社会发展，周末短途出游将成为家庭追求高质量生活的重要方式。熹乐谷提前布局亲子微度假市场，将短途出游的便捷性与家庭游玩的趣味性紧密结合，创造出符合时代需求的旅游新模式。在选址上，虽然最初佛冈镇给人一种较为偏远的印象，但熹乐谷团队经过详细的市场调研和选址分析后，发现这一地区的空间距离和时间距离都适合微度假。从珠江新城出发，大约一小时的车程，就能抵达熹乐谷，这种位于粤港澳大湾区一小时生活圈内的出行活动正是当前亲子家庭所追求的，能够实现说走就走。

（三）三重赋能构筑山谷中的亲子度假空间

1. 快乐赋能：市场细化趋势下的精准定位

在市场细化趋势下，熹乐谷通过精准定位低龄儿童亲子市场，实现了快乐赋能的旅游体验创新，满足了该细分市场的个性化需求。

熹乐谷选择聚焦于1~12岁的低龄儿童亲子市场，通过这一细分市场实现差异化发展。此年龄段儿童正处于身心快速发展的关键阶段，对外部世界充满探索欲，倾向于将旅游活动视为一种寓教于乐的"游戏"体验。熹乐谷通过打造集功能性、建构性和游戏场景为一体的综合度假区，有效吸引了目标客群。同时，随着社会经济的发展，父母对子女教育与娱乐的投资意愿增强，市场上虽不乏亲子旅游产品，但真正聚焦低龄儿童，提供全方位、高品质亲子体验的产品仍显不足，这为熹乐谷提供了市场进入与差异化发展的契机。

为满足低龄儿童家庭的出游需求，熹乐谷打造了亲子玩乐空间，同时优化儿童住宿与餐饮环境，全方位赋予快乐体验。在亲子玩乐空间方面，熹乐谷摒弃了传统高刺激性的游乐项目，转而引入适合低龄儿童的无动力设备，确保了游玩的安全性与趣味性。同时，酒店大堂增设亲子活动区，家长与孩子共同参与，增进亲子关系；在儿童住宿与餐饮环境方面，熹乐谷设计了树屋床、秘密阁楼、童话飞艇床等特色主题房间，让孩子们仿佛置身于童话世界。考虑到低龄儿童家庭的出游需要，房间还配备了恒温水壶、婴儿洗澡盆和坐便器等贴心物品。位于亲子酒店的马卡龙餐厅也充分考虑了孩子们的喜好，从装修风格到菜品选择都尽量满足小朋友的需求，让家长和孩子都能享受愉快的用餐时光。熹乐谷期待给游客带来的不仅仅是一次温泉体验，更是从身体到精神全方位的放松，让游客真正感到快乐，体验到度假的美好。

2. 设计赋能：专业的自主设计团队强化核心竞争力

熹乐谷拥有一支专业的设计团队，自主设计让熹乐谷在业态创新和项目落地时更具有优势。

传统温泉项目的建设常采用外包模式。外包建设虽能完成任务，但往往伴随着高昂的成本、设计成果与初衷的偏差，以及难以避免的同质化问题。熹乐谷通过全面掌握设计自主权，实现了从概念构想到最终实施的精准把控。自主设计团队不仅帮助熹乐谷有效控制了项目的建设成本，更确保了设计创意的完整实现。

在熹乐谷，设计工作并不是由单一部门完成的，而是采用了细分化的专业管理方式。软包设计、墙纸选择等各个细节，都有专门的团队负责，这种精细化的分工确保了每个部分都能达到专业水准。设计师们经常深入工地，亲自参与现场施工和工序安排。"设计＋监管"的双重角色，使得熹乐谷能够及时发现并解决施工中的问题，确保设计方案能够准确无误地转化为高品质的产品。

以亲子温泉酒店为例，目前酒店拥有亲子主题客房200余间，分为四大主题，专为亲子度假打造，里面所有的产品都是非标产品，全部是专门定制，主题鲜明、趣味十足；情侣主题客房40余间，分为五大风格，所有的设计都由熹乐谷设计团队完成，软装部分邀请广州美术学院雕塑专业的学生参与创作，房间风格独一无二。

熹乐谷所属的勤天集团是房地产公司，董事长王硕朋和总经理王翔所学专业和建筑设计相关，对设计的重视程度不言而喻。王翔总经理指出，在当前的旅游市场中，设计已经不再是简单的眼球经济或网红效应，而是旅游产品的核心竞争力之一。好的设计能够赋予旅游产品以生命力和长久的吸引力。熹乐谷设计团队深入理解并融合市场需求与消费者偏好，创造出了既具有独特性又符合实际运营需求的产品。在温泉度假村的设计中，熹乐谷不仅保留了传统温泉的舒适体验，还融入了现代元素与创意灵感，打造出了多个独具特色的网红打卡点，吸引了大量游客的到来。

熹乐谷坚持"四不"设计原则："不创新不设计，不网红不设计，不落地不设计，不运营不设计"，致力于将酒店与乐园融合，打造出了既符合市场需求又具有审美价值的亲子度假产品。例如，水世界的悬崖泳池设计不仅保留了传统悬崖泳池的惊险刺激，还增加了泳道悬出悬崖外的独特体验，并采用透明亚克力材质建造，增强视觉冲击力。无动力乐园中的14米大型UFO滑梯也是一大亮点，其纵深设计和超大滑梯为游客带来了前所未有的体验。熹乐谷的亲子客房设计将游乐园元素融入其中，客房内设有滑梯、蹦床、秋千等游乐设施，让孩子在房间内就能享受到丰富的游乐体验。

面对温泉行业的淡旺季挑战，熹乐谷根据"80后""90后"年轻家庭的网络传播偏好，打造了一系列拍照打卡、易于分享的网红场景，推动了温泉度假综合体向多元化、全年无淡季模式的转变；将花海、无动力乐园、水世界、自然研学营地等多业态融入其中，确保每个季节都有独特的亲子活动，让熹乐谷成为家庭出游的首选之地。

3. 文旅赋能：幸福感和收获感并存

文化是旅游的灵魂，旅游是文化的载体，"以文塑旅，以旅彰文"是文旅融合发展的原因和方向。王翔总经理提到，除了硬件设施的持续提升外，内容的丰富性和多样性同样至关重要。熹乐谷致力于打造一系列富有创意和文化内涵的活动，努力使旅游不仅仅停留在健康、快乐的层面，更希望游客在旅途中能够收获知识与文化体验。

熹乐谷创新推出了"不夜山谷"，这是一个集美食、演艺和穿越氛围于一身的市井街区，让游客穿越时空，仿佛回到盛唐时期。不夜山谷复刻了大唐的古色古香，打造了华服体验、唐乐歌舞、不倒翁表演、川剧变脸等精彩节目，对于家庭游客而言，这不仅是一次游玩体验，更是一次了解传统文化的好机会。

除了不夜山谷，熹乐谷还策划了亲子音乐会、传统戏剧表演等文化活动，增进亲子间的情感交流与价值认同。结合中国文化振兴的潮流，熹乐谷引入了非遗文化元素，如陶艺制作、剪纸艺术等，并设置亲子互动环节，让孩子们在动手实践中感受传统文化的魅力。同时，熹乐谷还组织非遗文化讲座与展览，让家长和孩子们共同学习非遗知识，传承文化精髓。通过这些丰富多样的活动，熹乐谷希望形成一个多元的文化圈层，让每个家庭能够找到自己在文化上的喜好和归属感。

王翔总经理透露，熹乐谷将继续推出更多研学产品，更好地服务于人民对美好生活的向往。在熹乐谷，文化不仅仅是一种简单的展示，更是一种亲子间的情感纽带，它让旅游变得更加有温度、有意义。

亲子微度假市场是一个充满活力和潜力的新兴市场，随着消费者需求的变化和市场的发展，这一细分市场将继续保持快速增长的态势。温泉旅游行业未来的发展要充分结合亲子微度假市场需求的变化，为游客提供更加优质、多元、个性化的产品。

熹乐谷温泉度假区已经成了珠三角知名微度假、亲子游目的地，在业内和市场上受到高度评价。目前，熹乐谷温泉度假区拥有1000余间客房，在2023年获评国家4A级旅游景区；同年9月，经全国温泉旅游泉质等级评定委员会认证，熹乐谷温泉被评定为最高等级的"优质珍稀温泉"，11月荣获第六届金汤奖"十佳温泉"。2024年"6·18大促"期间，熹乐谷官微直销销售额突破790万元，不仅超越上年同期的业绩，更连续三年稳居华南三省（广东、广西、海南）酒店销售榜首。

熹乐谷的迅速发展离不开对市场需求变化的准确判断、自身优势与定位的清晰认知以及市场策略与营销的高度敏感。熹乐谷的发展模式也为其他温泉企业的转型和高质量发展提供了参考。

案例二：

开创"陆地邮轮"城市温泉休闲旅游新业态
——北京西山城市温泉乐园典型案例

（一）城市温泉休闲旅游前景广阔

《"十四五"旅游业发展规划》指出，要深化旅游业供给侧结构性改革，改善旅游消费体验，畅通国内大循环，做优、做强、做大国内旅游市场，推动旅游消费提质扩容，健全旅游基础设施和公共服务体系，更好满足人民群众多层次、多样化需求。

传统的温泉旅游度假因温泉资源的分布特征与产品开发投资大的特点而主要集中在城市周边及乡镇地区。但随着城市化进程的加快和人民生活水平的提高，特别是2020年以来，短途出行和即兴出游成为新的消费趋势，城市内部的休闲旅游因时间短、距离近、交通便利等优势受到了更多青睐。此外，为了吸引消费者，温泉旅游行业不断创新，开发新的温泉产品，提升服务质量，优化旅游度假体验，以满足消费者的多样化需求。在这种短途旅游与多样化服务需求的发展趋势下，城市温泉综合体逐渐崭露头角。城市温泉综合体作为一种新兴的休闲旅游业态，不仅提供传统的温泉洗浴服务，还融合了休闲、娱乐、康体和商业等功能，形成了一个多功能的休闲空间，不仅能满足不同人群对旅游度假的需求，还缩短了温泉旅游与消费者之间的物理距离，填补了城市温泉旅游的空白。城市温泉综合体依托城市的整体服务体系和核心元素，兼顾本地居民和外地游客的旅游度假需求，成为推动休闲度假发展的重要力量，市场潜力巨大。

（二）"陆地邮轮"为城市温泉创新提供新思路

邮轮是一种为游客提供水上休闲旅游服务的船只，通常定期或不定期沿一定的水上旅游线路航行，在一个或数个观光地停泊，以便让游人参观游览。近年来，随着全球旅游产业的发展，为观光游览而设计建造的邮轮越来越多。这些邮轮除了具备一般客轮的基本功能外，还提供了专门的观景、娱乐设施和服务项目。2023年，全球共有

3170万人次选择乘坐邮轮，邮轮旅游已在全球范围内形成持续升温的热潮。2024年上半年，我国邮轮旅客运输量约50万人次，中国现已成为亚太地区第一和全球第二大邮轮旅游客源国。随着经济社会的发展和人民生活水平的提升，国内邮轮旅游已经成为文旅产业新的消费热点，邮轮旅游市场具有巨大的增长潜力。

邮轮旅游的核心卖点在于其提供的一站式旅游体验，结合餐饮、住宿、娱乐和探索未知目的地的旅游方式越来越受到消费者的青睐。这种旅游方式为游客提供了极大的便利，省去了频繁更换酒店和规划行程的烦恼。现代邮轮还配备了游泳池、健身房、SPA、剧院、游乐园等多样化的娱乐设施，适合多种角色共存的家庭出游，能够满足不同年龄段游客的需求。

邮轮旅游业主要是基于海洋空间形成的旅游产业，那么在陆地上、在城市中是否也可以打造类似邮轮这种一站式的旅游综合体，满足不同年龄段游客的需求呢？北京西山城市温泉乐园（以下简称北京西山温泉）就基于这样的战略考量，将自身打造成集休闲、养生、娱乐于一身的综合性温泉休闲乐园。作为城市温泉的代表，北京西山温泉以其独特的设计理念、完善的配套设施和丰富的服务功能，被誉为"陆地邮轮"，为城市温泉旅游发展提供了新的发展思路和模式。

北京西山温泉位于北京市海淀区丰智东路13号，紧邻颐和园、圆明园等著名景区，地理位置优越。西山温泉综合体占地超过6万平方米，拥有众多室内外特色泡池，包括儿童温泉、藏药泉、鱼疗池等。此外，还有魔力空间休闲区、蓝鹦鹉儿童游乐园、北京躺养生空间等休闲娱乐设施，以及四季餐厅、快乐酒吧等餐饮场所，是十分适合全年龄段人群的休闲度假胜地。

发展前期，西山温泉主要面向高端商务客群，近年来基于市场现实情况和企业发展需要，西山温泉决定将产品更新迭代。西山温泉在进行市场调研后，发现消费者几乎都是来自北京本地且大多以家庭为单位进行出游活动，因此将产品更新的目标确定为更好地服务不同年龄段用户群体，满足以家庭用户为主的泛城市类用户群体。

北京西山温泉认为，在旅游市场中，为游客提供豪华住宿的酒店、美味享受的餐厅并不鲜见；让游客放松身心的温泉、给孩子们带来欢乐的儿童乐园也比比皆是，但能将酒店、餐厅、温泉、儿童乐园等主题目的地全部涵盖的一站式城市休闲娱乐综合体却并不多见。大多数传统的旅游度假模式是服务一类特定的人群，如老年人喜爱农家乐、登山散步、康养泡浴，年轻人多对游乐休闲感兴趣，孩子们钟爱迪士尼这类游乐园。这些旅游度假模式聚焦于服务特定的人群，在自己的赛道上能够提供较为专业的产品和服务，但往往难以平衡各群体之间不同的旅游度假需求。如一家人陪伴孩子去迪士尼乐园游玩，孩子玩得很开心，但家长们却只能在一旁陪伴，没有自己的休闲活动；或者一家人去登山散步，孩子们又会因为体力或者兴趣不足而难以适应。新时代下的旅游度假模式应该能够适合各类人群的需要，家长们能够在百忙之中得到放松，孩子们能够在外玩得开心，长辈们也能享受远离喧嚣的宁静。在这样的旅游度假模式下，每个家庭成员都能成为旅游过程中的主角，找到属于自己的欢乐场，登上在城市中出现的"陆地邮轮"。

北京西山温泉对自身的品牌定位为城市非传统温泉综合体，将客源目标集中在城市内能够通过2小时以内车程到达的家庭客户群体，打造娱乐、休闲、养生、亲子等多元化元素完美融合的一站式温泉乐园。这种模式对于需求多样化的家庭游客来说无异于登上了一艘"陆地邮轮"，因此有顾客对西山温泉这样评价："我感觉你们就像把邮轮搬到了陆地上。"这也更加坚定了北京西山温泉开创陆地邮轮新品类的目标，深度解析世界顶级豪华邮轮，不断升级迭代产品，打造好玩不累的陆地邮轮。

（三）创新经营管理打造城市温泉"陆地邮轮"模式

1. "陆地邮轮"模式优势明显

邮轮旅游作为一种独具特色的休闲模式，在全球范围内广受欢迎，它能够为不同年龄段的游客提供定制化的娱乐活动，同时通过一票式服务模式让游客享受到真正的便捷。加之邮轮上搭载的一系列高质量体验项目，不仅极大地丰富了游客的旅行内容，还提升了整体的度假品质，使得邮轮旅游成了一种难以抗拒的度假选择。北京西山温泉正是借鉴了邮轮旅游的产业优势和成功经验，结合温泉资源本底优势进行创新和本土化，开创了"陆地邮轮"的城市温泉新模式。这种模式不仅为游客提供了与邮轮旅游相似的休闲体验，还通过持续创新的经营管理，打造出了具有自身特色的城市温泉旅游产品。

邮轮旅游的一大显著特色在于能够全面覆盖并满足不同年龄阶段游客的多样化需求。邮轮内涵盖了专为儿童设计的俱乐部、青少年活动中心，以及面向成人的娱乐场所和专为长者设置的休闲项目，形成了一个全方位、多层次的娱乐休闲体系。北京西山温泉也秉承了这一理念，打造了适合不同年龄层次的产品和服务。儿童可以在乐园中尽情玩耍，年轻人可以在酒吧和俱乐部中释放激情，中老年人可以在温泉和养生项目中颐养身心。这些全龄段的娱乐活动，确保每一位家庭成员都能在这里找到属于自己的乐趣。邮轮旅游的另一大优势就是一票全包。游客只需购买一张船票，就可以享受到住宿、餐饮、娱乐等所有服务，无须额外付费。北京西山温泉同样采用了这种一票式的服务模式，游客只需购买一张门票，就可以在乐园中尽情玩耍，收获无附加费用的游乐体验。这种一站式的便捷体验，让游客可以卸下所有负担，全身心地投入度假的乐趣中。邮轮旅游之所以吸引人，还在于其精心设计的各种体验项目。从百老汇式的歌舞表演到名人讲座，从艺术展览到互动体验，邮轮上的各种活动精彩纷呈。北京西山温泉也深知体验项目的重要性，精心打造了一系列高质量的体验活动，包括欢乐的水上乐园、舒适的温泉泡池、精彩的互动演出以及丰富的休闲空间，都为游客带来了难忘的度假体验。

2. 温泉特色助力打造微度假新体验

与邮轮旅游相比，北京西山温泉最大的特色就是温泉资源。北京西山温泉乐园通过"温泉+乐园"的产品模式，将邮轮上的娱乐活动转化为适合全年龄段的温泉体验和乐园活动。这种模式充分利用了温泉的独特优势，将温泉的养生理念和休闲娱乐相结合，打造出了一系列独具特色的产品和服务，如鱼疗池、藏浴池等，不仅满足了游客对于温泉放松的基本需求，还通过增加娱乐元素，为游客提供了更加丰富的休闲体验。这种动静结合的度假方式，让游客在享受温泉养生的同时，也能体验到充满活力的乐趣。

其次，北京西山温泉在地理位置上具有明显的优势。与邮轮旅游需要较长的出行时间不同，北京西山温泉提供了一种短途的微度假模式。北京西山温泉位于北京市海淀区，周边聚集了大量中产家庭。无论是选择自驾还是公共交通方式，游客均能在较短的时间内到达，且每次出游仅需规划大约一天的时间，这极大地满足了"微度假"游客对于时间和空间的需求。这种灵活的"微度假"模式不仅简化了游客的出行流程，也使得游客能够更加灵活地安排自己的度假时间，完美契合现代都市人群的出行需求和消费习惯。正因如此，北京西山温泉也喊出了"一家人一个月至少来一次"的口号。

此外，北京西山温泉还通过打造"1+N"的多元动态产品组合，形成了自己的核心竞争力。这种模式不仅丰富了游客的体验，也使得北京西山温泉在产品和服务上形成了自己的特色和优势。与邮轮旅游所提供的固定航线和活动安排不同，北京西山温泉的"1+N"模式为游客带来了更多灵活性和个性化的选择，使游客可以根据自己的兴趣和需求选择不同的活动和体验。北京西山温泉坚持用活动赋予产品灵魂，组织策划了各种各样丰富多彩的活动，旨在与游客共创、共享值得珍藏的快乐回忆，打破泡温泉加吃自助的传统温泉模式。

3. 持续创新提升经营管理能力

北京西山温泉在经营管理上也展现出了强大的能力，通过持续创新、流程管理、组织管理、线上运营、数智化、活动策划六大核心能力，不断提高组合产品的经营管理优势，打造具有典型性的城市温泉乐园。

在持续创新方面，北京西山温泉注重产品和服务的持续更新，以适应市场的变化和消费者的需求。自发展"陆地邮轮"模式以来，北京西山温泉已进行了多轮空间改造，将老化的、不适合游客的设施更新换代，营建了"北京躺"养生空间、蓝鹦鹉俱乐部、糖果会儿童托管中心等设施项目，产品更新极快。北京西山温泉秉持主动变革的创新态度，营造喜新用新的创新氛围，围绕顾客体验与员工效率，持续在产品、服务及管理上推陈出新。

在经营管理方面，北京西山温泉打造阿米巴经营组织模式，将企业划分成一个个独立核算、自主经营的小集体，并引入市场竞争机制实现内部交易和竞争，把业务和组织逐级分解为最小核算单元，每个阿米巴成员都对自己组织的效益负责，全权负责经营，独立核算收入、成本和利润。通过这种模式激发员工的主观能动性，释放潜能，做到量化管理和服务标准化，由此能够快速地响应市场变化，提高服务效率和客户满意度，同时培养员工的经营意识和责任感，促进企业的高效运转和持续创新。

在数智化方面，北京西山温泉广泛应用大数据、人工智能等先进技术，结合城市温泉乐园的开发、营建和运营，利用数字技术实现流程和管理的线上化。北京西山温泉自主研发了一套数智化系统，用大数据为管理提供真实有效的衡量和决策依据，实现业务的智能化管理，提升决策效率和精准度。

在活动策划方面，"魔力"特质是北京西山温泉与其他温泉旅游度假产品的差异化所在，是贯穿各个产品的灵魂，更是顾客快乐体验的关键。组织与创新多样化的魔力活动，是经营城市温泉的"软实力"，更是核心能力之一。北京西山温泉的文化使命就是创造非凡快乐体验，将魔力活动的策划标准化，让积累的经典体验固定轮回，使顾客有新鲜感、满足感、留下难忘的体验。同时，通过"1+N"多元动态产品组合实现品牌差异化。其中"1"代表魔力活动，是乐园差异化的核心，"N"则指核心产品，如北京躺养生空间、蓝鹦鹉俱乐部等，能够满足各年龄游客对惬意度假生活的需求。

北京西山温泉已实现全季节经营100%覆盖、全年龄市场100%覆盖、吃喝玩乐购一站式全场景100%覆盖，并且连续三年营收增长超过50%，利润增长超过30%，在本地生活平台同品类排名中位居榜首，被誉为温泉界的"迪士尼"。把握了温泉旅游产业发展风向的北京西山温泉荣获了第六届金汤奖"十佳城市温泉最佳创新城市温泉"奖项，该奖项有温泉界"奥斯卡"之称，彰显了其行业内的领先地位。北京西山温泉的"陆地邮轮"模式为城市温泉旅游的发展提供了新的思路和方向，也为其他温泉企业的转型和发展提供了重要的参考。

案例三：

"温泉 + 文化"为温泉注入新动能
——福建福州温泉非物质文化遗产活化利用典型案例

（一）福州城区温泉开发历史背景

福州是我国东南沿海一座历史悠久的城市，城市地下拥有丰富的地热资源。福州温泉以其分布广、储量大、水温高、水质纯净等特点而著称，市区中心就有温泉出露带，这在全国省会城市中独一无二。福州温泉文化的发展也源远流长，温泉开发利用历史可以追溯到1700多年前的晋代，自古以来就有"闽中温泉甲天下"的美誉。福州的温泉文化非常深厚，从晋朝开始，福州人便有泡温泉的习惯。据史书记载，晋太康二年（281），晋安（今福州）太守严高建子城，在东门外开凿人工运河时，民工发现涌出地面的汤水，用石头筑成池供作沐浴。五代十国时期，闽王王审知（861—925）建城时，民工不仅自己用地下涌出的热水洗脸、冲澡，还用石块砌成三口浴池，池上盖起茅屋，称"古三座"，供人洗澡。宋代，温泉的大众沐浴开始盛行，"民汤"迅速发展，温泉沐浴的社会化和普及程度进一步扩大。明清时期，福州温泉澡堂数量进一步增加，民众澡堂多达15家。"民国"十五年至二十五年（1926—1936），福州城内有50多口温泉井，温泉澡堂多达60余家。

然而，福州悠久的城区温泉资源长久以来并未受到足够的重视。福州温泉拥有优良的水质、丰富的矿物质含量、适宜的水温和深厚的文化底蕴，是高品质的温泉资源，但是福州温泉并未作为城市旅游的核心资源得到充分开发。作为城市内部存在的自然资源，福州温泉一直与福州人民的日常生活息息相关，尽管温泉已成为福州市民日常生活的一部分，但作为旅游吸引物的潜力尚未得到充分发挥。福州温泉蕴含着丰富的历史和文化内涵，从古代的文人墨客到现代的市民生活，温泉一直是福州文化的重要组成部分。然而，这种文化价值在旅游发展中也未得到充分体现，福州温泉文化的传播和推广相对较少，其在旅游市场中的知名度和影响力有限，与国内外其他温泉旅游胜地相比，福州温泉旅游业在市场推广、品牌建设、服务创新等方面均存在差距。

在以上种种温泉资源开发利用问题的影响下，福州虽然作为"中国温泉之都"，却在全国的温泉旅游市场中并无太大影响力。为此，必须把握自身资源的优势，挖掘丰富的文化内涵，唤醒福州人民的温泉文化记忆，传承和发展福州温泉文化，为市民和游客提供更多的温泉产品和服务。

（二）福州温泉非遗申报：缘起与历程

当下，非物质文化遗产（非遗）的保护工作已成为文化强国战略的重要组成部分，其保护与传承不仅有助于促进我国传统文化和民族文化的多样性，促进文化创新和发展先进文化，而且能为地方经济发展尤其是旅游业注入新的活力。2023年5月9日，《福州市地下热水（温泉）管理办法》实施细则正式印发实施，提出要以传承温泉非遗项目为抓手，完善制度，创新内容，策划塑造温泉品牌形象，宣传、推介、保护和传承温泉文化，为传承创新温泉非遗提供了制度保障。

作为福州温泉文化最具代表性的温泉澡堂之一，福州聚春园集团旗下福龙泉澡堂积极参与非遗项目的保护和传承工作，在福州市旅游协会等单位的支持下，申报福州传统温泉文化、闽式盘架（搓背）技艺，福州传统温泉文化与闽式盘架（搓背）技艺于2022年被福州市鼓楼区文化体育和旅游局列入鼓楼区第六批非物质文化遗产名录，在此基础上，福龙泉澡堂再将福州传统温泉文化上报市级非物质文化遗产项目，最终更名为福州温泉"洗汤"习俗，并于2022年被福州市列为市级非物质文化遗产项目。

福龙泉澡堂最开始重视非遗是在2017年。作为国企，当时的福龙泉澡堂经营状况并不是很好。"传统的老澡堂在福州基本上消弭了，还在经营的情况也不好"，福龙泉洗浴有限公司副总经理陈武介绍道。福龙泉澡堂要想在当下温泉旅游、温泉康养产业的竞争中生存下去，需要做好"社会大众、政府部门、上级单位"的工作，即消费者认可、政府部门重视、上级单位帮助。为此，陈武找到了一个关键抓手——申报非物质文化遗产项目，"福州温泉文化是十分悠久的，包括泡汤习俗、搓背等，但并没有受到足够的重视，当时整个福州都没几个会搓背的师傅了。"陈武讲述道，"那我们就需要唤醒福州人的温泉文化记忆。作为国企，我们既要自身的经济发展，同时也要兼顾社会效益，非遗就是一个很好的抓手，既能作为企业的文化宣传吸引更多消费者，又能切实地传承发扬福州温泉文化。"这便是福龙泉澡堂申报温泉非物质文化遗产项目的初衷。

福龙泉澡堂于2018年开始非物质文化遗产项目的申报。在整个申报过程中也经历了波折和困难，但都顺利解决。首先开展区级的非物质文化遗产申报工作，福龙泉澡堂最开始的想法是申报"福州传统温泉澡堂"，"但当时相关部门，包括很多专家都认为这只是洗浴店，与非遗靠不上。当时压力很大。"陈武讲道。后来福龙泉澡堂做出调整，以温泉文化的形式进行申报，最终成功申报区级非物质文化遗产，项目名称为"福州传统温泉文化"。"但申报之后，我们觉得不太对，因为温泉文化这个概念很大，在这之中有很多习俗，比如泡汤、洗浴等，以前福州婚丧嫁娶、逢年过节、祈福消灾等重大活动前后要到澡堂沐浴。"陈武说，福州温泉开发利用已有1700多年历史，温泉浴福州方言称为"洗汤"，并以温泉澡堂为主要载体。福州温泉"洗汤"习俗已融入福州市民生活常态，是有独特性的民俗文化现象。在鼓楼、台江主城区温泉澡堂最为密集，并以此为中心辐射全市其他温泉县（区），构成福州特有的"洗汤"习俗。因此，在申报市级非物质文化遗产项目的时候，相关专家建议按习俗类申报，最终改名为"福州洗汤习俗"并申报成功。

另一个非遗项目是闽式盘架（搓背）技艺，起源于传统的福州澡堂搓背。随着历史的演变和时代的发展，闽式盘架形成了独具福州特色的技术标准。根据福建气候、人文等特点，融助浴洁身和中医理疗为一体，形成了极具闽都特色的搓背技术。在申报"闽式盘架（搓背）技艺"非遗项目时，福龙泉澡堂遇到的困难更大。"当时说东北也有搓背，扬州的搓背也很出名，我们必须找出不同之处，这很伤脑筋。"陈武说，"那我们就打算从南北差异入手，因为同样是搓背，我们的流程也不一样，原本打算叫南派搓背，但是后来决定改为闽式搓背。"由于扬州传统搓背法已是江苏省省级非物质文化遗产，因此更需要彰显独特性，"我们偶然从一位老技师口中听到了盘架这个词，也是福州话翻译过来的，觉得很有特点，就最终确定了非遗的名称叫闽式盘架（搓背）技艺。"陈武说出了闽式盘架（搓背）技艺非遗项目名称的由来。

闽式盘架（搓背）技艺作为中华优秀传统文化的重要载体与表现形式，蕴含着重要的文化价值、社会价值和康养价值。作为历史的"见证者"，其与群众的生活密切相关，在拉动消费、扩大就业、改善民生等方面均能发挥重要的作用。同时搓背具有良好的保健养生作用，有益消费者的身心健康，使浴客深切体会搓背文化的魅力。通过挖掘福州搓背技艺的历史文化和当代价值，充分展示福州文化的独特魅力，为助力打响闽都文化品牌贡献了力量。闽式盘架（搓背）技艺下一步要继续申报市级非遗项目。

申报非遗成功后，福州聚春园集团、福州福龙泉洗浴有限公司与福建省标准化研究院共同整理制定了《闽式盘架（搓背）技术要求及服务规范》（以下简称《规范》）地方标准。《规范》定义了闽式盘架（搓背）的概念，它是一种基于中医经络养生理论的传统技艺，包括搓背、拨筋、捶背、推拿等技法，规定了闽式盘架（搓背）技术的技师要求、服务要求、技艺要点和程序。《规范》不仅有利于提高闽式盘架（搓背）的服务质量，提升客户体验，还有助于培养温泉助浴技艺的传承人才，创新非遗技艺的活化利用形式。福龙泉澡堂还通过每年举办闽式盘架（搓背）技术交流赛，展示和传承福州的传统闽式盘架（搓背）文化技艺，培养"搓背"非遗技艺的传承人才40余人，推动福州温泉"洗汤"习俗非遗项目的活化利用，激发更多的社会力量关注、支持和发展闽式盘架技艺，助力"中国温泉之都"建设。

（三）温泉非遗活化为城市温泉注入新动能

近年来，福州市以传承温泉非遗项目为抓手，努力传承弘扬福州温泉文化，讲好温泉故事，培养温泉消费人口。福州先后建成全市最深"源汤井"、全市最热"金汤井"、古温泉汤池遗址"十槽"、得贵路"帽泉井"等一批温泉文化体验展示点，既增加了市民体验温泉的场所，也营造了"中国温泉之都"的城市氛围。

福龙泉澡堂于2017年重新开业运营，经营上实现当年盈利。经过几年时间的非遗项目申报后，福龙泉澡堂实现了年营收1000万元以上，即使在疫情期间也实现盈利。福龙泉澡堂的成功经营，不仅为福州的温泉旅游产业增添了独特的魅力，也为福州的历史文化传承做出了重要贡献。福龙泉澡堂因其历史文化的深厚底蕴与不断进行温泉文化传承创新的强力干劲，被列为福州市传统温泉企业改造的标杆企业之一，并于2019年被福建省商务厅授予"福州老字号"，在2022年被评为第七批福州市非遗传承示范基地。

非遗的活化利用不仅为福州温泉带来了新的生命力，也为产品开发提供了新的方向。福龙泉澡堂通过整合温泉文化资源，推出了一系列结合传统中医和现代养生理念的服务项目。2019年年底，福龙泉澡堂与福州市中医院合作，依托优质温泉洗浴以及福州市中医院中医药技术及医疗人才优势，首创了福建省"温泉+中医"发展模式。举办"秋韵好温泉，养生三伏浴"系列活动，结合了传统中医的排毒祛湿理念，通过温泉的热力和草药的功效，帮助游客在享受温泉的同时，也能够获得健康上的益处。不仅为游客提供了丰富的温泉养生体验，扩大了福州温泉的受众圈，还提升了福州温泉文化的知名度。福龙泉澡堂今后也将逐步往轻资产的方向发展。"有了温泉文化资源，打响了福龙泉这个品牌，就要往福州市文化的名片去发展"，陈武讲道，"这样我们后面就可以品牌授权进行产业转型升级。"

"总的来说，温泉行业要想生存下去，首先必须能够依托温泉资源创造价值。"陈武说。在他看来，传承发扬福州温泉文化并不是虚无缥缈、高高在上的，而是真正深入人心的，"我唤起了福州人的温泉文化记忆，同时让外来游客也能够当一次'福州人'感受我们当地的文化，这便是创造了价值"。能为消费者创造价值，能为政府宣传本地优秀传统文化，能为上级集团提供经济营收，这便是福龙泉澡堂依托福州温泉文化"起死回生"的关键。

福龙泉澡堂作为福州温泉文化的传承者和创新者，不仅是一个提供温泉服务的场所，更是一个文化传承与创新的平台。2021年全国温泉旅游企业星级评定委员会认证福龙泉澡堂为"三星级温泉企业"，是福建省首家三星级室内温泉。福龙泉澡堂开展温泉非物质文化遗产申报工作的成功经验，为我国其他地区的温泉文化保护和温泉产业发展提供了宝贵的经验。

案例四：

"智慧温泉水务"保障温泉资源可持续发展
——江西明月山温泉水资源可持续管理典型案例

（一）温泉产业可持续发展备受关注

当前，全球气候变化、资源枯竭、地区冲突等问题对各国推进实现可持续发展目标造成了严重阻碍。在此背景下，中国提出并稳步推进全球发展倡议，该倡议聚焦减贫、气候变化和绿色发展等重点领域，为全球加速落实联合国《2030年可持续发展议程》注入动力。2023年全国生态环境保护大会进一步强调，今后五年是美丽中国建设的重要时期，我们要继续深入贯彻习近平生态文明思想，把建设美丽中国摆在强国建设、民族复兴的突出位置，加快推进人与自然和谐共生的现代化。

旅游业是经济系统变革与产业结构调整优化的重要产业载体，在党的"二十大"报告提出碳达峰碳中和"双碳"目标时，旅游产业迎来了新的发展要求与挑战。温泉旅游作为旅游业重要的组成部分，在当前可持续发展的大背景下也面临着诸多的问题和挑战。首先，部分温泉景区存在过度开发地热资源的现象，导致温泉水质下降、水温不稳等问题，对温泉资源的可持续利用造成了严重威胁。其次，温泉旅游行业的发展往往伴随着大量的能源消耗和污染物排放。一些地区在污水处理、垃圾处理等方面投入不足，容易导致周边环境受到污染。此外，温泉水的开采过程中，开采方法、开采程度控制不当也会对地下资源的安全产生不良影响。

温泉，作为一种宝贵的地热资源，富含多种矿物元素，对人体健康也有诸多好处，其本身具有极高的保护价值。因此，如何采取切实有效的措施实现温泉旅游业绿色、健康、长期、稳定的可持续发展，是当下值得深思的问题。从一方温泉水的开采、存储、输送、利用，到整个区域地热水资源的保护和管理，如何将现代智慧融入温泉旅游产业的创新发展之路，实现温泉旅游的可持续发展？江西明月山以政府部门牵头主导，运用自身独有的"稀缺资源"和十多年探索的"智慧管理"给出了掷地有声的答案。

（二）制度先行：立法和保护规划奠定厚基础

1. 明月山温泉旅游的发展历史

明月山，地处湘赣边界的罗霄山脉北段，位于江西省宜春市袁州区温汤镇，是江西最为温润的地区之一。明月山山体由花岗岩构成，这种地质特征造就了该地许多姿态各异的瀑布和水体，也雕琢出了独特的地质地貌。明月山中不仅孕育了丰富的动植物资源，更蕴藏着宝贵的地热水资源——富硒温泉。

温汤地热资源开发历史悠久，最早可追溯至宋代袁州知州曾孝序的《灵泉记》。一千多年来，温汤镇一直将温泉融入日常生活中，饮用、泡浴温泉水成为当地居民不可缺少的生活元素。中华人民共和国成立之初，温泉水被视为一种公共资源。为了向疗养院伤员和干部职工提供福利，国家在温汤镇建立了疗养院，打造了工疗和矿疗项目，专门服务一线职工，为他们提供康养服务。

改革开放后，温汤地热水开始了商品化进程。一方面，投资者看重这一资源，纷纷在温塘镇开发温泉度假村和酒店；另一方面，当地社区也积极参与，兴建宾馆以接待日益增多的游客。与此同时，由于温汤水中富含特殊的"硒"元素，吸引了许多外地老年人购买或者租赁住房留在温汤镇进行康复疗养，这一现象既增加了当地收入，也推动了温汤镇的城市化发展进程。

随着国内现代旅游业的快速发展，明月山温泉的知名度不断提升，越来越多的投资者进驻温汤镇，以维景、天沐为代表的旅游接待企业尤为突出。一方面，投资者建设度假村发展酒店业为当地增加收入解决部分就业问题；另一方面也提高了当地温泉资源的需求量。同时，大量涌入的外地游客和候鸟式移民在一定程度上使得当地温泉水资源的供需趋于紧张。据统计，温汤镇年度总用地热水量自2013年以来，以每年超过8%的速度快速增长，2017年已达209.67万吨。

然而，仅仅依靠增加勘探和开采力度来提升温泉水的出水量并非解决明月山温泉水供需矛盾的有效策略，反而可能加剧水资源管理的挑战。此外，由于历史原因，温汤镇存在水务公司、工疗、矿疗三个自主取水权人，其中的管理和协调存在一定的难度与复杂性。

2. 地热水资源保护条例——里程碑

随着地热水资源供需矛盾的加剧，温汤地热水资源的利用情况受到了广泛关注。为应对这一挑战，人们逐渐形成共识，希望通过地方立法，对温泉的开采和保护进行有序的管理和规划，从而达到平衡温汤地热水资源的利用和保护之间关系的目的。

2018年，江西省十三届人大常委会第三次会议审议并批准了《宜春市温汤地热水资源保护条例》（以下简称《条例》）。该条例自2018年9月1日正式实施，这是宜春市获得地方立法权后制定的首部实体法，也是江西省第一部温泉法。同时，这一条例还是全国范围内首部专注于富硒温泉保护的法律。该条例从法律上规定了温汤地热水资源的保护应当坚持统一规划、保护优先、总量控制、综合利用的原则。通过制定和完善法律，能够规范温泉资源的开发利用，确保开发过程中的合法性和可持续性；设立保护区域范围，限制开发活动强度，有助于避免过度开采和污染问题；规定专门负责地热水资源日常管理与保护的机构，有助于维护公共利益。

《条例》的颁布和实施，是宜春市法治建设史上的一件大事，标志着温汤地热水资源开发利用进入了新阶段，也成为温汤镇温泉旅游可持续发展制度先行的里程碑。

宜春市人民代表大会常务委员会公告
（第24号）（节选）

《宜春市温汤地热水资源保护条例》已由宜春市第四届人民代表大会常务委员会第十三次会议于2018年4月18日通过，江西省第十三届人民代表大会常务委员会第三次会议于2018年5月31日批准，现予公布，自2018年9月1日起施行。

宜春市人民代表大会常务委员会
2018年6月13日

第一章　总则

第一条

为加强温汤地热水资源保护，发挥地热水资源的综合效益，保障地热水资源科学合理开发和可持续利用，根据《中华人民共和国矿产资源法》《中华人民共和国水法》《中华人民共和国环境保护法》等法律法规，结合本地实际，制定本条例。

第二条

在明月山温泉风景名胜区温汤镇行政区域内开发、利用、管理和保护地热水资源，适用本条例。

第三条

本条例所称地热水资源，是指由地质作用形成，蕴藏在地壳内部或者溢出地表、温度25℃以上的地下水。

第四条

温汤地热水资源的保护，应当坚持统一规划、保护优先、总量控制、综合利用的原则。

第五条

市人民政府负责温汤地热水资源的统一保护和管理工作。

第六条

明月山温泉风景名胜区管理委员会是市人民政府的派出机构，依照本条例负责温汤地热水资源日常保护和管理工作，履行下列职责：

（一）宣传、贯彻有关地热水资源保护和管理的法律、法规和规章；

（二）拟订温汤地热水资源开发利用与保护规划草案；

（三）组织实施温汤地热水资源开发利用与保护规划；

（四）制定并组织实施温汤地热水资源的具体保护制度；

（五）负责温汤地热水资源保护和管理相关协调工作；

（六）管理温汤地热水资源基础设施及其他公共设施；

（七）负责温汤地热水资源保护、利用和管理的其他事项。

第七条

水利、国土资源、环保、住建、规划、城管、物价、市场和质量监督、卫生、公安、林业、农业、旅游等主管部门应当按照各自职责，共同做好温汤地热水资源的保护管理工作。

3. 开发利用与保护规划相继出台

《条例》的出台迅速推动了整个明月山温泉开发利用与保护规划的工作进程，其第二章第八条就直接规定了"市人民政府应当组织编制温汤地热水资源开发利用与保护规划并向社会公布"。2020年，宜春市人民政府根据《中华人民共和国矿产资源法》《中华人民共和国水法》《中华人民共和国环境保护法》等法律文件，结合温汤地热资源赋存特征及开发利用现状，编制了《宜春市温汤地热水资源开发利用与保护规划》（2020—2025年），作为对宜春市温汤地热水资源勘探、开发利用及保护进行全面安排部署的指导性文件。

该文件对温汤地热水资源现状进行了详细整理，对当前开发利用情况也做了总结。明月山温泉风景名胜区辖区内共有温汤—万龙山和洪江—莲花两条地热带，天然出露温汤温泉与洪江温泉两处，现有地热田三处。结合当前开发现状，文件指出相关部门需要进一步加强勘察、提升开发利用的均衡性、探索多元化的利用方式，努力提高资源的利用率。此外，逐步完善检测与保护系统是实现对地热水资源的科学管理和有效保护的重要举措。

开发利用与保护规划以依法制定、实事求是、开源节流并举、开发保护并重、统筹工作部署、分步分级实施、依靠科技进步、推进体制创新、政府调控主导、市场依法开发为基本原则，规定了地热水资源开发利用的开发规模、利用方向、工作部署和建设目标，明确了地热水资源的保护范围、保护措施以及古井景观、开采井、采补平衡井保护的具体保护方案。

制度先行，为明月山温泉可持续发展奠定了坚实的基础。宜春市出台立法条例、依法制定规划，从制度上对地热水资源的开发利用与保护作出重要的指导和保障作用，能够有效平衡开发利用和环境保护之间的关系，极大地促进了明月山温泉旅游的可持续发展。

（三）治理支撑：现代化体系与能力跑出新速度

1. 有效调节水资源供需矛盾的统一管理

温汤地热水的用水情况具有独特性，与国内其他地区仅用于旅游休闲开发的温泉有所不同。温汤集镇上有天然露出泉水，居民家中、商铺和办公场所历史上均接入了温泉水。且存在温汤水务公司、工疗、矿疗三个自主取水权人，从多方用户的配额调控方面来看，在管理和协调方面都存在一定的难度。因此，如何对温汤镇各个类型用户的取水用水进行统一管理和协调是一个亟待解决的重要问题。

依法采矿取水，核定水量取水，按计划进行水量供应和分配，实行统一调配、错峰供应、动态管理是当前明月山管委会采取的有效管理措施。除去工疗、矿疗有自身的采矿和取水许可外，温汤镇的社区、商铺、企业单位均由温汤水业电业公司进行统一取水和供应用水，包括温泉水和自来水。温汤水业水电公司于1993年成立，2007年由宜春市国有资产监督管理委员会界定为全民所有制企业。在经过科学的回灌实验和多方面考虑后，当前温汤水业水电公司日均产水量约为8000立方米，高峰期产水量不超过10000立方米。对于用水量大的宾招单位，水业水电公司会进行重点监测，及时反馈用水信息，根据供需变化实行错峰供应。温汤地热水价格实行分类水价、阶梯水价、季节水价、峰谷水价，有效地调节地热水使用量，进行有的放矢的节约性调控。

积极考虑民生，集约化供水的同时呵护民众的温泉热情。温汤镇的两口古井是温汤温泉历史发展的象征，它见证着当地居民千百年来的饮水泡浴，也见证着外地移民对富硒温泉康养的热情。曾经的古井能够向游客、居民开放取水，甚至出现过"万人泡脚"的空前盛况。2020年以后，出于保护目的，当地政府决定对两口古井进行封闭管理。水业水电公司在古井泉街设置了温泉水自助贩卖机，游客、居民依然可以通过自行打水的方式坐在街边的长廊中享受泡浴的乐趣。同时，公司结合当地的历史文化，在古井边举行"夏皇后取水仪式"的文化活动，旨在提高人们对温泉作为稀缺资源的保护意识。温汤镇家家户户通温泉，水业水电公司充分考虑居民的用水问题，制订合理的居民用水保障计划，设置远低于企业经营的用水价格。公司在调整地热水价格时，充分考虑了低收入困难家庭的承受能力,对于温汤集镇地热水供水范围内的特困供养户、低保户实行水费适当减免的政策,以减少水价调整对其生活的影响。

2. 以可持续利用为中心的基础设施建设

坚持围绕可持续发展,布局节能高效的基础设施,综合利用好地热水资源。温汤水业电业公司目前拥有 7 口地热田开采井,通过回灌技术保障温汤地热的采补平衡。回灌技术是利用储存在位于城镇边缘水库中的地表水,通过管道回灌到采补平衡井中,增加地下热水的压力从而使之流出。由于高峰时段的需求量比平时高出许多倍,温汤水业水电公司还在附近山区高处修建了 6 座高位水池用于满足采补平衡井抽水和地热水的实时消耗,增大泵送速率。宾招单位、居民、商铺的用水主要通过管网输送的方式进行,水务水电公司通过在用户入口处安装水表进行监测和计费,由于地热水资源性质,在远距离输送过程中会导致明显的热量损失,造成能源浪费。针对热损失问题,水务水电公司在管道材料上进行了改善,主管道由原来易受损的镀锌管更换为保温性能好、抗腐蚀能力强、使用寿命长的不锈钢管道,非主管道也使用耐温耐压的 PBR 管材,有效地提升了管网建设质量。对于距离地热井较远的用水单位,水业水电公司要求加装终端加热装置,确保温泉水的有效利用,减少资源浪费。在污水处理方面,明月山也重视污水处理厂项目投资建设,目前明月山温汤污水处理厂采用 BioDopp 活性污泥处理工艺,建设规模为日处理污水 2 万吨,对保护温汤水生态环境有着重要作用。

3. 对温汤地热水资源的持续科学探究

明月山管委会始终坚持科学探索,对当地温泉资源的特征和价值进行持续挖掘,重视科技应用和人才扶持,提高现代化治理能力。温汤温泉具有复杂的物质性特征,水温、水质以及其中含有的多种微量元素都与其他地方有所不同,需要更多的科学知识、更强的技术能力、更持续的长期探索和挖掘,才能进一步发现当地温泉的深层内涵与价值。明月山自发展温泉产业以来,便重视新理论和新技术的运用,致力于提高地热地质勘探水平,积极推广先进的地热水资源开发利用技术。明月山管委会高度重视吸引人才、凝聚人才。充分利用明月山温汤旅游度假区内来自上海的移民与游客较多的独特优势,与上海老教授协会建立了紧密的交流机制;还以在明月山度假、疗养、定居的高端人才为对象组建了"明月山智库";同时,依托明月山资源优势,以项目留住人才,成功引进医学类专业技术人才,为以富硒温泉为基础的明月山大健康产业发展提供了智力支持。

(四)技术赋能:信息化平台与应用激活新动力

我国的温泉旅游产业正处于从传统模式向智慧化、数字化、信息化转型的关键时期,智慧温泉旅游管理发展模式正从资源要素驱动向创新驱动和数据驱动转变,正在迈向"智慧温泉"新阶段。这一趋势与整个社会的科技变革相适应。因此，在温泉旅游开发过程中，信息技术的运用和智慧管理不可缺少。

明月山智慧水务系统是由宜春市温汤水业水电公司投资700万元搭建的水务系统管理平台，2018年开始投资建设，2019年建成投入运行。该系统能够实现对全区管网压力、温度、流量、水质的在线监控和数据分析。对于温汤镇宝贵的地热水资源而言，有了这套系统，就有了智能化、信息化管理的方法和手段。

1. 可视化集中动态监测水资源质量

温汤地热水资源具有多种物质属性和资源特征，以往的水务工作中主要通过人工收集水表信息，这一方式会带来时间间隔长、耗时多、成本高等问题。而如今的智慧水务系统通过实时在线的RTU等多功能设备进行数据采集，并通过可视化系统集中监测供水用水所需的采水井、高位水池的液位、水压等信息，覆盖了安装在各类用户的240个监测站点。这些站点能够实时储存、查看相应的水务信息。利用系统平台的数据大屏可实现水温、流量、压力、水质等信息的动态可视化，极大地提高了水务系统的运行效率。同时，系统还设置预警报警程序，一旦水井、水池、站点出现明显的数据问题时，水务平台能够及时反馈信息，从而减少意外发生。在以往的回灌技术中需要靠人工调整回灌的阀门开度，无法满足实时控制回灌的程度，继而会出现开采量难以掌握，导致粗放采水损耗多、浪费快的问题。而如今的智慧水务系统，则通过实施远程联动的电动阀，实时操作开度大小来控制流量，以所需开采量来决定回灌水量，保证采补平衡不浪费。曾经粗放的回灌导致温泉水的硒含量并不稳定，实现了采补平衡后，温泉水的硒含量能够稳定地保持在较高的标准，对水质的提升见效明显。

2. 管网GIS实现城市管道智慧化建设

管网GIS作为地理信息系统的重要类型，在城市管道的智慧化建设方面提供了强有力的支持。以往的管道建设通常以经验为准，忽略了管网铺设的地理信息存储和管理，导致一旦出现爆管漏水，工作人员往往只能通过经验排查，无法及时找到故障原因和位置进行修补，从而造成大量水资源的浪费。而智慧水务的管网GIS则能够实现管道信息的可视化，实时查询当前管网铺设位置信息、消防栓数量与位置、阀门情况等。当紧急意外发生时，能够根据信息排查状况，及时查漏补漏，降低管网维护成本。例如在智慧水务系统上线伊始，公司便通过大数据分析功能发现天沐小区管网中存在漏水情况。基于这一发现，公司立即进行查漏补漏抢修，有效减少了地热水的损失。

3. 信息化联通用户提供便捷智能服务

提质效，强服务，保障供水，增强用户体验。温汤水业电业公司重视用户端的体验状况，致力于提高供应服务能力。针对大型温泉企业和社区，有其供水需要的专门高位水池，能够做到重点监测、实时调控，当用户用水量到达高峰时，能够及时反馈用户信息，促进能源节约。对于普通居民用户，水务平台有专门的官网和公众号及时发布用水、停水公告，使用户能第一时间掌握供水动态；公司大力推广微信缴费，实现用户缴费、用水信息、业务查询、故障报修"一手掌控"；为增强居民对水务工作的了解和信任，增强公众节水和环保意识，公司还不定期举办开放日活动，邀请公众参观水务平台和调控中心。

创新性的立法制度、现代化的治理能力和智慧化的技术平台，是江西明月山温泉旅游走出可持续发展之路的三大法宝。在建设生态文明与美丽中国的时代背景之下，江西明月山以政府部门牵头主导，以自身独有的"稀缺资源"——富硒温泉为核心内容，十多年来辛勤探索出"智慧管理"的宝贵经验，以敢闯敢试的精神走出了一条可持续发展的温泉旅游现代化道路，为当今中国温泉旅游的绿色、健康、长期、稳定发展提供了典型的实践案例。

案例五：

天沐的"FOEPC"模式
——江西仙女湖存量温泉旅游项目盘活再开发典型案例

（一）经济转型发展造成的国有资产闲置难题

2018年，《住房城乡建设部关于进一步做好房地产市场调控工作有关问题的通知》对房地产市场进行了政策层面的调控，这一政策也对"旅游+地产"项目的开发造成了一定的影响。一些旅游项目开发融资渠道受阻，项目开发规划面临重新评估，一部分开发商对旅游项目的市场预期出现变化。在这一背景下，"旅游+地产"的开发模式面临转型，部分项目开发商出现资金链断裂，不少同质化、体量较大的旅游地产项目难以为继。

近年来，旅游业作为国民经济战略性支柱产业的地位更为巩固，产业规模持续扩大，新业态不断涌现，对经济平稳健康发展的综合带动作用更加凸显。大量存量开发项目的存在不利于旅游业高质量发展，国家层面开始重视相关问题的解决。2021年7月，国家发展改革委《关于进一步做好基础设施领域不动产投资信托基金（REITs）试点工作的通知》，将旅游基础设施领域纳入REITs试点范围。2022年5月，国务院办公厅印发《关于进一步盘活存量资产扩大有效投资的意见》，明确将旅游列为盘活存量资产的重点领域。2022年9月，国常会确定使用专项再贷款与财政贴息配套支持部分领域设备更新改造，旅游也是政策支持领域之一。盘活存量资产是推动旅游业补齐高质量发展短板、拓宽高质量发展空间的重要途径，也是旅游领域贯彻新发展理念、构建新发展格局的重要举措。国家从政策层面对盘活存量资产，推动存量旅游项目改造做出指示，对存量旅游项目开发起到了促进作用。

江西仙女湖天沐温泉度假酒店便是一个以国有闲置资产为基础，政府与企业合作进行的存量温泉旅游项目盘活再开发案例。该酒店位于江西省新余市国家4A级旅游景区、国家级旅游度假区——仙女湖风景名胜区内。该地交通便利，距离新余市区20分钟车程，高铁半小时以内可以辐射南昌、宜春等地，开发温泉度假具有区位优势。酒店位于仙女湖景区核心区域，总占地面积2万余平方米，总投资在4亿元以内，由会议楼、宴会楼、客房区、温泉区、休闲区、美食街、养老公寓等单体建筑组成，建筑体建于2010年，此次装修改造总面积达7万余平方米。

原项目投资大、占地面积广、建筑占比大，改造需要耗费的成本高，资金需求量大。原有建筑框架固定，设计难以配合现阶段的项目开发要求，调整难度大，这一特点为后期设计和改造带来较大施工挑战。天沐集团接手改造项目后对其进行了全面的规划设计，围绕仙女湖景区进行深度改造，利用天沐经验结合当地优势进行闲置资产的创新与改造。综合以上问题考量，天沐集团在与当地政府共同进行该项目改造时创新地应用了"FOEPC"模式，为存量温泉旅游项目开发提供了值得借鉴的优秀案例。

（二）运用"FOEPC"模式进行盘活再开发

"FOEPC"是集融资、设计、采购、施工及运营于一体的综合性项目管理模式。这一模式在传统的EPC总承包模式基础上进行了拓展，加入了融资和运营两个重要环节，旨在提升项目执行效率并降低全生命周期成本。其中，"F"代表融资，涉及项目初期的资金筹措，政府通过发行专项债筹集资金，部分用于回购固定资产，部分用于装修，解决了初期资金缺口。"O"则体现了以运营为导向的核心理念，将运营前置，确保项目从策划、设计到建设均紧密围绕运营需求进行，以保障项目的长期效益和可持续性。天沐集团全面负责前期策划、设计、工程及后期运营管理，确保项目的建设和运营是良性可持续的。

针对新余地区目前缺乏多样化的休闲度假项目的现状，天沐集团对仙女湖项目进行了全面重新定位，旨在面向本地及周边市场，打造一个集温泉疗愈、亲子休闲、文化体验和浪漫婚庆于一身的微度假地，为游客提供一个可以放松身心、享受家庭欢乐、体验本地文化的多元化空间。原项目建筑体较为闭合，未能充分利用其位于仙女湖景区内的场地优势。为此，天沐集团对项目进行了全面的优化设计，涵盖了主题文化、场地景观、功能布局以及休闲度假氛围的构建，重点突出水的主题。项目围绕"在水边诞生的浪漫故事"和"以湖水自然景观而闻名的景区"两个核心，承担了景区入口的重要文化展示功能。在设计中，水的主题贯穿于整个空间和产品布局，通过巧妙的布局使水成为连接人、自然与建筑的纽带。室内温泉、露天温泉和无边际泳池的设置，使水的不同形态在多个场景中得以展现。湖岸休闲区和户外泡池的设计拉近了人与水的距离，赋予游客亲水、观水、戏水的多重体验。在产品设计上，水被赋予疗愈和娱乐功能。温泉区包括水疗池、儿童戏水池、无边泳池等，满足家庭亲子和个人身心放松的多样需求，特别是露天和半室内温泉区域，提供了四季皆宜舒适泡汤体验。整个项目通过丰富的水产品，赋予"水"疗愈、互动和美好生活象征的多重内涵，让游客在水的主题中享受到全方位的休闲与放松体验。

从前场视角来看，项目中心设计为一个转盘，左侧为宴会区，右侧为会议区，中间则是大堂。主楼部分包括大堂及其后两侧的客房群楼。原本被视为地下空间、主要用于后勤及其他辅助功能的部分，被重新规划为温泉楼，以充分利用这一空间。紧邻温泉楼的一侧，设有餐饮楼与宴会楼，为宾客提供丰富多样的餐饮与宴会服务。左侧区域被设定为换装区，并与旅拍公司合作，共同打造了一个集化妆、换装及旅拍摄影于一身的区域，为游客提供便利。在规划过程中，天沐集团充分考虑了场地的自然景色和游客需求，巧妙利用闲置空间，形成了水体景观与半封闭式室内温泉馆相结合的特色区域，极大地增强了游客与水之间的互动体验。此外，天沐集团还以新余大宴集为主题，将时间拉回到北宋，融合了传统美食、古早游戏和文化互动，为游客提供沉浸式的街坊式体验的商业区。针对亲子游客，天沐集团规划了亲子区域，设有不同主题的亲子房、室内托管式儿童乐园、儿童泳池泡泡、儿童水上乐园以及户外剧场式草坪和沙池，为孩子们提供了丰富多样的游乐选择。同时，天沐集团还对康养楼进行了翻新改造，以中医养生为切入点，提供了传统康养项目和中医辨证体检区，为游客提供了全面的康养体验。这一系列的规划和改造，旨在将仙女湖项目打造成为新余地区乃至更广泛区域内的休闲度假标杆。

天沐集团采用以运营为导向的全过程服务模式，与政府达成合作。这种合作模式实际上是一种对赌协议，天沐集团在确保项目成功建设和高质量运营的同时，也承担了相应的运营风险。若运营成功并产生利润，则按约定比例从利润中提取收益；若运营不佳导致亏损，则天沐温泉需承担运营亏损责任。通过这一合作模式，天沐集团不仅参与了仙女湖的温泉酒店项目改造，还与政府共同分担了项目的风险和收益，实现了双方共赢。

（三）"FOEPC"模式中天沐集团的优势

1. 品牌影响力与口碑

天沐集团成立于2002年，是一家专业从事温泉度假综合体投资、开发建设、经营和品牌管理输出的连锁产业集团，在温泉度假旅游行业中享有盛誉。多年来，天沐集团积累了丰富的温泉度假综合体运营管理经验，拥有专业的管理团队和规范的管理经验，对于温泉度假旅游项目的开发已有一套成熟的模式。

天沐集团在温泉行业中具有较高的知名度和美誉度，其品牌影响力能够带来更多的关注度和客源。同时，天沐集团在全国多地打造了多个知名的温泉度假项目，如江西明月山天沐温泉度假村、湖北京山天沐温泉度假村、盐城花海天沐温泉度假区等，这些项目取得了良好的经济效益与社会效益，也是让地方政府选择天沐集团参与项目改造的重要原因。

通过科学严谨的品牌运营和项目管理，天沐集团为温泉旅游项目提供全产业链的解决方案，能够让闲置资产焕发新的活力，与天沐品牌结合能够迅速提升闲置资产的评估价值，提高其商业价值。

2. 全产业链整合能力

天沐集团在全产业链打造方面表现突出，业务范围涉及旅游产业规划设计、产业投资、施工建设、旅游地产开发、旅游大数据等多种业务。先后为全国500多个温泉项目及温泉度假小镇、旅游区提供项目策划、总体规划、设计施工、投资等服务，在打造温泉度假综合体方面具有丰富的经验。天沐集团旗下拥有天沐投资、天沐文旅、天沐度假村、天沐发展、天沐科技、天沐置业等多个生态，形成了自己的集团品牌优势。以天沐科技为例，其能够自主研发与项目相关的软硬件设施，包括门锁、闸机、道闸等智能化硬件，以及用于项目管理和数据分析的软件系统。通过自主研发，不仅降低了成本，还增强了数据的安全性。天沐科技开发的软件系统不仅具备账单记账功能，还是定额和角色型的软件系统。这种软件系统能够更准确地考核和管理酒店运营中的各个环节，提高运营效率和管理水平。通过自主研发的软件系统，还能够确保数据的安全性和隐私性，利用数据为项目运营提供决策支持。

3. 创新能力

天沐集团积极探索康养产品，与前沿生物医疗技术机构合作，创新结合中医调理与生物技术，为消费者提供个性化的康养服务。天沐集团不断探索旅游休闲产业的新模式，并将这些新模式有效地融入其项目中，从而创造出独特的旅游体验。以仙女湖项目为例，天沐集团突破了传统旅游产品的局限，不再仅满足于基础的吃住泡体验，而是深入细化市场，针对消费者日益多样化的需求，增设了符合年轻人和家庭亲子群体喜好的功能性产品，形成了多元化的功能布局，全面提升了度假体验。同时，集团在设计过程中注重与自然景观和当地文化的结合，通过融入"仙女下凡"的传统文化元素，设计出具有独特魅力的旅游项目，进一步提升了游客的旅游体验。

4. 精准市场定位

天沐集团敏锐洞察当前消费者对休闲度假的需求，构建了自身的市场优势。新余市内的旅游项目多以观光为主，休闲娱乐项目较少，专业性较低，对消费者的吸引力不足。仙女湖周边主要酒店有6家，多数仅提供单一的住宿功能，缺乏度假休闲配套设施。在对仙女湖温泉酒店项目进行改造时，天沐集团结合温泉资源，面向休闲度假市场开发了一系列高质量服务，满足了本地年轻人和家庭亲子群体的多元化需求。该项目为亲子家庭提供了周末遛娃和亲朋欢聚的场所，为周边两小时车程内的消费者提供了微度假体验，成为融休闲、度假、亲子游乐为一体的综合度假目的地，填补仙女湖温泉度假综合体的空白。

附件

2024 年中国旅游协会温泉旅游分会名录

附件 2024年中国旅游协会温泉旅游分会名录

序号	省区市	职务	单位名称
1	北京（17）	副会长	北京龙熙温泉度假酒店有限公司
2		理事	北京亿伽建筑环境设计有限公司
3		理事	北京光彩影业传媒有限公司
4		理事	北京诺拉国际工程安装有限公司
5		理事	北京极地通达展览有限公司
6		理事	蓝创旅游文化有限公司
7		会员	北京思瑜盛大科技有限公司
8		会员	北京九艺景观工程有限公司
9		会员	北京德安杰旅游开发有限责任公司
10		会员	北京金隅凤山温泉度假村有限公司
11		会员	北京夏岩园林文化艺术集团有限公司
12		会员	北京环峰伟业康体设备有限公司
13		会员	北京合美智泉旅游规划设计院有限公司
14		会员	北京捷信达科技有限公司
15		会员	库尔豪斯（北京）健康技术有限公司
16		会员	北京康宁智泉环境技术有限公司
17		会员	北京戴斯科技有限公司
18	天津（2）	会员	天津嘉佑温泉
19		会员	天津嘉利源日化有限公司
20	河北（4）	理事	怀来帝曼温泉度假有限公司
21		理事	河北省旅游协会温泉旅游分会
22		会员	河北野生原度假村缥缈间温泉
23		会员	河北可心农业开发有限公司固安建国酒店
24	山西（2）	会员	太原龙隐温泉度假酒店有限公司
25		会员	山西悦隆庄温泉度假酒店有限公司
26	内蒙古（4）	理事	克什克腾旗天露供水有限责任公司
27		会员	阿荣旗牧人寨旅游发展有限公司
28		会员	内蒙古蒙医药国际健康产业发展有限公司
29		会员	内蒙古南海文化旅游投资有限公司

续表

序号	省区市	职务	单位名称
30	辽宁（27）	副会长	阜新市天纵农业科技发展有限公司宝地温泉康养度假区分公司
31		理事	辽宁省冰雪温泉旅游协会
32		理事	大连康贝思职业培训学校
33		理事	凌源市益丰元休闲度假有限公司
34		理事	锦州铁源实业集团有限公司兴城水调歌头温泉酒店
35		会员	御景山温泉宾馆
36		会员	辽宁虹溪谷温泉假日酒店有限公司
37		会员	沈阳清河半岛温泉度假酒店有限公司
38		会员	营口忆江南温泉谷度假酒店有限公司
39		会员	大连三美水尚体育用品有限公司
40		会员	沈阳御泉旅游开发服务有限公司
41		会员	辽宁北黄海温泉度假村有限公司
42		会员	东汤天沐君澜温泉度假酒店
43		会员	盘锦辽油宝石花康复医院
44		会员	金水蓝湾温泉度假酒店
45		会员	丰远集团有限公司丰远热高乐园
46		会员	盘锦沁温泉度假有限公司
47		会员	营口熊岳天沐温泉度假有限公司
48		会员	丹东宗裕金汤水世界
49		会员	辽宁碧湖温泉度假村
50		会员	大连铭湖实业有限公司
51		会员	兴城市现代盛世泳装有限公司
52		会员	辽宁龙邦慧智传播事业有限公司
53		会员	凌海九华山温泉酒店有限责任公司
54		会员	辽宁利峰实业集团有限公司
55		会员	大连鲁能置业有限公司海洋温泉酒店管理分公司
56		会员	盘锦紫澜门温泉度假城
57	吉林（3）	副会长	长春国信南山酒店有限公司
58		会员	吉林省蓝景酒店管理有限公司
59		会员	吉林圣德泉亲水度假花园有限公司

续表

序号	省区市	职务	单位名称
60	黑龙江（5）	副会长	枫叶小镇（哈尔滨）酒店管理有限责任公司
61		理事	宁安市在后渔南湖温泉旅游有限公司
62		理事	杜尔伯特蒙古族自治县连环湖温泉景区管理有限公司
63		理事	齐齐哈尔市水师营森林公园景区开发有限公司
64		会员	大庆北国温泉旅游度假有限公司
65	上海（4）	会员	中青旅上海国际旅行社有限公司
66		会员	上海景域虹之汤企业发展有限公司
67		会员	上海智盾网络科技有限公司
68		会员	路博润管理（上海）有限公司
69	江苏（19）	副会长	南京汤山温泉资源管理有限公司
70		理事	宜兴云湖宾馆有限公司
71		理事	溧阳市天目湖御水温泉度假有限公司
72		理事	扬州锦泉花屿酒店管理有限公司
73		理事	南京享自游网络科技有限公司
74		理事	苏州湾王焰温泉度假酒店管理有限公司
75		理事	盐城城韵文旅投资开发有限公司湿地九龙口温泉酒店
76		理事	宜兴市水墨田园温泉度假酒店有限公司
77		会员	连云港市温泉旅游度假区管理委员会
78		会员	启东恒大酒店有限公司
79		会员	太仓轻井泽旅游发展有限公司
80		会员	江苏圌山天沐温泉渡假有限公司
81		会员	南京汤泉温泉旅游开发有限公司
82		会员	南通圣罗蓝纺织品有限公司
83		会员	江苏卓越计算机系统有限公司
84		会员	南京珍珠泉旅游经营有限公司
85		会员	南京新日兴能源开发有限公司
86		会员	江苏迈能高科技有限公司
87		会员	东海青松岭酒店有限公司
88	浙江（20）	副会长	浙江云澜湾旅游发展有限公司
89		理事	浙江清水湾沁温泉度假酒店有限公司
90		理事	泰顺县玉龙山氡泉旅游开发有限公司

续表

序号	省区市	职务	单位名称
91		理事	浙江永耀文化旅游发展有限公司
92		会员	嘉兴市清源温泉管理有限公司
93		会员	温州莲云谷酒店管理有限公司
94		会员	杭州临安湍口众安氡温泉度假酒店有限公司
95		会员	江苏金象温泉度假村有限公司
96		会员	浙江中财型材有限责任公司
97		会员	宁波雅戈尔达蓬山旅游投资开发有限公司
98		会员	浙江芊媛服饰有限公司
99		会员	浙江贝仕达科技股份有限公司
100		会员	天台温泉山庄有限公司
101		会员	浙江省武义温泉旅游开发有限公司
102		会员	东阳市横店梦泉谷温泉度假有限公司
103		会员	浙江唐风温泉度假村股份有限公司
104		会员	杭州忆风景建筑设计有限公司
105		会员	浙江巨龙旅游开发有限公司
106		会员	嘉兴市温泉投资发展有限公司
107		会员	金华市东大泵业有限公司
108	安徽（3）	会员	安徽天悦湾旅游开发有限公司
109		会员	阜阳花都温泉度假有限公司
110		会员	亳州市尚汤温泉酒店运营管理有限责任公司
111	福建（21）	副会长	厦门日月谷温泉渡假村有限公司
112		理事	福建豪业七叠温泉景区开发有限公司
113		理事	福州贵安会议中心有限公司
114		理事	福建金汤湾海水温泉度假酒店有限公司
115		理事	福建省旅游协会温泉分会
116		理事	福建凤翔首邑温泉度假村
117		会员	厦门欣晶灵服饰有限公司
118		会员	厦门斯美特温泉泳池工程有限公司
119		会员	惠安县聚龙小镇商务中心管理有限公司

附件 2024年中国旅游协会温泉旅游分会名录

续表

序号	省区市	职务	单位名称
120		会员	厦门市地热资源管理有限公司
121		会员	漳州新盈旅游开发有限公司
122		会员	福建海峡源脉温泉股份有限公司
123		会员	惠安县达利世纪酒店有限公司
124		会员	连城清水天一温泉度假村有限公司
125		会员	连江海峡温泉度假有限公司溪山温泉度假酒店
126		会员	厦门市钛田酒店管理有限公司
127		会员	厦门捷信达新信息技术有限公司
128		会员	福建半月山温泉酒店有限公司
129		会员	厦门融尧温泉泳池工程有限公司
130		会员	厦门艺道景观规划设计有限公司
131		会员	厦门咏嘉联盛泳池工程有限公司
132		理事	江西汉仙盐浴温泉度假有限公司
133		理事	江西明月山顺天置业有限公司维景国际温泉度假酒店
134		理事	江西三境园林有限公司
135		理事	江西西海温泉假日酒店有限公司
136	江西 (10)	会员	江西好雨旅游发展有限公司
137		会员	江西明月山天沐温泉假有限公司
138		会员	萍乡武功山西海温泉开发有限公司武功山温泉君澜度假酒店
139		会员	江西省九仙温泉开发有限公司
140		会员	宜春市明月山泰轩温泉酒店有限公司
141		会员	江西双石温泉酒店有限公司
142		理事	山东智圣汤泉旅游度假村有限公司
143		理事	山东盈泰生态温泉度假村有限公司
144		理事	山东观唐温泉（国际）度假村
145	山东 (18)	理事	青岛金莽原文化科技股份有限公司
146		理事	夏津德百房地产开发有限公司温泉度假分公司
147		理事	青岛隆海健康产业集团有限公司
148		会员	即墨区温泉街道办事处
149		会员	济宁万紫千红御温泉度假酒店

续表

序号	省区市	职务	单位名称
150		会员	潍坊弘润旅游发展有限公司
151		会员	威海天沐温泉度假有限公司
152		会员	青岛蓝谷财富管理培训中心
153		会员	商河温泉基地有限公司
154		会员	青岛天泰峪尚汤泉温泉度假酒店有限公司
155		会员	山东鼎瓯文化旅游发展集团有限公司
156		会员	山东银座酒店管理有限公司临沂鲁商知春湖酒店
157		会员	港中旅（青岛）海泉湾有限公司
158		会员	山东惠和文化旅游有限公司
159		会员	山东省旅游协会温泉分会
160	河南 （3）	理事	平顶山玉京温泉度假酒店有限公司
161		会员	许昌花都温泉文化旅游发展有限公司
162		会员	河南省旅游协会温泉旅游分会
163	湖北 （5）	理事	咸宁碧桂园凤凰温泉酒店有限公司
164		理事	大别山毕昇康养（英山）有限责任公司
165		理事	崇阳三特隽水河旅游开发有限公司
166		会员	英山县洪广毕昇大酒店有限公司
167		会员	京山市京城文化旅游教育投资有限公司
168	湖南 （12）	理事	宁乡市文化旅游投资有限公司
169		理事	湖南紫龙湾温泉度假有限公司
170		理事	郴州市福泉文旅发展有限公司
171		会员	湖南省旅游饭店协会温泉分会
172		会员	灰汤华天城温泉度假酒店
173		会员	深圳中大经纬地热开发科技有限公司
174		会员	嘉禾县春陵温泉开发有限责任公司
175		会员	张家界江垭温泉度假村有限公司
176		会员	湖南四方蓬源旅游开发实业有限公司
177		会员	汝城县温泉旅游景区管理所
178		会员	湖南暖水温泉开发有限公司
179		会员	汝城官溪山庄有限责任公司

附件　2024 年中国旅游协会温泉旅游分会名录

续表

序号	省区市	职务	单位名称
180	广东（65）	名誉会长	港中旅（珠海）海泉湾有限公司
181		副会长	新会古兜温泉旅游度假村有限公司
182		副会长	广州从化碧水湾温泉度假村有限公司
183		副会长	广州最佳东方温泉酒店管理有限公司
184		副会长	清远勤天酒店管理有限公司
185		理事	深圳市贝斯普林设计有限公司
186		理事	中国华西工程设计建设有限公司中山分公司
187		理事	广州绿沁旅游规划设计有限公司
188		理事	广州沐方温泉设计建造有限公司
189		理事	广州禹迪旅游规划设计有限公司
190		理事	广州岭南国际酒店管理有限公司
191		理事	惠州市南昆山云顶温泉渡假村有限公司
192		理事	广东温泉宾馆有限公司
193		理事	广州海森度假温泉设计建造有限公司
194		理事	广州市侨毅水处理科技有限公司
195		理事	深圳市策城软件有限公司
196		理事	河源巴登新城投资有限公司
197		理事	惠州依云四季酒店管理有限公司
198		理事	湛江海滨宾馆有限责任公司海滨火山温泉分公司
199		理事	南昆山居温泉度假村
200		理事	广东省温泉行业协会
201		理事	东莞市柏晟生物科技有限公司
202		理事	中慧长源工程设计集团有限公司
203		会员	广州加冠园林绿化工程有限公司
204		会员	佛山市淘陶易建材有限公司
205		会员	广州脉琪体育用品有限公司
206		会员	广东鸿威国际会展集团有限公司
207		会员	深圳市艾米艺术设计有限公司
208		会员	深圳市艺水科技有限公司
209		会员	深圳市极水实业有限公司

续表

序号	省区市	职务	单位名称
210		会员	佰瑞达（广州）旅游开发顾问有限公司
211		会员	广州汇迪泳池水疗设备有限公司
212		会员	清远市银盏温泉宾馆
213		会员	广州市从化区流溪温泉度假区旅游协会
214		会员	恒大酒店集团
215		会员	易达科技（深圳）有限公司
216		会员	深圳高思迪赛室内设计有限公司
217		会员	南宁市万消灵水处理科技有限公司
218		会员	广东联盛水环境工程有限公司
219		会员	广州市庄木家具有限公司
220		会员	佛山市美的文化旅游发展有限公司
221		会员	深圳市捷信达电子有限公司
222		会员	广东佳永实业有限公司
223		会员	广州市予神服饰有限公司
224		会员	广东碧力洗涤机械设备有限公司
225		会员	广州番禺潮流水上乐园建造有限公司
226		会员	意万仕（中山）泳池设备有限公司
227		会员	广州泉旅企业营销策划有限公司
228		会员	深圳水上漂骑士文化有限公司
229		会员	广州谊沁温泉度假村策划项目有限公司
230		会员	广州森珀旅游景观规划设计有限公司
231		会员	广州复丝特环保工程有限公司
232		会员	广州派娅迪服装有限公司
233		会员	广州市陆洋文化艺术有限公司
234		会员	广州沐森景观设计有限公司
235		会员	深圳市中意兴运动用品有限公司
236		会员	广州敬哥水上乐园设施有限公司
237		会员	广州喏斯园林景观设计有限公司
238		会员	新兴县金水台温泉有限公司
239		会员	广州奇乐游乐设备有限公司

续表

序号	省区市	职务	单位名称
240		会员	牧童集团（广东）实业有限公司
241		会员	丰顺县旅游行业协会
242		会员	广东大旗游乐设备有限公司
243		会长	珠海天沐温泉旅游投资集团股份有限公司
244		会员	广州荔品汇酒店管理有限公司
245	广西 （7）	理事	广西国悦九曲湾旅游开发有限公司
246		理事	桂林全州县大碧头旅游开发有限公司
247		会员	贺州温泉旅游有限责任公司
248		会员	桂林龙胜温泉旅游有限责任公司
249		会员	贺州市西溪森林温泉旅游开发有限公司
250		会员	广西贺州学院
251		会员	广西姑婆山产业区建设投资有限公司
252	海南 （1）	会员	官塘庚华建国温泉酒店
253	重庆 （11）	副会长	重庆融汇温泉旅游开发有限公司
254		副会长	重庆箱根温泉产业发展集团有限公司
255		理事	重庆市温泉旅游行业协会
256		理事	亚太（重庆）温泉与气候养生旅游研究院有限责任公司
257		会员	重庆贝迪颐园温泉旅游度假区
258		会员	重庆统景旅游开发有限公司泉世界分公司
259		会员	重庆财信龙水湖旅游文化发展有限公司
260		会员	重庆心景乐养酒店
261		会员	重庆上邦酒店有限公司
262		会员	重庆市北碚区海宇温泉大酒店
263		会员	重庆市香池莲科技开发有限公司
264		理事	四川省温泉旅游协会
265		理事	四川凯地里拉有限责任公司
266		理事	绵阳市绵州嘉来会务服务有限公司
267		理事	四川古尔沟神峰温泉有限公司
268		理事	四川中艺创景景观工程有限公司
269		理事	四川花水湾温泉第一村有限公司

续表

序号	省区市	职务	单位名称
270	四川（19）	理事	四川钟艺服饰有限公司
271		理事	德昌元坤酒店有限公司
272		会员	绵阳古海洋温泉开发有限公司
273		会员	九寨沟天源豪生度假酒店
274		会员	四川省地质工程勘察院集团有限公司
275		会员	四川思科环境工程有限公司
276		会员	成都喜禾喜旅游规划设计有限公司
277		会员	四川贡嘎神汤温泉有限公司
278		会员	筠连县天河旅游发展有限公司
279		会员	立昌达泳业
280		会员	阿坝州旅游协会
281		会员	剑门关国际温泉大酒店
282		会员	四川绵竹富利泰麓棠会务服务有限公司
283	贵州（12）	理事	保利贵州温泉经营管理有限公司
284		理事	清镇市森城文化旅游投资有限公司
285		理事	贵州新长征产业投资（集团）有限公司
286		理事	仁怀市银河温泉大酒店管理有限公司
287		会员	贵州能矿地热投资股份有限公司
288		会员	兴仁市帝贝酒店有限公司
289		会员	贵阳御温泉旅游有限公司
290		会员	安顺兰泰置业有限公司温泉分公司
291		会员	成都市国泉餐饮管理有限公司
292		会员	六盘水龙昇生态开发有限责任公司
293		会员	贵州交建梵净山温泉小镇旅游开发有限公司
294		会员	贵州东城明珠综合休闲管理有限责任公司
295		副会长	云南腾冲火山热海投资开发有限公司
296		理事	云南启发温泉工程管理咨询有限公司
297		理事	腾冲玛御谷温泉投资有限公司酒店分公司
298		理事	云南省温泉与水疗行业协会
299		理事	腾冲恒益东山康养旅游开发有限公司

续表

序号	省区市	职务	单位名称
300	云南（14）	会员	昆明星河温泉旅游开发有限公司
301		会员	云南云投酒店发展有限公司
302		会员	泸西景宜吾者酒店经营管理有限公司
303		会员	曲靖景晟旅游投资开发有限公司马龙分公司
304		会员	昆明文千经贸有限公司
305		会员	云南玉溪映月潭温泉娱乐有限公司
306		会员	昆明卡罗维生物科技有限公司
307		会员	腾冲荷花温泉旅游有限公司
308		会员	梁河伴山特色小镇置业有限公司
309	陕西（5）	会员	陕西华清池旅游有限责任公司
310		会员	陕西华山御温泉有限公司
311		会员	思安新能源股份有限公司
312		会员	陕西兴纪龙管道股份有限公司
313		会员	汉中龙岗圣水湾酒店有限责任公司
314	甘肃（2）	理事	甘肃丝绸之路文商旅游开发有限公司
315		会员	武威温泉渡假村有限公司
316	宁夏（2）	会员	宁夏瑞信天沐温泉旅游度假区投资管理有限公司
317		会员	宁夏宏坤实业有限公司
318	西藏（1）	会员	拉萨日多温泉有限责任公司
319	新疆（1）	会员	新疆天赐圣泉旅游发展有限公司

项目统筹：胥　波
责任编辑：黄志远　杨沛武
责任印制：钱　戍
封面设计：谭雄军

图书在版编目（CIP）数据

中国温泉旅游产业发展报告．2024／中国旅游协会温泉旅游分会编著．-- 北京：中国旅游出版社，2025.3．--（中国文化和旅游皮书）．-- ISBN 978-7-5032-7522-7

Ⅰ．F592.3

中国国家版本馆CIP数据核字第2025KW1304号

书　　名：中国温泉旅游产业发展报告（2024）

作　　者：中国旅游协会温泉旅游分会　编著
出版发行：中国旅游出版社
　　　　　（北京静安东里6号　邮编：100028）
　　　　　https://www.cttp.net.cn　E-mail:cttp@mct.gov.cn
　　　　　营销中心电话：010-57377103，010-57377106
　　　　　读者服务部电话：010-57377107
排　　版：北京旅教文化传播有限公司
经　　销：全国各地新华书店
印　　刷：三河市灵山芝兰印刷有限公司
版　　次：2025年3月第1版　2025年3月第1次印刷
开　　本：787毫米×1092毫米　1/16
印　　张：14.5
字　　数：278千
定　　价：200.00元
ISBN　978-7-5032-7522-7

版权所有　翻印必究
如发现质量问题，请直接与营销中心联系调换